图书编校工作常见问题及反思

李萌　编著

文化发展出版社
Cultural Development Press
·北京·

图书在版编目（CIP）数据

图书编校工作常见问题及反思 / 李萌编著. -- 北京 : 文化发展出版社, 2025.4. -- ISBN 978-7-5142-4513-4

Ⅰ. G232.2-44

中国国家版本馆CIP数据核字第2024PS9999号

图书编校工作常见问题及反思

李　萌　编著

责任印制：邓辉明　　　　责任编辑：李　毅
责任校对：侯　娜　　　　封面设计：盟诺文化
出版发行：文化发展出版社（北京市翠微路2号 邮编：100036）
发行电话：010-88275993　010-88275710
网　　址：www.wenhuafazhan.com
经　　销：全国新华书店
印　　刷：三河市嵩川印刷有限公司

开　　本：710mm×1000mm　1/16
字　　数：300千字
印　　张：18.75
版　　次：2025年4月第1版
印　　次：2025年4月第1次印刷

定　　价：78.00元
I S B N：978-7-5142-4513-4

◆ 如有印装质量问题，请电话联系：18632658752

PREFACE

前　言

不知不觉，笔者进入出版行业已经二十余年了。由最初的助理编辑，逐步成长为责任编辑、策划编辑，后来进入终审质管部担任了复审、终审和质检工作。

编写本书的原因

究竟是哪些原因促使我编写了本书？归纳起来主要有以下几点：

一、总结工作中遇到的问题

编辑工作需要不断总结，只有不断总结才能使自己得到提高。书中既收录了我从事编辑工作时遇到的编校问题，又归纳、整理了我从事复审、终审、质检工作时发现的编校差错，还针对出版工作中的一些现象提出了反思。书中选择的问题和案例，具有一定代表性，是广大编辑在工作中切实能遇到的。本书将这些问题和案例加以总结，汇集成册，既可以定期复习，温故知新，又可以为他人提供借鉴。

二、纠正编校工作中的“伪经验”

在日常的编校工作中，一些编辑为了能够快速解决书稿中的问题，总结了一些不严谨甚至错误的“伪经验”。在这些“伪经验”的指导下，书稿中出现了较多的误改情况。更严重的是，一些“伪经验”还被当作正确的编校知识在出版行业广为传播，不仅从资深编辑传给了新入职的编辑，而且还从编辑传给了作者，造成了不良的影响。在本书中，笔者收录了编校过程中常见的“伪经验”。在分析其产生原因，剖析其错误根源的同时，提出了正确处理编校问题的方法。希望广大编辑在阅读本书后，能够在工作中识别、杜绝“伪经验”，运用正确的编校知识和方法修改稿件。

三、倡导全面、综合地使用工具书及各项标准

在编校工作中，很多编辑仅凭手头一本工具书作为编校参考，凡是遇到和工具书不一致或者工具书未收录的情况均认为书稿内容是错的。这种工作作风不仅导致诸多编校问题解决得不够妥当，而且会影响与作者的合作关系和出版社的形象。

本书是可作为编校参考和质检依据的工具书，通过大量编校问题的解决过程使读者能够理解在工作中绝不能“一本工具书闯天下”。任何编校问题的解决都需要广大编辑利用多种工具书、国家标准以及全国科学技术名词审定委员会术语在线网站综合思考、判断，才能处理得当。希望本书能为广大读者带来帮助，更希望本书解决编校问题的思路及方法能被广大编辑朋友借鉴。

四、提升主动学习的意识

编辑要永远在学习的道路上前行。作为杂家，无论是学科知识还是编校知识编辑都应当做到主动学习、提前学习。只有这样，在遇到各类的编校问题时才能处事不惊、从容应对。临时抱佛脚、现用现查，有可能会因为时间仓促导致问题不能妥善解决。同时只有主动学习，才会对出版相关标准和规范了然于心。希望阅读完本书后，广大编辑能够理解主动学习的重要性。

五、助力质检结果的申辩

很多编辑最担心的就是质量检查了。本书在一定程度上可以帮助编辑解决质量检查结果的申辩问题。一方面，书中大量编校问题的解决是通过查询多种工具书和标准实现的，问题的解决思路和过程，以及采用、使用的工具书及标准都可以为广大编辑的申辩工作带来启示。另一方面，本书专门详细讲解了质检申辩的依据、逻辑和具体方法。编辑可以按照本书讲解的方法来对质检结果进行有效申辩。

六、为出版社质量管理工作提供借鉴

本书不仅包含了编校工作中常见问题，而且针对出版社质量管理工作中容易忽视的细节问题提出了思考，能为从事质量管理工作的人员提供借鉴。

本书区别于同类书的特色

目前市面上关于图书编校方面的参考书很多，各有特点。一些参考书对编校问题的解决仅给出了结论，没有给出依据。还有一些参考书，仅以一本工具书的观点作为论据，考察面过窄，结论片面，难以让人信服。编辑工作最看重的就是“改必有据”。本书对编校问题的解决建立在对工具书、标准、规范、出版考试教材、术语在线网站等的广泛考证基础上，提出的编校结论有理有据，更具参考价值。

内容结构

本书分为上下两篇。上篇为问题篇，下篇为反思篇。

问题篇主要针对编校工作中遇到的常见的问题提供解答。具体涉及了语言文字、标点符号、知识常识、名词术语、人名翻译、数字用法等常见错误。同时，还对出版社内部较为盛行的“伪经验”进行了批判。

反思篇针对编校工作中出现的若干现象以及出版企业管理工作中容易忽视的细节问题，提出了相关思考。其中既包含工作方法、工作作风、校对软件的使用、工具书使用、自我成长、知识积累、继续教育等员工层面的问题，又涉及人才选拔与培养、质量管理细节等出版管理者层面容易忽视的

问题。

希望本书不仅能对从事一线工作的编辑带来帮助，还能为出版企业管理者带来启迪。

本书的不足

笔者文笔欠佳，在写作过程中时而出现语言贫乏、啰唆的情况，是本书的一大不足。

由于编校问题相对复杂，工具书、标准之间难以达成共识的情况较为普遍，笔者只能在综合多方观点的基础上提出处理意见。意见虽然几经斟酌，但仍有可能考虑不周，是本书的另一不足。

希望本书能够成为广大编辑处理编校问题时的参考，也希望书中就一些现象的反思能引起广大编辑同行和出版管理者的重视。由于本人学识有限，书中难免有疏漏之处，恳请广大读者批评指正。

李萌

2024 年 6 月

CONTENTS

目 录

上篇 问题篇

下篇：反思篇

上篇：问题篇

问题1：列举后用“等”字煞尾究竟是不是错误？

在编校工作中，很多编辑习惯于将列举后用“等”字煞尾当作一个编校错误对待。起初，笔者认为仅有科技出版社的理工图书编辑存在此类认识误区。随着审稿和质检种类的不断增多，我发现文学、社科类图书编辑也有很多人对列举后用“等”字煞尾这一正常语言现象存在认识上的误区。在很多编辑看来下面这句话的表述是存在明显错误的。

例句：

在出版社年度表彰会上，张某、李某、王某、赵某等四位编辑获得了“优秀员工”称号。

很多编辑认为，上述例句存在明显错误。在句中已经将张某、李某、王某、赵某四个人完全列举，后面又使用了“等”字，岂不是多余了吗？“等”字表示省略，在全都列全了的情况下还用得着省略吗？于是很多编辑按照他们的想法对这一例句进行了修改：

在出版社年度表彰会上，张某、李某、王某、赵某四位编辑获得了“优秀员工”称号。

这是很多编辑最引以为傲甚至最擅长的修改。一些编辑在每本书稿中，都要花费大量时间精力修改此类错误。有的编辑甚至长年累月地都在按照自己的想法修改此类问题。

其实，原例句是正确的。编辑因为不了解“等”字用于列举后煞尾的用法，混淆了列举后煞尾与列举后未尽的情况，对原本正确的内容进行了误改。

我们可以通过工具书学习列举后煞尾与列举未尽的相关知识。在《现代汉语词典》第 7 版和《新华字典》第 12 版中，都对列举后煞尾与列举未尽进行了详细讲解与举例。

以《现代汉语词典》第 7 版为例，在第 275 页“等[1]”条目义项⑤中，明确了：

标示列举未尽（可以叠用）：北京、天津～地。

列举后煞尾：长江、黄河、黑龙江、珠江～四大河流。

在《新华字典》第 12 版第 93 页“等”条目义项③中，明确了：

列举后煞尾：北京、天津、上海、重庆～四个直辖市。

所以，列举之后用“等”字来煞尾，后面有前列各项的总计数，是正确的用法，绝对不是广大编辑认为的重复性错误。

中宣部出版产品质量监督检测中心组编，商务印书馆出版的《图书编校质量差错案例》一书，在【错例 6-52】的解析中强调：“等”既可以表示列举未尽，也可以用于列举煞尾；省略号只能用于列举未尽。书中进一步提供了列举后用“等”字煞尾的例句：“这个学期，林帅各科成绩都在 90 分以上，超过 95 分的有语文、数学、英语、化学等四个学科。”

除了《现代汉语词典》《新华字典》和《图书编校质量差错案例》，其他工具书和编校参考书也有对列举后煞尾用法的解释和举例，这里就不再赘述了。

列举后煞尾是一种非常普遍的语言现象。在编校过程中列举后煞尾被不少编辑当作一个典型的错误加以批判、修改，形成了一条“伪编校”经验。有不少编辑将这条“伪经验”传授给自己的徒弟，反馈给作者，更有甚者写到了内部培训教材或公开发表的论文中，致使这一错误在出版工作中广为传播。这一现象值得我们深思。

广大编辑对书稿的修改，应建立在对工具书和行业标准广泛核实的基础上，而不应建立在个人分析和揣测的基础上。有时候看上去合理、有道理的分析，深究起来却是彻头彻尾的“伪经验”“伪技巧”。对于口口相传或来自他人的编校经验总结，我们一定要通过工具书等权威途径核实真伪。同时，作为出版专业技术人员，我们也要对自己分享和传播的编校知识负责。无论是向作者反馈编校意见，还是向新入职的年轻编辑传播编校知识，都要先考证再传播，避免出现以讹传讹的情况，影响出版社的形象。另外，我们每个人也要加强学习，这样才能识别出什么是正确的编校经验，什么是“伪经验”。

问题 2：“等”和“等等”用于并列成分之后的用法有何不同？

在编校过程中，我们经常能够遇到书稿中“等”和“等等”用于并列成分之后的情况。有些编辑根据自己的认识总结出在什么情况下使用“等”，在什么情况下使用“等等”的经验。然而这一经验却经不起推敲。在某书稿中，有这样两句话：

①今年寒假，小李计划阅读一些中外名著，其中包括罗贯中的《三国演义》、施耐庵的《水浒传》、吴承恩的《西游记》、曹雪芹的《红楼梦》、鲁迅的《呐喊》、司汤达的《红与黑》、雨果的《悲惨世界》、海明威的《老人与海》、莎士比亚的《哈姆雷特》等等。

②桌子上放了纸张、文具等等。

为了能够简单快速地处理在并列成分之后，究竟是使用“等”还是“等等”的编校问题，有编辑提炼出了“等”和“等等”在并列成分之后的用法：凡是并列成分之间用顿号的，就用“等”字接排最后一个并列成分；凡是并列成分之间用逗号，末尾就使用“等等”，“等等”与最后一个并列成分之间要用逗号。

基于上述编校经验总结，一些编辑发现例句①和②中并列成分之间使用的是顿号，而末尾却使用的是“等等”，显然是“不对”的，于是就对例句进行了如下的修改。

①今年寒假，小李计划阅读一些中外名著，其中包括罗贯中的《三国演义》、施耐庵的《水浒传》、吴承恩的《西游记》、曹雪芹的《红楼梦》、鲁迅的《呐喊》、司汤达的《红与黑》、雨果的《悲惨世界》、海明威的《老人与海》、莎士比亚的《哈姆雷特》等。

②桌子上放了文具、纸张等。

通过工作中的观察，笔者发现很多编辑就是按照上述经验总结处理书稿中“等”和“等等”用法问题的。这里需要说明的是，原例句都是正确的，编辑没有必要按照错误的经验总结对原本正确的内容进行修改。

根据《标点符号用法》（GB/T 15834—2011）附录B（资料性附录）标点符号若干用法的说明，B.1.2 逗号、顿号在表示列举省略的“等”“等等”之类词语前的使用：

并列成分之间用顿号，末尾的并列成分之后用“等”“等等”之类词语时，“等”类词前不用顿号或其他点号；并列成分之间用逗号，末尾的并列成分之后用“等”类词时，“等”类词前应用逗号。

示例1：现代生物学、物理学、化学、数学等基础科学的发展，带动了医学科学的进步。

示例2：写文章前要想好：文章的主题是什么，用哪些材料，哪些详写，哪些略写，等等。

根据国家标准原文，表示列举省略的“等”“等等”都称为“等”类词汇，它们是相同的一类词汇，在用法上是相同的，并没有任何的区别。因此在例句①和②中，无论作者是使用“等”还是“等等”都是没有错误的。对于没有错误的内容，不应当修改。

很多编辑之所以会出现认识上的错误并总结出错误的编校经验，导致误改或者“对改对”情况的发生，主要有两个原因：一是因为编辑不知道“等”和“等等”是一类词汇，认为二者存在不同的用法；二是编辑并没有逐字逐句学习标准的原文，仅通过示例1用了“等”、示例2用了“等等”，就总结出了以偏概全、不严谨的结论。如果认真学习《标点符号用法》（GB/T 15834—2011）附录B，就应该发现示例1、示例2是因为“等”和“等等”属同类词的原因而各举了一个例子。

可见“凡是并列成分之间用顿号的，就用‘等’字接排最后一个并列成分；凡是并列成分之间用逗号，末尾就用‘等等’，‘等等’与最后一个并列成分之间要用逗号”是一则不严谨的编校经验总结。广大编辑对标准的学习应当逐字逐句，不应当偷懒走捷径。囫囵吞枣必然带来不严谨的归纳和总结。

问题3：国籍用方括号，朝代用六角括号这种总结严谨吗？

在标点符号的用法中，因为方括号和六角括号没有其他标点符号常见，因此很多编辑对这两个符号并不是很熟悉。

关于方括号和六角括号的用法，部分编辑总结出了“凡是国籍就用方括号［］，凡是朝代就用六角括号〔〕”的经验，并应用于稿件的修改过程中。

在某书稿中，出现了：

〔法〕雨果《悲惨世界》

很多编辑依据上述经验总结，修改成了：

［法］雨果《悲惨世界》

其实“〔法〕雨果《悲惨世界》”的写法是正确的，并不需要修改。但是编辑为什么要将原本正确的内容，按照不严谨的经验总结修改成另外一种形式呢？虽然这样修改也是正确的，但是却暴露出了部分编辑未逐字逐句学习国家标准，片面概括编校经验的问题。

根据《标点符号用法》（GB/T 15834—2011）：

4.9.3.2 标示作者国籍或所属朝代时，可用方括号或六角括号。

示例 1：［英］赫胥黎《进化论与伦理学》

示例 2：〔唐〕杜甫著

通过标准原文中的“可用方括号或六角括号”以及两个示例，我们可以明确：标示作者国籍或所属朝代时，是既可以使用方括号，又可以使用六角括号的，并没有强制规定国籍一定使用方括号［］，朝代一定使用六角括号〔〕。标准仅是在两个示例中，用方括号和六角括号各举了一例。

部分编辑在没有仔细学习标准原文的情况下，仅凭两个示例分别用方括号和六角括号各举了一个例子，就总结出了“凡是国籍就用方括号［］，凡是朝代就用六角括号〔〕”的片面结论实属不应该。

问题 4：“有一无二”的说法有事实依据吗？

在编辑加工过程中，编辑经常会遇到书稿的某章内容只出现一张图或一张表的情况。同时仅有一个附录的书稿也较为常见。很多编辑面对只有一张图或一张表或一个附录的情况时产生了疑问，要不要编号，如何编号呢？

在不少出版社中流传着一条关于处理一张图、一张表、一个附录编号问题的“伪经验”。这条“伪经验”提出“有一无二”的观点：当书稿某章只有一张图或一张表，全书只有一个附录的情况时就不用编号了，因为读者阅读图书时，看到只有图1、表1、附录1，而没有图2、表2、附录2，会感到非常奇怪，并有可能会质疑2在哪里。

“有一无二”的说法颇具迷惑性。这种说法从读者的角度思考问题，形象地描述了“有一无二”可能给读者带来的困惑，因此在传播过程中获得很多编辑的认同。但这个说法也是彻头彻尾的“伪经验”。在这条“伪经验”的指导下，大量的出版物都出现了一张图、一张表、一个附录不编号的问题。

为什么说“有一无二”的说法是错误的？因为它和标准是抵触的。

《科技文献的章节编号方法》（CY/T 35—2001）明确了其适用范围包括科技文献、图书、连续出版物、手稿、非正式出版物和使用说明书等。

在标准4.1编号序列中，明确：

只有一幅图、一张表、一个定理时，也应编号为“图1”“表1”“**定理1**”。其中“**定理**”两字及其编号用黑体。

对于附录的处理，在标准中5.1附录的编号中也有明确说法：

“只有一个附录时也必须编号，为附录A。”

可见，当书稿中只有一张图或一张表或一个附录时都需要编号。不同的是，图和表要编成图1和表1，而附录要编成附录A，不能编成附录一、附录1。

综上所述，当图书只有一幅图或一张表或一个定理或一个附录时，都应严格按照《科技文献的章节编号方法》（CY/T 35—2001）进行编号。编校过程中盛行的“有一无二”的说法是建立在个人分析和揣测基础上没有任何事实依据的“伪经验”，是和学术出版规范相违背的，只会让书稿的图、表、定理、附录编号变得不规范。

问题 5：究竟什么是老编辑？老编辑的“老”应作何解？

每当出版社有新员工入职时，人力资源部门都会向他们介绍出版社里的在职员工。新员工经常会听到这样一句话：“某某老师是咱们出版社里的老编辑了。”

那么，究竟什么是“老编辑”？“老编辑”的“老”应做何解？

在《现代汉语词典》第 7 版中，关于“老”字有诸多释义。出版行业中的“老编辑”的“老”字，应该取释义④“对某些方面富有经验”，还是取释义①“年岁大”的含义呢？

笔者认为“老编辑”的“老”，不能片面地解读为“年岁大”的意思。因为在专业技术工作中，“老”更应解读为“经验丰富”。“老编辑”指的在编校方面具有丰富经验的资深编辑。年岁大的编辑，如果没有丰富的编校经验，当被称为“老编辑”时，应当感到惭愧。但经验丰富的编辑，即使年岁不大，也是可以称为“老编辑”的。“老编辑”的称谓应该是对编校经验丰富的一种肯定，而不是对年龄的一种形容。同样“老校对”“老印制”“老美编”“老发行”都是对经验的肯定。能够立足出版行业的专业技术人员，依靠的就是不断积累的工作经验。所以，当我们去用“老”字来介绍一个人的时候，这个多是指这个人具有丰富的专业技术经验，而不是说这个人的岁数。人老不老是没有必要加以介绍的，因为岁月的痕迹已经写在了人们的脸上，是一目了然的。

同样“年轻编辑”的“年轻”二字，未必是指年龄。“年轻”二字，也可以用于形容经验不足。我们经常会听到这样一句话：“某某还是太年轻了。”这句话说的不是某某的年龄小，而是指某某处理问题的经验不足。如果一名编辑，不注重编校经验的积累，即使岁数很大了，在编校问题的处理上仍然是一位经验不足的年轻编辑。

我们都应该注重编辑经验的积累，将成为拥有丰富编校经验的资深编辑作为自己的目标，而不应只增长年龄，不增长经验。

关于如何积累编校经验，尽快成为一名“老编辑”，我建议抓住四个环节：学习、交流、记录、复习。

（1）学习。向前辈学习，向编校各个环节的把关老师学习。学习的途径包括：认真学习本出版社的《著译者手册》；认真学习复审记录、终审记录、校对意见表、质检报告中提出的各类问题；认真学习工具书和出版行业的标准等。

（2）交流。编辑之间应积极开展编校业务交流。充分而有效的交流通常能够使编辑在审稿工作中遇到困惑时豁然开朗。广大编辑既要和本单位同事交流，又要充分利用手机互联网等媒体与其他出版单位的同行交流。继续教育线下培训、编辑沙龙都是非常重要的交流机会。

（3）记录。记录对编校经验的积累具有重大推进作用。编校问题具有复杂多样性，仅靠大脑记忆是不行的，必须依靠记录和整理才能形成知识的积累。积累的形式多种多样，可以按照自己的习惯采用纸质形式，也可以采用电子形式。随着工作年限的增加，编校知识的记录应该越来越多。记录既有利于自己的提高，又有利于知识的传承。

（4）复习。每个人都会产生遗忘。根据艾宾浩斯遗忘曲线，遗忘的进程是先快后慢的。为了避免在大量遗忘后难以补救，对知识做到及时复习是很重要的。在养成记录习惯的基础上，编辑人员还应定期对编校知识开展复习。复习不仅可以避免遗忘，而且在复习过程中有可能会发现之前积累的知识存在缺陷，理论可能存在不足，进而促进对编校理论知识更加深入的学习。

希望每名新入职的编辑，都能尽快成长为经验丰富的老编辑。

问题 6：（1）和 1）的层次究竟哪个高？

一些书稿由于内容较多、层次复杂，编辑要花费较多的精力处理标题层次的编排问题。对标题层次的编排应该按照层级由高到低的顺序逐级向下扩充。

很多编辑对标题的层次高低存在着认识方面的误区，导致书稿出现了层级颠倒的错误。例如在不少书稿中，编辑是按照如下层次编排书稿的：

1.

（1）

1）

①

关于为什么这样编排层次，很多编辑给出了应用具体的理由：“（1）”的括号是完整的全括号，而“1）”是不完整的半括号。完整的全括号大于不完整的半括号，因此先用（1）再用 1），（1）的层次要高于 1）。

这是一条听上去很有说服力的编校经验，特别是完整的全括号大于不完整的半括号的描述显得十分生动、形象，让不少编辑听了感觉很有道理，并依此作为调整书稿标题层次的依据。但遗憾的是，这是一条根据主观感觉总结的错误的编校经验。

根据《科技文献的章节编号方法》（CY/T 35—2001）附录 A 中表 A1 层次名称编号及其引用示例，可以看出规范的层级扩充次序应该是：

1.

1）

（1）

①

其中 1. 的层次名称为“条”，1）的层次名称为“款”，（1）的层次名称为“项”，①的层次名称为“段”。“条”的层级最高，“段”的层级最低。对于内容层次复杂的情况，应按照条、款、项、段的层次逐级向下扩充。1）的层级应高于（1）的层级。

这样看来，认为全括号比半括号完整，所以（1）层次高于半括号的 1）的说法是没有依据的，又是基于个人想象和分析的“伪经验”。如果采信这一说法，就会导致书稿排序中出现款、项倒置的错误。当我们认真学习《科技文献的章节编号方法》（CY/T 35—2001），理解排序要按照条、款、项、段这一规则时，就会发现从 1. 到①逐级向下扩充的过程，实际上是把数字 1 逐渐包围成①的过程。

广大编辑还应该注意，在不少书稿中还会遇到层次更复杂的情况，例如涉及 a）和（a）的层次排序问题。同样，根据《科技文献的章节编号方法》（CY/T 35—2001）附录 B 中 B1 列项说明编号的示例，可知 a）的层次是高于（a）的，应该先使用 a）这一级层次，再使用（a）这一级层次。

可见，认为（1）的层次高于 1）犯了款、项倒置的错误。层次作为重要的体例格式，应引起编辑的足够重视。错误地应用层次，还会影响读者的阅读体验。

问题 7：谁说浪纹线具有“之间”“之内”的含义？

很多编辑将“浪纹线”称为“波浪线”，这是非常不严谨的。在所有与出版有关的标准和教材中，均未出现“波浪线”的说法。“波浪线”虽然很形象，却不是规范的称呼，在出版工作中应回避。

在标点符号的用法中，很多编辑对浪纹线的用法存在明显误解，造成的误改情况较为普遍。

不少书稿都会涉及浪纹线的使用问题。

例：

①绝大多数花卉要求土壤呈中性，pH 在 6.5 ～ 7.5 之间。

②测量范围在 -9.8kPa ～ +9.8kPa 之间。

很多编辑认为上述两个例句是错误的。具体的理由是“浪纹线～”已经包含了“之间”和“之内”的意思，如果句末再使用“之间”或“之内”就是典型的重复错误。很多编辑只要见到浪纹线之后使用了“之间”或“之内”就一定要将“之间”或“之内”删除，并把对这一问题的修改作为重要的编校经验加以整理、推广。经过编辑的修改，上述两个例句变成了：

①绝大多数花卉要求土壤呈中性，pH 在 6.5 ～ 7.5。

②测量范围在 -9.8kPa ～ +9.8kPa。

那么上述修改正确吗？为什么修改后每个句子读上去都显得不完整，有了成分残缺的感觉呢？

其实，原例句①②都是正确的。编辑因为对“浪纹线～”的用法存在错误解读，导致误改情况的发生。

首先，在国家标准中明确了浪纹线的用法。

（1）《标点符号用法》（GB/T 15834—2011）

4.13.3.2

b）标示数值范围（由阿拉伯数字或汉字数字构成）的起止。

示例 4：25 ～ 30g

示例 5：第五～八课

标准中明确：浪纹线的作用是标示数值范围的起止。

（2）《标点符号用法》（GB/T 15834—2011）附录 A（规范性附录）

A.11 浪纹线连接号用于标示数值范围时，在不引起歧义的情况下，前一数值附加符号或计量单位可省略。

示例：5 公斤～100 公斤（正）

5～100 公斤（正）

标准再次明确：浪纹线连接号用于标示数值范围。

（3）《物理科学和技术中使用的数学符号》（GB/T 3102.11—1993）

4 杂类符号

项号 11-4.15 浪纹线的意义或读法为“数字范围”。

可见，国家标准已经明确“浪纹线～”标示的是数值范围。“浪纹线～”之前的数值为范围的起，之后的数值为范围的止。国家标准从未提及“浪纹线～”具有“之间”“之内”的含义。

其次，出版专业职业资格考试教材也对“浪纹线～”的用法有具体讲解。

在全国出版专业技术人员职业资格考试辅导教材《出版专业基础·初级（2020 版）》年版第 197 页中明确：

浪纹线用于连接相关的阿拉伯数字或代表数量的字母，表示数值或量值范围。

在教材中举出了相关实例：

气温保持在 15～23℃（也可表示成 15℃～23℃）之间。

在出版专业教材中，不仅明确了“浪纹线～”表示的是范围，而且在例句中使用了“之间”。

再次，在《图书编校质量差错认定细则（修订版）》中多处提及浪纹线的作用：

五 标点符号

第三十六条（五）连接相关的阿拉伯数字表示范围，用浪纹。

六 数字

第四十条（三）阿拉伯数字的书写规则

5. 表示用阿拉伯数字书写的数值范围，使用浪纹号“～”。

《图书编校质量差错认定细则（修订版）》也明确“浪纹线～”的作用是表示数值范围。

最后，中央宣传部出版产品质量监督检测中心组编商务印书馆出版的《图书编校质量差错案例》第166页针对错例6-60的解析部分提出：浪纹线“～”多用于标示数值范围的起止。

通过对《标点符号用法》（GB/T 15834—2011）、《物理科学和技术中使用的数学符号》（GB/T 3102.11—1993）、《出版专业基础·初级（2020版）》、《图书编校质量差错认定细则（修订版）》、《图书编校质量差错案例》的研读，我们可以看到“浪纹线～”的作用就是标示“数字、数值范围”。“浪纹线～”没有部分编辑自行总结出的“之间”或“之内”的意思。

因此在例句①和例句②中，作者通过使用“浪纹线～”和“之间”来实现“具体范围之间”表述，这一用法不仅正确，而且句式结构完整，根本不存在重复错误。反倒是编辑误改后的句子，有成分残缺之感。此类误改在个别出版社中较为普遍，应当予以坚决纠正。

广大编辑在学习出版行业标准时，必须做到逐字逐句，甚至是要“抠字眼”的。如果不是逐字逐句学习，采用走马观花、囫囵吞枣的态度，那么只能看个大概，对标准的细节无法全面洞察，在稿件的修改过程中难免会产生误改。在编校工作中，大量的误改不仅降低了出版物的质量，还有可能以讹传讹作为“伪经验”传播给其他编辑。

问题8：究竟是0—8岁儿童发展适宜性教育，还是0～8岁儿童发展适宜性教育？

很多心理学书稿都会涉及与儿童发展适宜性教育相关的研究内容。我们经常看到，有的书稿写的是“0—8 岁儿童发展适宜性教育”，而另外的书稿却写成“0 ～ 8 岁儿童发展适宜性教育”。“浪纹线”和“一字线”在用法上出现了混乱。

有的编辑认为应该使用“浪纹线”，有的编辑则坚持“一字线”才是正确用法，还有的编辑则认为每个人理解不同，使用二者均可。更有编辑认为国家标准在制定过程中存在不严谨的情况，才会造成应用中的混乱。那么究竟哪种观点有道理呢？

根据《标点符号用法》（GB/T 15834—2011）

4.13.3.2 标示下列各种情况，一般用一字线，有时也可用浪纹线：

a）标示相关项目（如时间、地域）的起止。

示例 1：沈括（1031—1095），宋朝人。

示例 2：2011 年 2 月 3 日—10 日

示例 3：北京—上海特别旅客快车

b）标示数值范围（由阿拉伯数字或汉字数字构成）的起止。

示例 4：25 ～ 30g

示例 5：第五～八课

从标准及示例不难看出，一字线标示的是项目的起止，而浪纹线标示的是数值范围的起止。

在全国出版专业技术人员职业资格考试辅导教材《出版专业基础·初级（2020 版）》第 196 和第 197 页中，也明确了：

一字线用于连接地名或方位名词，表示起止、相关或走向；连接几个相关的项目，表示递进式发展；连接时间的起点和终点，表示时间段。

浪纹线用于连接相关的阿拉伯数字或代表数量的字母，表示数值或量值范围。

通过对国家标准和出版专业职业资格考试教材“一字线”和“浪纹线”用法的研读和比较，我们不难看出采用一字线的“0—8 岁儿童发展适宜性教育”的写法更妥。它表示的是以0岁作为时间起点，8岁作为时间终点，将0—8岁作为一个明确的时间段实施的教育，突出了特定年龄段和阶段性教育。“浪纹线”用于标示数值范围，如果使用“浪纹线～”写成“0～8岁儿童发展适宜性教育”则让人将关注点放在了数值、范围方面，无法突出年龄段、阶段性教育，因而会显得不妥。

这样看来，认为国家标准不严谨，导致个人理解偏差的观点失之偏颇。只能说部分编辑对标准的解读能力有待加强。

问题9：$PM_{2.5}$和PM_{10}中的数字应该是平排还是下角标？

不少书稿在讲解细颗粒物$PM_{2.5}$和可吸入颗粒物PM_{10}时，对数字2.5和10采用了两种截然不同的排版方式。一种是平排，即PM2.5和PM10，另外一种是排成下角标，即$PM_{2.5}$和PM_{10}。平排和下角标，哪种形式是规范的写法呢？

经过查阅，发现在《现代汉语词典》第7版和《辞海》第七版的纸质版工具书中，均收录了词条：

【PM2.5】细颗粒物。

【PM10】可吸入颗粒物。

两个词条均使用了数字平排的方式。

纸质版工具书推出后，为了满足广大读者电子查阅的需要，两本工具书均制作并发布了App。《现代汉语词典》第7版App已将纸质工具书采用的平排形式修改成为下角标；同样《辞海》第七版App也将PM后2.5和10平排的写法改成了下角标。目前只有纸质版工具书存在平排的问题。

在《环境空气质量标准》（GB 3095—2012）中，$PM_{2.5}$ 中的 2.5 和 PM_{10} 中的 10 均采用的是下角标形式。在《环境空气 PM_{10} 和 $PM_{2.5}$ 的测定 重量法》（HJ 618—2011）标准中，PM_{10} 中的 10 和 $PM_{2.5}$ 中的 2.5 均采用了下角标。在《火电厂烟气中细颗粒物（$PM_{2.5}$）测试技术规范 重量法》（DL/T 1520—2016）电力行业标准中 $PM_{2.5}$ 的 2.5 同样采用了下角标。

在中国共产党成立 101 周年之际，经党中央批准，中央党史和文献研究院编写的《中国共产党的一百年》（2022 年 6 月中共党史出版社出版）书中 $PM_{2.5}$ 采用的是下角标。

通过多途径查询，我们可以发现仅有《现代汉语词典》第 7 版和《辞海》第七版纸质版工具书采用 PM2.5 和 PM10 平排这一形式。两本工具书在随后发布的 App 中已经修改为 $PM_{2.5}$ 和 PM_{10} 下角标的写法。同时国家诸多标准中均采用 $PM_{2.5}$ 的写法，因此对于“细颗粒物”应采用 $PM_{2.5}$ 的写法，“可吸入颗粒物”应采用 PM_{10} 的写法。

问题 10：食品营养学中的单位卡路里转换成国际单位焦耳时为什么会出错？

在书稿的加工整理中，编辑经常会遇到将非国际单位转换成国际单位的问题。例如在食品营养学书稿中经常会出现卡路里单位。卡路里简称卡，用符号 cal 表示。卡路里不属于国际单位，热量的国际单位制导出标准的能量单位是焦耳，符号是 J。我国采用了焦耳作为法定计量单位，食品包装上标识食物所含能量所采用的单位为 kJ。

书稿中出现卡路里单位时，很多编辑都从单位规范的角度出发有意识地将其转换成国际单位焦耳，但是在转换时，却发生了错误。

例如在某书稿中，有这样一句话：

以 100 克为计量单位，坚果类的食物能量在 500 千卡左右。卡和焦耳之间的换算系数是 4.184，也就是 1 卡 =4.184 焦耳。

那么上述表述否正确？很多编辑经过核实后认为是正确的，因为在搜索引擎查询换算关系时，网络中给出的换算关系的确是 1 卡 =4.184 焦耳。

但是采用这一换算关系会造成错误，因为 1 卡 =4.184 焦耳不能用于食品营养学中的热量转换。

根据《热学的量和单位》（GB/T 3102.4—1993）

3 供查考的其他单位，特别是关于换算系数

卡有 15℃卡、国际蒸汽表卡 cal_{IT} 和热化学卡 cal_{th} 三种。与焦耳的换算关系为：

$1\ cal_{15}$=4.1855J

$1\ cal_{IT}$=4.1868J

$1\ cal_{th}$=4.1840J（准确值）

食品营养学中的卡，是 15℃卡。

之所以会在卡路里转换成焦耳时出现错误，主要原因有两点：广大编辑对卡分为 15℃卡、国际蒸汽表卡 cal_{IT} 和热化学卡 cal_{th} 三类这一知识点不熟悉；不通过《热学的量和单位》查询转换关系，而是通过搜索引擎查询转换关系，但搜索引擎给出的转换关系为热化学卡与焦耳的转换关系，而不是食品营养学卡与焦耳的换算关系。

据笔者观察，市面上有较多出版物都存在单位转换错误。负责生活美食与食品科技图书的编辑应牢记，在食品营养学科的书稿中应采用营养学卡的转换公式：$1\ cal_{15}$=4.1855J，不能使用热化学卡和国际蒸汽表卡的转换公式。

问题 11：编辑对搜索引擎的应用和认识存在哪些误区？

搜索引擎是我们日常工作中经常会使用的信息检索工具。很多编辑在对搜索引擎的使用过程中，出现了认识误区。

误区一：搜索引擎能够提供编校依据。

百度等搜索引擎的作用是为人们寻求知识和解决问题提供线索。在编校工作中遇到拿不准的问题且对问题的解决没有头绪时，可以借助搜索引擎寻找解决问题的线索，从网络给出的线索中发现蛛丝马迹，获得相应的启示，进而找到解决问题的办法。但是搜索引擎并不能提供编校依据。真正能为我们解决编校问题提供依据的是工具书、国家标准等规范文本。然而不少编辑对搜索引擎的作用存在误解，认为搜索引擎给出的结果都是正确的。他们按照网络搜索的信息修改书稿，导致了书稿中大量错误的产生。例如问题 10 中出现的食品营养学中卡与焦耳的单位转换问题，很多编辑就采信了网络给出的答案，造成了书稿的误改。

广大编辑应牢记，搜索引擎的作用是当我们对问题的解决方法没有头绪时，提供相关的线索和方向。我们一旦从线索和方向中获得启示后，就应该回归工具书、国家标准等规范性文件。这些规范性文件才是我们解决编辑问题的依据。

误区二：将搜索引擎变成了验证自己想法、支持自己错误观点的工具。

人们除了可以利用搜索引擎寻找解决问题的线索和方向，还可以了解他人对某类问题的看法和观点。不少编辑将搜索引擎变成了验证自己想法、支持自己错误观点的工具。

一些编辑在得知自己对书稿的修改欠妥甚至有明显错误时，不去查询工具书和国家标准，不去研究、思考如何修改才是稳妥、正确的，而是借助搜索引擎去寻找网络中有多少人和自己的想法一致，试图用庞大的数量来支持自己不妥的修改。认为当有一定数量的支持，不妥的就变得妥当了，错误的东西就变成正确的了。搜索引擎固然可以按照人们输入的关键字来显示想要的内容，但无论显示的内容有多少，都不能用于证明某种观点或某种修改是正确的。

例如，有很多书稿出现了外国人名、地名的翻译不准确的情况，编辑容易忽视此类问题。复审、终审老师在审读过程中提出翻译有可能不准，请编辑加强核实工作。编辑正确的做法应当是利用《外国地名译名手册》《英语姓名译名手册》等工具书核实书稿地名、人名的准确性。而不少编辑却将书稿中翻译不规范的人名、地名作为检索关键词，通过搜索引擎去寻找网络中有没有相同的译法。事实上，无论网络中有多少观点支持不规范的译法，也不能作为编校依据，更无法撼动工具书在地名、人名翻译问题上的权威性。

我们应当肯定搜索引擎具有为编校问题提供线索和方向的积极作用，也要正确认识搜索引擎使用不当会造成书稿内容的误改。用搜索引擎来证明自己是对的这一想法是不可取的，通过搜索引擎来统计还有多少人支持自己观点的做法是没有任何意义的。我们应当牢记，搜索引擎永远充当不了规范性文本的作用，只有工具书和国家标准才是编校工作的依据。

问题12：为什么皇帝纪年转换为公元纪年会出现一年误差？

笔者在复审、终审、质检三个环节中，经常发现书稿中存在皇帝纪年转换公元纪年时出错的情况。具体表现为皇帝纪年转换后的公元纪年，总是与事实情况相差一年。

某书稿中，有这样一句话：

北京白云观位于北京西城区西便门外白云观街道，初建于唐开元二十六年（739 年）。

句中唐开元二十六年为皇帝纪年，而 739 年为公元纪年。遇到皇帝纪年转公元纪年问题，一定要加强核实。部分编辑从不核实此类问题，采用的态度是“假设作者是对的”。还有一部分编辑虽然有核实的意识，但是采用的方法是通过网络搜索引擎寻找线索。但是搜索引擎给出的结果通常也是不准确的，比较普遍的现象是出现两种答案，两种答案有一年的误差。例如，通过搜索引擎查询本例中的唐开元二十六年对应的公元纪年，能够发现有两种说法，一种是 738 年，另外一种是 739 年。其中 739 年的说法与作者书稿一致。两种说法相差一年，很多编辑不知道哪种说法是正确的，应采信何种答案。部分编辑采取了少数服从多数的方法，看网络中哪种说法多就采信哪种答案。显然，对于皇帝纪年转公元纪年的问题，不能用少数服从多数的方法解决。

还有不少编辑虽然意识到皇帝纪年转换公元纪年可能出错，需要借助权威工具书加以核实，但却因为没有掌握正确的方法造成使用了工具书也出错的情况。

例如在《现代汉语词典》第 7 版的附录部分提供了我国历代纪元表，通过该表可以查询到唐开元元年为公元 713 年。很多编辑认为既然唐开元元年是 713 年，那么开元二十六年就应当是 713+26=739 年。这和书稿中的说法是一致的。

其实，无论是搜索引擎给出的 739 年的说法，还是编辑通过借助工具书查询后自行计算得到的 739 年的结果都是错误的。错误原因也是相同的。这充分说明如果不了解正确的转换方法，即使使用工具书也未必能得到正确的答案。

皇帝纪年转换公元纪年出错的根源是作者和部分编辑误解了元年的含

义。根据《现代汉语词典》第7版【元年】词条的解释，元年是帝王或诸侯即位的第一年或帝王改元的第一年。所以开元元年，已经是皇帝即位的第一年了。在计算开元二十六年的时候，应该是713+26–1=738年。因此，应改为：

北京白云观位于北京西城区西便门外白云观街道，初建于唐开元二十六年（738年）。

皇帝纪年转公元纪年出错，不是个别出版社、某本图书的个案，而是出版界广泛存在的问题。请广大编辑务必牢记，元年不能理解成〇年，而应理解成一年。如果对这一知识点不了解，即使使用了工具书也会出错。

当需要核对书稿中皇帝纪年转公元纪年的问题时，广大编辑不应使用搜索引擎查寻结果，而要使用权威工具书并采取正确的换算方法。

问题13：旧版工具书和政策文件还有学习价值吗？

很多编辑认为，如果工具书出了新的版本，政策文件进行了内容修订，就代表旧版没有任何参考价值了。那么事实真是如此吗？不是！即使出了新版工具书，政策文件有了更新，旧版的工具书和政策文件也颇具价值。因为通过对比，我们能够看到一些重要观点和态度的变化。

例如，在书稿的加工整理过程中，很多编辑都会发现书稿中有和风水相关的内容。一些敏感性高的编辑会提出疑问："风水是不是封建迷信？在书稿中出现与风水相关的内容是不是宣传封建迷信？要不要删除和风水有关的内容？"针对这些问题，可能不同编辑会有不同的理解。但是如果认真对照工具书，我们会发现关于"风水"的释义，在同一工具书的不同版本中发生了观点和态度上的变化。

《现代汉语词典》第 5 版：

【风水】fēng•shuǐ 名 指住宅基地、坟地等的地理形势，如地脉、山水的方向等。迷信的人认为风水好坏可以影响其家族、子孙的盛衰吉凶：看～｜～宝地（风水好的地方）。

《现代汉语词典》第 6、7 版：

【风水】fēng•shuǐ 名 指住宅基地、坟地等的地理形势，如地脉、山水的方向等。民间认为风水好坏可以影响其家族、子孙的盛衰吉凶：看～｜～宝地（风水好的地方）。

通过对比同一工具书的不同版本，我们可以发现在第 5 版工具书中，对【风水】条目的释义中使用的是“迷信的人认为”，可见当时对风水的态度的确和迷信相关。但是从《现代汉语词典》第 6 版开始将条目的释义修改为“民间认为”，没有再出现和迷信相关的内容。正是通过对比，我们才发现了工具书的编写者和出版单位对“风水”究竟是不是封建迷信，发生了观点和态度上的变化。如果我们不对比旧版的工具书，只看新版工具书有可能发现不了这种态度方面的变化。因此旧版的工具书是有用的。

除了要对比工具书的新旧版本之外，还要重视相关政策文件修订前后的对比。在很多稿件中，经常会遇到如何规范称呼台湾的某些与我们名称相同的大学和文化事业机构，要不要加引号，如何加引号的问题。《关于正确使用涉台宣传用语的意见》是我们处理上述问题的重要参考。关于这一意见，截至 2024 年有两个版本。

中共中央台湾工作办公室、外交部、中央宣传部办公厅 2002 年 11 月发布的《关于正确使用涉台宣传用语的意见》第二部分第四条规定：对台湾的某些与我们名称相同的大学和文化事业机构，如“清华大学”“故宫博物院”等，应加引号并在前面加上台湾、台北，如台湾“清华大学”、台北“故宫博物院”。

中共中央台湾工作办公室、外交部、中央宣传部办公厅 2016 年 3 月修订的《关于正确使用涉台宣传用语的意见》第二部分第五条规定：对台湾与我名称相同的大学和文化事业机构，如“清华大学”“故宫博物院”等，应在前面加上台湾、台北或所在地域，如“台湾清华大学”“台湾交通大学”“台北故宫博物院”，一般不使用“台北故宫”的说法。

通过对比两个版本的《意见》，我们不难发现对台湾的与我名称相同的大学和文化事业机构，在引号的具体使用上发生了变化，这一变化表明了我们的态度有所改变。

通过以上两个实例，我们可以看到旧版工具书以及政策文件并没有因为新版工具书的出版和政策的修订失去了学习和参考价值。我们应该通过新旧工具书、新旧政策对比，发现具体的变化，这些变化不仅有知识层面的变化，更有观点、态度方面的变化。如果没有旧版工具书和政策的对比，我们可能察觉不到这些变化。

问题 14：为什么要将“愈”改为“越”，为什么把“愈发”改成“越发”？

在编校过程中，有很多编辑对为什么要将“愈”修改为“越”，为什么要将“愈发”改成“越发”感到困惑。

例如在某书稿中，有这样一句话：

电子捕获检测器是一种选择性检测器，对负电性的有机物组分能给出极显著的响应信号，有机物组分的电负性愈强，愈易俘获电子，电子捕获检测器产生的信号就愈大。

在编校流程的某环节中，上面这句话被修改为：

电子捕获检测器是一种选择性检测器，对负电性的有机物组分能给出极显著的响应信号，有机物组分的电负性越强，越易俘获电子，电子捕获检测器产生的信号就越大。

关于为什么要将句中“愈”修改成“越”，众说纷纭。

有的编辑表示是校对方面的原因，校对会在校样上将“愈”改成“越”，久而久之编辑就跟着校对修改了。还有的编辑表示，如果在书稿编辑加工过程中不修改，到了后期复审、终审、校对环节一定会被某位老师修改，索性自己在加工过程中提前改好了。更有编辑表示出版社内部存在编校经验总结：“越来越大”用“越”，“愈来愈小”用“愈”。

我们可以看到在上述说法中，均未提及修改的具体依据是什么。所以要解决这一困惑，我们应当从工具书中找到相关依据。

《现代汉语词典》第 7 版：

“越[2]”：重复使用，表示程度随着条件的变化而变化（跟“愈……愈”相同）：脑子～用～灵 | 争论～认真，是非也就～清楚。注意：“越来越……”表示程度随着时间发展，如：天气越来越热。

“愈[2]”：重复使用，跟“越……越”相同：山路～走～陡，而风景～来～奇 | ～是情况紧急，～是需要沉着冷静。

通过查询工具书，我们可以发现，“愈……愈”和“越……越”在用法上是相同的，可以互相替代使用。例如，脑子愈用愈灵可以写成脑子越用越灵，不需要强制修改或统一成其中一种形式。

但是要注意的是按照工具书中的释义，“愈……愈”和“越……越”是相同的，但是没有说“越来越……”和“愈来愈……”是相同的，工具书并没有出现“愈来愈……”的用法举例。而且我们应注意工具书特别提醒了要注意“越来越……”表示程度随着时间发展，如：天气越来越热。

仔细回想，在编校工作中一些修改可能依据的是工具书没有收录“愈来愈……”这种表述。

关于为什么要将“愈发”改成“越发”？通过查询工具书，我们可以发现这一修改同样依据的是工具书对词条是否收录。

在《现代汉语词典》第7版中，收录了【越发】【越加】【愈加】条目，没有收录【愈发】条目。

【越加】yuèjiā 副 越发；更加：受到表彰后，他～努力了。

【愈加】yùjiā 副 越发：由于他的插手，事情变得～复杂了。

【越发】：yuèfā 副 ①表示与过去相比，程度加深：近两年来，他～显得瘦了 | 过了中秋，天气～凉快了。②跟上文的“越”或“越是”呼应，作用跟“越……越……”相同（用于两个或更多的分句前后呼应的场合）：观众越多，他们演得～卖力气 | 越是性急，～容易出差错。

从条目释义看，越加、愈加均具有越发的含义。《现代汉语词典》并没有收录【愈发】词条，因此【愈发】才会被修改。

通过对工具书的查询，我们可以看出，“愈……愈”和“越……越”在用法上是相同的，单纯地将“愈……愈”修改成“越……越”是没有必要的。因此，原例句并没有错误，没有必要修改。

“越来越……”用于表示程度随着时间发展，工具书中并无“愈来愈……”的说法，因此编校环节某把关的老师会将“愈来愈……”修改成“越来越……”。同时，由于工具书仅收录了【越发】【越加】【愈加】条目，未收录【愈发】条目，同样会导致将【愈发】修改为【越发】。

在编校过程中，编辑之所以会产生“愈”字一定要改成“越”字的误会，是因为只看到了对“愈”字进行修改的这一现象，并没有理解修改的具体原因是什么。通过对工具书的查询，我们不难发现，修改就是基于《现代汉语词典》未收录相关用法这一原因。笔者认为如果仅凭《现代汉语词典》未收录“愈来愈……”和“愈发”，就一定要将二者进行修改的做法欠妥，因为在《辞海》《中国大百科全书》等其他工具书中，都有“愈来愈……”“愈发”的用法。在出版专业职业资格考试《出版专业基础·中级（2020版）》教材中也多处使用了“愈发”。在出版行业的相关政策法规和标准中，从未提及“凡是《现代汉语词典》中没有收录的就是错误的，不能用”的相关说法。笔者认为“愈来愈……”和“愈发”都是可以使用的。

问题15：凡是引用国家标准就一定要带日期和名称吗？

作者在编写书稿的过程中，有时未注意引用的国家标准已经陈旧或废止，未对标准名称进行核对，导致标准陈旧、名称错误的情况时有发生。很多编辑注意到了这一情况，加强了对书稿中涉及的标准的核实工作。但在规范性引用文件方面，部分编辑存在认识方面的误区。

某涉及标准制定的书稿中存在这样一句话：

含油量的检验按GB/T 14488.1规定的方法测定。

很多编辑认为书稿中的这句话对标准的引用不规范，不仅缺少了标准的名称还缺少了标准实施的时间。通过查询，编辑掌握了标准的名称和最新版本的情况，于是将上述表述修改为：

含油量的检验按《植物油料 含油量测定》（GB/T 14488.1—2018）规定的方法测定。

这样修改实际上是不妥的，同时暴露了一些编辑对国家标准的制定工作存在认识误区。

国家标准的制定应参考《标准化工作导则 第1部分：标准的结构和编写规则》（GB/T 1.1—2000）。该规则包含了“规范性引用文件”说明。

2 规范性引用文件

下列文件中的内容通过文中的规范性引用而构成本文件必不可少的条款。其中，注日期的引用文件，仅该日期对应的版本适用于本文件；不注日期的引用文件，其最新版本（包括所有的修改单）适用于本文件。

通过学习以上说明，我们可以了解到注日期的引用文件和不注日期的引用文件在适用方面存在差异。

结合书稿原文“含油量的检验按 GB/T 14488.1 规定的方法测定”，GB/T 14488.1 属于不注日期的引用文件，即使该标准将来更新到最新版本（包括所有的修改单），也都可以用于含油量的检验。一旦编辑将 GB/T 14488.1 改成 GB/T 14488.1—2018，变成了注日期的引用文件，含油量的检验仅可以按照 GB/T 14488.1—2018 测定，一旦 GB/T 14488.1 更新到更新的版本，2018 版就不适用于书稿中的含油量的检验了。

编辑本想让书稿中引用的标准看上去更加严谨和完整，却改变了文件的适用范围，好心办坏事，造成了误改。需要提醒编辑的是，目前不仅国家标准有“规范性引用文件”的说明，在行业标准、团体标准中，同样涉及“规范性引用文件”的说明，因为这些标准都是按照《标准化工作导则 第 1 部分：标准的结构和编写规则》（GB/T 1.1—2000）制定的。广大编辑在见到书稿中出现规范性引用文件的情况，千万不要误解为作者遗漏了标准的实施时间，更不要人为添加。

问题 16：为什么说错将民族自治区表述为省已经涉嫌违法了？

将民族自治区错误地表述成省，是书稿中常见的错误。比较具有代表性的是部分作者习惯性地将广西壮族自治区写成广西省。个别编辑在审稿过程中疏忽大意，并没有发现此类严重错误，实属不应该。

将民族自治区写成省，并不是普通的文字差错。这种错误的表述已经违反了《中华人民共和国宪法》和《中华人民共和国民族区域自治法》的相关规定。

《中华人民共和国宪法》第三十条　中华人民共和国的行政区域划分如下：

（一）全国分为省、自治区、直辖市；

（二）省、自治区分为自治州、县、自治县、市；

（三）县、自治县分为乡、民族乡、镇。

直辖市和较大的市分为区、县。自治州分为县、自治县、市。自治区、自治州、自治县都是民族自治地方。

《中华人民共和国民族区域自治法》第二章第十三条规定：“民族自治地方的名称，除特殊情况外，按照地方名称、民族名称、行政地位的顺序组成。”

根据上述法律规定，我们必须明确：

首先，将广西壮族自治区表述为广西省，违反了《中华人民共和国宪法》中对行政区域划分的规定。

其次，将广西壮族自治区表述为广西省，又违反了《中华人民共和国民族区域自治法》“顺序组成”的规定，未体现民族名称“壮族”和行政地位“自治区”。

出版工作应严格按照《中华人民共和国宪法》和《中华人民共和国民族区域自治法》的规定，在出版物中明确自治区、自治州、自治县的行政地位，表述民族自治地方名称时务必遵循“顺序组成”的原则。

广大编辑应正确认识民族问题的重要性，加强法律法规的学习，坚决杜绝书稿中出现涉及民族问题的不当表述。

问题 17：为什么要保护个人信息和敏感个人信息？

一些作者在撰写书稿的时候，会出现将个人信息、敏感个人信息作为写作素材的情况。

例如，在讲解 Excel 分析与统计的计算机类书稿中，很多作者喜欢使用身份证号、银行账号、电话号码作为素材，讲解数据排序、筛选、格式转换等操作。在旅游专业的书稿中，作者在讲解旅游合同、成团单等知识点时，会在插图或表格中使用真实旅游者的个人信息，具体包括姓名、身份证号码、电话、具体行程等。

很多编辑在处理含有上述内容的稿件时，并没有意识到出版物中出现这些信息，不仅违反了相关法律，还会对信息涉及的人员带来危害。

根据《中华人民共和国个人信息保护法》：

第十条　任何组织、个人不得非法收集、使用、加工、传输他人个人信息，不得非法买卖、提供或者公开他人个人信息；不得从事危害国家安全、公共利益的个人信息处理活动。

第二十八条　敏感个人信息是一旦泄露或者非法使用，容易导致自然人的人格尊严受到侵害或者人身、财产安全受到危害的个人信息，包括生物识别、宗教信仰、特定身份、医疗健康、金融账户、行踪轨迹等信息，以及不满十四周岁未成年人的个人信息。

如果在出版物中公开了个人信息或敏感个人信息，不仅触犯了法律，所公布的信息有可能会被别有用心者收集、利用，作为实施电信诈骗等违法活动的资源。

有部分编辑认为，如果在书稿中出现了个人信息和敏感个人信息，可以安排排版人员对信息内容进行模糊处理，做到无法完整显示内容即可。但是这种做法无异于掩耳盗铃，只会表明书稿中的信息是真的，作者或出版社通过某些渠道搜集、掌握、储存了大量的真实个人信息和敏感个人信息，属于违反《中华人民共和国个人信息保护法》的行为。笔者建议如果书稿中确实需要出现电话号码、身份证号码等信息，可采用虚构的方式并在正文中明确告知读者。

编辑一定要加强对《中华人民共和国个人信息保护法》的学习，坚决杜绝书稿中出现泄露个人信息和敏感个人信息的情况。

问题 18：为什么涉及红色旅游的内容会被频繁误改？

红色文化记录着党的光辉历史，蕴含着党的初心和使命，体现了中国共产党人的精神内核。习近平总书记指出："要把红色资源利用好、把红色传统发扬好、把红色基因传承好。"大力发展红色旅游，是利用红色资源、发扬红色传统、传承红色基因的重要途径。

不少出版物中都或多或少地涉及了和红色旅游景区相关的内容。但是由于部分编辑对红色旅游存在认识上的误区，导致书稿中涉及红色旅游的内容频繁出现被误改的情况。

编辑在修改稿件的过程中，对红色旅游的误解表现在两个方面：一是对红色旅游经典景区的资质存在误解；二是对设置红色旅游经典景区的意义存在误解。

一、对红色旅游经典景区的资质存在误解

某书稿中讲解奥林匹克森林公园时，提及了其是红色旅游经典景区。编辑认为这个公园是休闲场所，人们在公园里长跑、健身，参与文化活动，举办书市，这与印象里的红色旅游没有直接关系，于是就将其是红色旅游经典景区的文字表述删除了。

红色旅游景区资质的核实与认定，应严格按照中央办公厅、国务院办公厅印发的《2016—2020年全国红色旅游发展规划纲要》中确定的《全国红色旅游经典景区名录》执行。通过查阅《全国红色旅游经典景区名录》，我们可以发现奥林匹克森林公园的确是红色旅游经典景区，因为它是承载奥运精神、时代精神的重要文化场所。

二、对设计红色旅游经典景区的目的和意义存在误解

部分编辑在修改包括红色旅游景区内容的书稿时，凡是见到烈士陵园、烈士殉难地、惨案遗址纪念馆、侵华日军第七三一部队罪证陈列馆就一概删除。

对于为什么删除，编辑有如下解释：红色旅游应是高兴、快乐的，而烈士陵园、烈士殉难地、惨案遗址纪念馆、侵华日军第七三一部队罪证陈列馆等场所让人难受、悲痛；不能用高兴、快乐的心情去烈士陵园、烈士殉难地、惨案遗址纪念馆、侵华日军第七三一部队罪证陈列馆等场所，这是对烈士和死难同胞的不尊重，因此必须将上述场所从红色旅游经典景区中删除。编辑对红色旅游和红色景区的理解是否正确？编辑的删除行为合理吗？

根据《全国红色旅游经典景区名录》，红色旅游景区不仅包括延安革命纪念地、西柏坡、韶山、井冈山等，也包括烈士陵园、烈士殉难地、惨案遗址纪念馆，而且包括侵华日军第七三一部队罪证陈列馆等，这是不争的事实。国家层面认定的红色旅游经典景区，编辑不能擅自删除。

编辑之所以会认为红色旅游一定是要高兴、快乐的，说明对开展红色旅游的意义和设立红色旅游经典景区的目的存在认识上的误区。我们应该正确认识开展红色旅游和设立红色景区的意义。

红色旅游不是普通意义上的旅游。普通旅游具有娱乐休闲性，而红色旅游突出的是教育性。设立红色旅游经典景区的目的是让广大人民群众寓教于

游，学习领悟党史，开展党史学习教育，增强人民精神力，接受红色洗礼，传承红色基因。显然，部分编辑用旅游时的心情是否愉快作为衡量一个景区能否作为红色旅游经典景区标准，这种认识是错误的。

与普通景区相比，设立红色旅游经典景区具有重大意义。烈士陵园、烈士殉难地、惨案遗址纪念馆、侵华日军第七三一部队罪证陈列馆等场所是我们铭记历史、缅怀先烈、致敬英雄、珍惜现在，凝聚奋进力量的重要场所，是开展爱国主义教育、和平教育、国防教育、世界反法西斯战争教育的重要阵地。可见，简单地根据场所展现的历史事件判定能否作为红色经典景区的认识是错误。很多编辑将烈士陵园、烈士殉难地删除的做法导致重要阵地从书稿中消失，做法不妥。

广大编辑在处理涉及红色旅游内容的书稿时，应注意：

（1）以《2016—2020 年全国红色旅游发展规划纲要》中确定的《全国红色旅游经典景区名录》为指导，加强景区资质的核实工作，避免非名录中的景区误导读者，更不要用自己的想法判断景区资质；

（2）广大作者和编辑要加强政治学习，正确认识红色旅游的教育目的，深刻理解设立红色景区的意义，避免个人片面的认识造成对政策理解的偏差；

（3）充分发挥出版物的导向作用，将读者可能产生的负面情绪转化为积极正面的爱国行动。在红色旅游过程中，游客会因景区展现的历史和事件不同产生不同的情绪。例如，在游览延安革命纪念地、遵义会议纪念馆等景点时，会表现出崇敬、敬畏等积极情绪，在参观侵华日军第七三一部队罪证陈列馆、烈士陵园、烈士殉难地、惨案遗址纪念馆时，会产生难受、悲痛、愤恨等情绪。编辑在处理书稿时，应注重将读者可能产生的消极情绪，引导到积极的、正面的爱国主义行动上来。

问题19：食品添加剂是违法的吗?

食品安全是广大人民群众生活安全、生命安全的重要前提和基础，关乎我们每个人的生活质量和生命健康。

“食品添加剂”和“非法添加物”是食品科技图书中经常出现的两个概念。很多作者和编辑对“食品添加剂”的概念存在错误认识，导致和“非法添加物”混淆，书稿中的相关知识性差错没有被纠正。

例如在一些书稿中经常会看到这样的描述：

随着地沟油、苏丹红等多种食品添加剂被不断曝光，……

很多作者和编辑并未意识到上述表述存在知识性错误，它混淆了“食品添加剂”和“食品非法添加物”的概念。

《食品安全国家标准 食品添加剂使用标准》（GB2760—2014）中规定：“食品添加剂指为改善食品品质和色、香、味，以及为防腐、保鲜和加工工艺的需要而加入食品中的人工合成或者天然物质。”我国对食品添加剂的使用采取了极其严格的审批管理制度，只有在工艺技术上确实有必要，经过风险评估，被确认安全可靠的食品添加剂才会被批准使用。对于儿童等特殊人群的食品添加剂使用量，在国家标准中也有明确、严格的最大使用量和残留量规定。只要严格按照国家标准规定的范围使用食品添加剂，就不会影响人体健康。可见，食品添加剂是合法的，在食品中按照国家用量要求使用食品添加剂的行为也是合法的。

非法添加物的定义是：“不属于传统上认为的食品原料或不属于相关法律法规和标准允许在食品中使用的物质。”显而易见，苏丹红、工业明胶、三聚氰胺、吊白块、瘦肉精都不是食品添加剂，而是非法添加物，属于国家明确禁止向食品中添加的物质，食用后会对人体造成较大的危害。因此上述例句应修改为：

随着地沟油、苏丹红等多种非法添加物被不断曝光，……

我们在对书稿的处理过程中，不能将食品添加剂和非法添加物混为一谈，要向读者传递正确的知识。

问题 20：“高多少倍”和“是多少倍”究竟应该如何计算？

不少书稿都会涉及“倍数”的表达问题。例如，增加了两倍，正确的理解应该是达到原来的三倍。降低、减少则不能用“倍数”来表达。不能说降低了两倍，减少了两倍，只能说降低了 50%，减少了 50%。

书稿中较容易出错的是计算或表达“高多少倍”的情况。部分作者和编辑未能正确理解“高多少倍”的含义，导致了错误的计算方法和不当表达。

例如，在某食品科技书稿中出现，“蓝莓中膳食纤维含量为 4.5 克 /100 克，比猕猴桃（2.9 克 /100 克）、苹果（1.3 克 /100 克）中膳食纤维含量高约 1.4 倍和 3 倍”。

编辑本着勤核查的工作态度，按照自己的理解和计算方法对上文中的数据进行了核算：$4.5 \div 2.9 \approx 1.6$；$4.5 \div 1.3 \approx 3.5$。

于是，编辑根据上述计算结果对原稿中的数据进行了修改：

蓝莓中膳食纤维含量为 4.5 克 /100 克，比猕猴桃（2.9 克 /100 克）、苹果（1.3 克 /100 克）中膳食纤维含量高约 1.6 倍和 3.5 倍。

无论是原稿中的数据，还是编辑的修改都出现了错误。编辑在计算高多少倍的时候，采用了将数值直接相除的方式得出结果，认为这样计算的结果是“高多少倍”。其实这样计算的结果为“是多少倍”。

在计算高多少倍这一问题时，有两种方法：

第一种方法是先计算高或者增加的净值，然后用净值除以最初的基数。

具体来说，可以用公式（*A*-*B*）/*B* 计算这一问题。在上例中，*A* 为蓝莓膳食纤维含量，*B* 分别为猕猴桃和苹果膳食纤维含量。分别带入公式计算后可以得出正确的结果：“蓝莓中膳食纤维含量为 4.5 克 /100 克，比猕猴桃（2.9 克 /100 克）、苹果（1.3 克 /100 克）中膳食纤维含量高约 0.6 倍和 2.5 倍”。

第二种方法是先计算是多少倍，然后要减掉数值 1，才是高多少倍。

“是多少倍”和“高多少倍”极易混淆，编辑在处理书稿时一定要多加留意。

问题 21：人工繁育、人工饲养的陆生野生动物可以食用吗？

美食类图书作为生活图书的重要板块，是很多出版社的重点出版领域。在美食类图书中，不少作者由于对国家政策法律不了解，在讲解菜谱时出现了食用陆生野生动物的情况。例如有的书稿提及“果子狸、穿山甲、猫、狗、蛇、鼠、猴、龟……均在烹饪之列”。

以野生动物为食材，有悖于全国人民代表大会常务委员会作出的《关于全面禁止非法野生动物交易、革除滥食野生动物陋习、切实保障人民群众生命健康安全的决定》，我们应该坚决抵制。

部分编辑在处理稿件中相关问题时，存在一种认识：纯野生的动物不能食用，但人工繁育、人工饲养的陆生野生动物是可以食用的。这种认识是对国家政策的一种误解。

根据《全国人民代表大会常务委员会关于全面禁止非法野生动物交易、革除滥食野生动物陋习、切实保障人民群众生命健康安全的决定》（2020年2月24日第十三届全国人民代表大会常务委员会第十六次会议通过）第二条：

全面禁止食用国家保护的“有重要生态、科学、社会价值的陆生野生动物”以及其他陆生野生动物，包括人工繁育、人工饲养的陆生野生动物。

按照上述规定，包括人工繁育、人工饲养的陆生野生动物在内的所有陆生野生动物，都是不能食用的。

除了要认真贯彻《全国人民代表大会常务委员会关于全面禁止非法野生动物交易、革除滥食野生动物陋习、切实保障人民群众生命健康安全的决定》，广大编辑还应认真学习《中华人民共和国刑法》《中华人民共和国野生动物保护法》《中华人民共和国陆生野生动物保护实施条例》等法律法规。这些法律法规都为我们正确处理书稿中涉及野生动物的内容提供了重要依据。

问题22：不讲解食用，但讲解如何采挖和交易受保护的野生植物行不行？

由于发菜富含蛋白质、矿物质，具有一定的营养价值，同时“发菜”与“发财”谐音，在一些人看来寓意“发财致富”，因此在生活中有人喜欢食用发菜。

这里广大编辑应注意食用发菜是违法的，在图书中坚决不能出现食用发菜的内容。

早在1999年8月4日，国务院就颁布了《国家重点保护野生植物名录（第一批）》，其中发菜被列为国家一类重点保护对象。2000年6月14日发布的《国务院关于禁止采集和销售发菜制止滥挖甘草和麻黄草有关问题的通知》（国发〔2000〕13号）明确：坚决禁止采集发菜，彻底取缔发菜及其制品的收购、加工、销售和出口。

2021年，国家林业和草原局、农业农村部公布了新调整的《国家重点保护野生植物名录》，其中列入国家重点保护野生植物455种和40类，包括国家一级保护野生植物54种和4类，国家二级保护野生植物401种和36类。由林业和草原主管部门分工管理的324种和25类，由农业农村主管部门分工管理的131种和15类。念珠藻科（Nostocaceae）的发菜为国家一级保护野生植物。

作为国家一级保护野生植物的发菜，坚决不能食用。广大编辑在审稿过程中应严格把关，坚决杜绝出现食用或者推荐他人食用发菜的内容。

既然不能食用，有编辑会产生疑问：书稿中不讲食用，讲解采集、采挖、交易的方法和技术行不行？同样是不行的！

《中华人民共和国刑法》第三百四十四条明确规定："违反国家规定，非法采伐、毁坏珍贵树木或者国家重点保护的其他植物的，或者非法收购、运输、加工、出售珍贵树木或者国家重点保护的其他植物及其制品的，处三年以下有期徒刑、拘役或者管制，并处罚金；情节严重的，处三年以上七年以下有期徒刑，并处罚金。"

《中华人民共和国野生植物保护条例》第九条规定："国家保护野生植物及其生长环境。禁止任何单位和个人非法采集野生植物或者破坏其生长环境。"

可见，采集、采挖、交易受保护的野生植物同样是违法行为。在出版物中，不能出现任何介绍采集、采挖、交易受保护的野生植物的内容，哪怕是从技术角度讲解也不行。同时，广大编辑应注意直播带货属于交易的一种形式。

为了在书稿中能正确处理涉及受保护野生植物的问题，广大编辑除了要加强《国家重点保护野生植物名录》的学习，还应当重点掌握《中华人民共和国森林法》《中华人民共和国刑法》《中华人民共和国野生植物保护条例》《农业野生植物保护办法》等法律法规。

问题 23：负号的长度要比减号的长度短吗?

减号和负号在多学科的书稿中都很常见。很多编辑存在一种认识：减号的长度应该明显长于负号。因此在对书稿的处理过程中，编辑刻意用长度区分减号和负号，为了让负号显得更短，有时候使用短横线“-”来表示负号。

这是一种误解。按照国家标准，减号和符号的长度应该是一致的。

《出版物上数字用法》（GB/T 15835—2011）：

4.1.1 用于计量的数字 示例：−125.03

5.1.3 数值范围 示例：−36 ～ −8℃

通过上述两个示例，我们不难看出负号并未刻意缩短写成短横线。

在《物理科学和技术中使用的数学符号》（GB/T 3102.11—1993）11-5.4 的举例及“备注及示例”部分则同时给出了减号和负号长度：

$$-（a\pm b）=-a\pm b$$

《现代汉语词典》第 7 版：

差 chā ② 名 减法运算中，一个数减去另一个数所得的数。如 6−4=2 中，2 是差。也叫差数。

【负号】fùhào 名 表示负数的符号（−）。

【绝对值】juéduìzhí 名 一个实数 *a*，在不计它的正负号时的值，叫作这

个数的绝对值，通常用 | a | 来表示。如 +5 和 −5 的绝对值都是 5，记作 | 5 |。

通过对国家标准以及工具书的查询和学习，我们可以看出负号的长度实际上应该和减号一样长。比一字线要短，比短横线要长。在各类数学教材中，我们都可以直观地看到减号和符号的长度是相同的。

问题 24：“傅里叶”和“傅立叶”哪个是规范写法，是否要统一？

在处理科技类书稿中，我们经常会遇到“Fourier”中文译名存在“傅里叶”“傅立叶”两种不统一的译法。很多编辑倾向于使用“傅里叶”，又有不少编辑认为使用“傅立叶”是正确的。那么二者哪种是规范译法，应该如何统一呢？

我们可以通过出版专业职业资格考试教材、相关工具书、术语在线网站开展对这一问题的具体研究。

出版专业职业资格考试教材：

出版专业职业资格考试教材《出版专业基础 • 初级（2020 版）》在讲解量名称使用不规范问题时，提到同一名称出现多种写法导致了量名称不规范使用。教材中举例“傅里叶数”常被写成“付里叶数”“付立叶数”“傅立叶数”等。根据教材的阐述和举例，我们可以明确地看出职业资格考试教材的态度是认可“傅里叶”为规范写法的。

相关工具书：

在新华通讯社译名室编《世界人名翻译大辞典》中收录 Fourier 傅立叶［法］。

在《辞海》第七版中收录了【傅立叶】【傅立叶变换】【快速傅立叶变换】等词条。关于【傅立叶】相同的词条有两个，但释义却不同。

【傅立叶】让·巴蒂斯特·约瑟夫·傅立叶（Jean Baptiste Joseph Fourier，1768—1830）。亦译“傅里叶”。法国数学家、物理学家。……

【傅立叶】夏尔·傅立叶（Charles Fourier，1772—1837）。法国空想社会主义者。……

通过对两个词条的释义进行研究，我们可以发现《辞海》中写法相同的两个【傅立叶】词条对应的是两名不同的学者。

在《中国大百科全书》中，分别收录了【傅里叶】和【傅立叶】两个词条，分别对应法国两位不同的学者。其中傅里叶为法国数学家，而傅立叶为法国哲学家、经济学家、空想社会主义者。

通过对上述工具书的分析，我们不难看出《中国大百科全书》有意通过人名的译法差异来区分两个不同的学者，而《辞海》工具书仅在条目释义中区分学者，未在人名译法上区分。

全国科学技术名词审定委员会术语在线网站：

经过对全国科学技术名词审定委员会术语在线网站的查询，可以看到网站收录了傅里叶变换、傅里叶序列、傅里叶分析为地球物理学规范名词，傅里叶光谱、傅里叶光学为光学规范名词，傅里叶数为化学工程规范名词，傅里叶级数、傅里叶系数、傅里叶积分为大气科学规范名词，仅在语言学学科中收录了傅立叶分析为规范名词。虽然绝大多数学科都采用了“傅里叶”的写法，但是的确存在个别“傅立叶”的写法。

通过对考试教材、工具书、术语在线网站的研究，我们不难发现现阶段出版专业职业资格考试教材、工具书、全国科学技术名词审定委员会术语在线网站对“Fourier”的译名应采用“傅里叶”还是“傅立叶”未达成统一。暂不能简单认定“傅里叶”还是“傅立叶”哪一种写法更规范，需要结合书稿的学科、语境和使用的术语进行进一步分析与研讨。对于参加全国出版专业职业资格考试的编辑来说，建议考试中采用“傅里叶”的写法以和教材保持一致。

问题 25：“笛卡尔”和“笛卡儿”哪个写法更妥当？

在不少书稿中，出现了“笛卡儿”“笛卡尔”不同的写法。这两个词哪个更规范，是很多编辑关心的问题。

关于这一问题，我们可以从工具书、国家标准以及全国科学技术名词审定委员会术语在线网站公布的规范术语中找到答案。

工具书

新华通讯社译名室编《世界人名翻译大辞典》：

Descartes，René 1596-1650 笛卡儿［法］数学家、哲学家

《辞海》第七版：

【笛卡儿（René Descartes, 1596—1650）】法国哲学家、物理学家、数学家、生理学家。解析几何的创始人。毕业于普瓦提埃大学法律系。……

国家标准

国家标准《空间和时间的量和单位》（GB/T 3102.1—1993）：

1. 空间和时间的量和单位

量的项号 1-3.9 笛卡儿坐标

《电工术语 数学 一般概念和线性代数》（GB/T 2900.85—2009）中使用的是“笛卡儿积”和“笛卡儿坐标”。

全国科学技术名词审定委员会术语在线网站

通过对网站的查询，我们可以看到“笛卡儿积”为地理信息系统、数学、信息科学技术学科的规范名词，“笛卡儿坐标”为物理学、大气科学规

范名词，“笛卡儿空间”为数学学科规范名词，“笛卡儿坐标系”为测绘学规范名词。在绝大多数学科中，使用了“笛卡儿”的写法。

但“笛卡尔”的写法也是存在的，“笛卡尔图”为数学学科规范名词、“笛卡尔语言学”为语言学科规范名词。

综上，我们可以看到，如果是针对大众读者的普及型读物，仅涉及单纯的人名翻译问题，使用“笛卡儿”较妥当。如果是科技教材或学术专著，涉及具体的名词术语问题，则应充分参考国家标准和术语在线网站，根据具体的学科选择规范的术语。

问题 26：“摩擦系数”一定要改成“摩擦因数”吗？

在科技出版物和相关教辅书稿中，我们会经常看到“摩擦系数”这一术语。

有不少编辑看到“摩擦系数”便修改成“摩擦因数”，当询问具体原因时，得到了如下答复：人民教育出版社出版的高中物理教材中，使用的是“摩擦因数”；《有关量、单位和符号的一般原则》（GB 3101—1993）使用的是“摩擦因数”（A1.2 摩擦因数）；一些出版社内部的《著译者手册》提到了“摩擦系数”要改成“摩擦因数”。

笔者认为，摩擦系数要统一改成摩擦因数的说法欠妥。

一、从出版专业职业资格考试教材角度研究

在《出版专业基础·初级（2020 版）》教材中，明确了常见的国家标准中未作统一的量名称，具体包括“耦合因数”“耦合系数”“漏磁因数”“漏磁系数”“摩擦因数”“摩擦系数”“玻尔兹曼常量”“玻尔兹曼常数”“普朗克常数”“普朗克常量”。教材提出“恰当的处理方法是保持量名称在全文、全书中写法一致”。

二、从工具书角度研究

在《辞海》第七版中，多个条目均和摩擦系数相关。

【摩擦系数】见“摩擦力”“滚动摩擦”。

【静摩擦系数】见“摩擦力”。

【滑动摩擦系数】亦称“动摩擦系数”。详“摩擦力”。

《中国大百科全书》第三版中，“摩擦因数”“摩擦系数”并用。

三、从国家标准角度研究

在《塑料 薄膜和薄片 摩擦系数的测定》（GB/T 10006—2021）、《轮椅车 第13部分：测试表面摩擦系数的测定》（GB/T 18029.13—2008）、《轻型输送带 摩擦系数的测定》（GB/T 33205—2016）等诸多国家标准中，都使用了“摩擦系数”。

四、从规范名词角度

在全国科学技术名词审定委员会公布的规范用词中，“摩擦系数”在地球物理、机械工程、航天科学、水利科学、大气科学、化学工程、物理、冶金、航天、化工等多个学科均作为规范名词收录。“摩擦因数”仅作为机械工程学科规范名词收录。收录“摩擦系数”术语的学科，远多于“摩擦因数”。仅有机械工程学科既收录了“摩擦系数”又收录了“摩擦因数”。

五、从学术出版规范角度研究

按照《学术出版规范 科学技术名词》（CY/T 119—2015）

3.3 同一机构对同一概念的定名在不同的学科或专业领域不一致时，宜依据出版物所属学科或专业领域选择规范用词。

示例：国家科学技术名词审定机构审定公布的规范用词中，对“既有大小又有方向的量”的概念，在《计算机科学技术名词》中称“向量”；在《物理学名词》中称“矢量”。

“摩擦因数”和“摩擦系数”是可以参考3.3的规定依据出版物所属学科

或专业领域选择使用的。

综合出版专业职业资格考试教材，《辞海》《中国大百科全书》等工具书，国家标准、术语在线网站、《学术出版规范 科学技术名词》（CY/T 119—2015），我们可以看出“摩擦因数”没有必要修改成“摩擦系数”。

问题27：校对为什么会把“沙姜”改成“砂姜”，“溶岩”改成“熔岩”？

书稿进入校对环节后，校对老师通常会提出一些修改意见。认真处理校对意见是编辑必须重视的工作。无论校对老师提出的是异同问题，还是是非问题，都需要引起编辑的足够重视。但是广大编辑需要注意，处理校对意见并不等于完全接受校对意见，应在核实后采纳正确的意见。随着软件公司不断看好出版社编校市场，近些年大量校对如雨后春笋般涌现，一些校对软件已经介入了校对流程，有的出版社使用了校对软件完成二校工作。广大编辑应特别注意，一些校对意见是来自软件的意见，并非人的意见。在这种情况下，编辑更应该加强核实工作。如果不加核实、全盘接受，有可能造成书稿的误改。有些误改可能带来严重后果。

在笔者质检过的书稿中，出现了两处校对提出的修改意见。

原稿：

①把沙姜末、蒜末、青柠、小米椒和生抽混合均匀。

②库房选址，要选择非溶岩和不易滑坡的地方。

校对修改：

①把砂姜末、蒜末、青柠、小米椒和生抽混合均匀。

②库房选址，要选择非熔岩和不易滑坡的地方。

校对将原稿中“沙姜”改成了“砂姜”，将“溶岩”改成了“熔岩”。为什么校对会进行上述修改呢？这是因为三校中的某个校次是借助校对软件完成的。校对软件对电子稿进行扫描，并依据内置的词库，对书稿电子文件内容进行对比，凡是发现和其内置的词库不一致的词语，就会在电子文件上标记并给出修改提示。

一些校对人员通常将校对软件给出的修改意见，直接誊写到校样和校对意见单上供编辑参考。很多编辑在未经仔细核实、思考的基础上，采信了校对的意见，导致了误改情况的发生。

为什么说上述两个例子都是误改？我们可以借助工具书加以核实。

《现代汉语词典》第 7 版：

【砂姜】shājiāng 名 土壤中的石灰质结核体，质地坚硬，不透水，大的块状，小的颗粒状。可用来代替砖石做建筑材料。也作砂礓。

【砂礓】shājiāng 同“砂姜”。

《现代汉语词典》第 7 版并未收录【沙姜】词条。

《辞海》第七版：

【砂姜黑土】土类名。河湖沉积低平原区，经脱潜和长期旱耕形成的土壤。剖面中存在砂姜土层。土壤质地黏重，棱块状结构发育，上部土体颜色深但有机质含量不高。主要分布在黄淮海平原南部，以安徽和河南两省的淮北平原分布最广。

综合两本工具书的释义，我们可以发现砂姜和土壤相关，而书稿例句是讲做饭的内容，砂姜根本不可能用于做饭。出现此类误改是因为校对软件内置的词库只收录了【砂姜】未收录【沙姜】所致。校对人员和编辑本身并没有核查“砂姜”的含义就采信了校对软件的建议。

虽然“沙姜”一词并未收录在《现代汉语词典》第 7 版中，但是在《辞海》和《中国大百科全书》的【山柰】词条的释义中出现：沙姜是山柰的又称。

因此“沙姜”一词是正确的，校对软件和校对人员提出修改意见是错误的。

关于“溶岩”改“熔岩”，也是误改：

在《现代汉语词典》中并没有收入【溶岩】一词，只收录了【熔岩】一词。

【熔岩】róngyán 名 从火山口或裂缝中喷溢出来的高温岩浆，也指这种岩浆冷却后凝固成的岩石。

当我们通过词条的释义了解了“熔岩”一词的含义后，再结合书稿中关于库房选址问题的阐述，就会发现如果按照校对意见对书稿进行修改，会导致作者的阐述多此一举，因为根本不会有人选择在高温岩浆或岩浆冷却后的岩石上建立库房。经过进一步查询库房选址方面的文献资料，并经过和作者确认，发现作者的本意是想写“岩溶”，因为笔误写成了“溶岩”，出现了文字颠倒错误。校对软件仅凭内置词库中没有“溶岩”只有“熔岩”，做出了错误修改。

根据《现代汉语词典》第7版：

【喀斯特】kāsītè 名 指可溶性岩石特别是碳酸盐类岩石（如石灰岩等）受含有二氧化碳的流水溶蚀，并加上沉积作用而形成的地貌。形状奇特，有洞穴也有峭壁。由亚得里亚海岸的喀斯特（Karst）高地而得名。我国广西、云南、贵州等地多见这种地貌。也叫岩溶。

【岩溶】yánróng 名 喀斯特。

根据《辞海》第七版：

【喀斯特】亦称“岩溶”。地表水和地下水对可溶性岩石（石灰岩、自云岩、石膏等）进行的以化学溶解为主的地质作用及其所形成地貌的总称。

通过对以上两本工具书的查询，我们可以看出，岩溶是喀斯特的又称，指的是一种地貌。因此，作者想表达的是不要在喀斯特地貌上建库房。

综上，例①本身是没有错误的，但是出于严谨的考虑，可以在书稿中告知读者山柰是规范的称呼，沙姜是又称。

例②的正确修改应为：

可见，库房选址，要选择非喀斯特地貌和不易滑坡的地方。

上述两个误改的实例告诉我们，对于来自校对软件和校对人员的意见，绝对不能盲从，我们一定要结合书稿的语境和作者要表达的含义加以核实。本例的两个误改导致了科学性、知识性错误，属于严重的误改。目前市面上有不少美食类图书都存在将“沙姜”写成“砂姜”的问题。

问题28：科技名词术语的又称究竟能不能用？

很多编辑都非常重视科技名词术语的规范与统一工作。在遇到科技名词术语的又称时，一些编辑会产生疑问，名词术语的又称究竟能不能用。

某书稿中出现这样一句话：

人体血液内所含脂质包括胆固醇、三酰甘油、β-脂蛋白等，如果胆固醇、甘油三酯、β-脂蛋白超过正常值，可称之为脂血症。

经过查询全国科学技术名词审定委员会术语在线网站，我们可以发现“甘油三酯”为规范名词，而“三酰甘油”是又称。有部分编辑认为，又称是一种别称，不能作为规范用词，书稿中不应使用又称，于是就将例句改为：

人体血液内所含脂质包括胆固醇、甘油三酯、β-脂蛋白等，如果胆固醇、甘油三酯、β-脂蛋白超过正常值，可称之为脂血症。

还有另外一部分编辑认为，例句的问题是没有做到术语统一，“甘油三酯”和“三酰甘油”统一即可。

其实，按照两种方法修改后的句子都没有错，但是编辑对又称的理解是错误的。

按照《学术出版规范 科学技术名词》（CY/T 119—2015）：

1.6 又称 alternative term

与规范用词并存，但不推荐使用的科学技术名词。

3.1 应首选规范用词。

5.2 又称应减少使用。

根据《学术出版规范 科学技术名词》（CY/T 119—2015）的规定，又称能用但不推荐使用，要减少使用。

《出版专业基础・初级（2020 版）》在讲解规范使用科技名词要注意的几个问题时明确：国家有关机构在审定科技名词时，遇到一个概念有多个名称时，首先确定一个名称为正名（规范名），其他为异名。异名主要包括"全称""简称""又称""曾称""俗称"。"全称"和"简称"与正名等效使用。"曾称"是已淘汰的名称，"俗称"是非学术名词，不应使用。"又称"不推荐使用。科技名词审定中，由于考虑使用习惯和相对稳定等因素，有时会出现暂时无法协调一致的情况，于是在确定一个规范名的同时，增加"又称"。但是"又称"为非推荐名，应尽可能少用或不用。如确需使用"又称"，在同一篇文章或同一种出版物中，要前后一致。

综上，我们可以看出，《学术出版规范 科学技术名词》（CY/T 119—2015）和出版专业职业资格考试教材对"又称"的具体使用规定是相同的。编辑在书稿的处理过程中，应优先使用术语的规范名称，又称尽可能少用或不用，但如果非要使用，要做到统一或者前后一致。

结合本例的具体修改情况，应优先使用规范用词"甘油三酯"，如果非要使用又称"三酰甘油"，也不能算错，但是无论选择规范用词还是又称，都要做到统一。

问题 29：标准的编号和发布年份之间，使用短横线还是一字线？

国家鼓励企业、社会团体和教育、科研机构等开展或者参与标准化工作。很多出版社积极响应国家号召，依据《中华人民共和国标准化法》的规定联合社会团体和企业制定、出版团体标准、行业标准。作者在书稿中引用国家标准、团体标准、行业标准的情况也较为普遍。

无论是联合社会团体、企业出版标准，还是遇到书稿中引用标准的情况，编辑都会遇到一个问题，就是在标准编号和发布年份之间，究竟应使用短横线还是一字线。

例如某书稿中提及了团体标准《虾滑》（T/CNLIC 0101-2023）。这里使用短横线是否是规范写法？

首先，任何标准都应当依据《标准化工作导则 第 1 部分：标准化文件的结构和起草规则》GB/T 1.1—2020 制定。GB/T 1.1—2020 的编号和发布年份之间使用的就是一字线，同时在附录 E 讲解文件格式时，国家标准、行业标准、地方标准封面中的标准编号和发布年份均采用的是一字线连接。

通过对已发布的国家标准、行业标准、团体标准、企业标准的研究和查询，我们可以发现所有标准在标准的编号和发布年份之间使用的均为一字线。

同时，在《标点符号用法》和《出版物上数字用法》举例中，涉及和标准相关举例均使用的是一字线。可见，在标准编号和发布年份之间使用一字线是较为妥当的。

但是为什么在实际出版工作中，会遇到大量使用短横线的情况呢？

《出版物上数字用法》（GB/T 15835—2011）规定：“出版物中的阿拉伯数字，一般应使用正体二分字身，即占半个汉字位置。”很多作者在输入标准的编号时，误认为输入的数字占了一个汉字位置。在进一步输入连接号时，参照了数字所占的空间位置，选择了和数字空间位置相匹配的短横线。这就造成应该选择一个汉字位的一字线，却误选为占半个汉字位的短横线。

那么如果在标准编号和发布年份之间使用短横线算不算错误呢？

依据《图书编校质量差错认定细则（修订版）》第三十六条：

（四）标准代号。如：《标点符号用法》GB/T 15834—1995，国内统一刊号 CN 11—1102/I。（用了半字线也不算错，但不要用长横）

虽然不算错误，但是推荐广大编辑使用一字线连接标准编号和发布年份。

问题 30：“截胡”和“截和”的写法哪个对？

在很多书稿中，我们都能看到一个叫“截胡”的词语频繁出现，那么这个词语究竟对不对呢？这其实是个笔误，正确的写法应该是“截和”。在相关工具书中，并没有收录【截和】和【截胡】的词条。我们只能从字义角度加以分析。

根据《现代汉语词典》第 7 版：

截 jié ③ 动 阻拦：～留 | 快把马～住，别让它跑了。

和 hú 动 打麻将或斗纸牌时某一家的牌合乎规定的要求，取得胜利。

通过对工具书“截”“和”两个字释义的分析，我们不难看出：“截和”实际上是打麻将或者斗纸牌时的术语，当两家或三家都符合和（hú）

牌条件时，根据规则位置在上的一家有优先和牌权，这个就称为“截和”。“截和”也比喻快成功时却被别人抢先取胜。

而在书稿中经常出现的“截胡”为什么是不对的？我们可以查询工具书了解“胡”字的含义。

胡[1]hú ❶ 古代泛称北方和西方的民族：～人。❷ 古代称来自北方和西方民族的（东西），也泛指来自国外的（东西）：～琴 | ～桃 | ～椒。❸ 副 表示随意乱来：～闹 | ～说 | ～写一气。❹（Hú）名 姓。

胡[2]hú <书> 代 疑问代词。为什么；何故：～不归。

胡[3]hú 胡子①：～须。

通过对工具书的查询，不难发现“胡”字并没有“取得胜利”的含义。如果使用“截胡”，从词义上是说不通的。

之所以会出现将“截和”错写为“截胡”的情况，多数是因为不知道“和”字是多音字，有 hú 的读音和“取得胜利”的含义。可见，“截胡”的写法是错误的，正确的写法应该是“截和”。

问题 31：“APP”“App”“app”三种写法哪个更规范？

在书稿中，我们经常会遇到英文词汇 Application（应用程序）缩略语大小写不统一的情况问题。书稿中有时候会同时出现“APP”“App”和“app”三种不同的写法。

上述三种写法哪种更规范？如果全书统一应该按照哪种形式进行统一呢？

对于这一问题，我们可以借助工具书寻找答案。

工具书

《新英汉词典》中，使用的是全小写：

app［æp］n.【计】应用程序（application 之缩略）

《牛津高阶英汉双解词典》同样使用的是全小写：

app /æp/ n.（下载到智能手机或平板电脑等设备上使用的）应用软件

《辞海》第七版纸质版曾使用 APP 全大写的形式，但是随后在网络版和手机版中修改为首写字母大写的形式：

【App】即移动应用程序。

【移动应用程序】英语缩写 App（application）。

【应用程序】为完成某项或多项特定工作而设计的计算机程序。可以和用户进行交互，具有可视的用户界面。另有用于智能手机等移动终端设备的应用程序，称 App（application）。

术语在线网站

全国科学技术名词审定委员会术语在线网站使用的是全大写：

应用 application；APP

谷歌应用程序引擎 Google APP engine；GAE

教育部公布的《第八批向社会推荐使用的外语词中文译名》

在教育部公布的《第八批向社会推荐使用的外语词中文译名》中 APP、App 和 app 均为规范的缩略语，其全称为 Application，中文译名为应用程序 / 应用软件 / 应用。

综合多方面意见，笔者认为在书稿中英文全称 Application 的缩写采用 APP、App 和 app 均可，做到全书统一即可。但是有一点需要注意，还有一个词汇为 applet，它的中文译名为小程序。根据全国科学技术名词审定委员会术语在线网站，applet 的英文缩写为小写的 app。广大编辑在修改书稿的过程中应注意结合语境，分清作者文稿中出现的 app 是 Application 的缩写，还是 applet 小程序的缩写。如果作者要表达的是 applet 小程序的缩写，则不应当修改或统一为 APP 或 App。

问题 32：“题为……”和“以……为题”用书名号，还是引号？

说起书名号的用法，很多编辑都清楚只有作品才需要加书名号。但是在修改稿件的过程中，编辑会遇到一些较难区分是不是作品的情况。哪些需要加书名号，又有哪些需要加引号，着实让人头疼。这真是印证了一句话“说起来容易做起来难”。

比较有代表性的是“题为……”和“以……为题”，这两种情况究竟是用书名号还是用引号，很多编辑拿不准，例如下面的两个例句。

①有篇题为“我与出版社共成长”的文章，获得本次征文大赛一等奖。

②今天下午一场以《如何加速年轻编辑成长》为题的讨论会在二楼会议室举办。

很多编辑认为“题为……”和“以……为题”这两种形式看着差不多，干脆采用了统一的做法：要么全改书名号，要么全改引号。

要解决“题为……”和“以……为题”是用书名号还是引号的情况，可以从《标点符号用法》（GB/T 15834—2011）中找到答案。

根据《标点符号用法》（GB/T 15834—2011），书名号可用于标示书名、卷名、篇名、刊物名、报纸名、文件名等，也可用于标示电影、电视、音乐、诗歌、雕塑等各类用文字、声音、图像等表现的作品的名称。

通过对国家标准书名号标示范围的解读，我们可以发现书名号标示的都是已经完成的作品，而并非处于构思阶段的主题和想法。显然，例句①中的文章是已经完成的作品应使用书名号，而例句②中研讨会要讨论的主题不是作品，不能使用书名号。

同时在《标点符号用法》（GB/T 15834—2011）附录B（资料性附录）标点符号若干用法的说明中，专门解答了“题为……”和“以……为题”的使用问题。

B.1.8 书名号、引号在“题为……”“以……为题”格式中的使用

“题为……”“以……为题”中的“题”，如果是诗文、图书、报告或其他作品可作为篇名、书名看待时，可用书名号；如果是写作、科研、辩论、谈话的主题，非特定作品的标题，应用引号。即“题为……”“以……为题”中的“题”应根据其类别分别按书名号和引号的用法处理。

因此，原例句应该为：

①有篇题为《我与出版社共成长》的文章，获得本次征文大赛一等奖。

②今天下午一场以“如何加速年轻编辑成长”为题的讨论会在二楼会议室举办。

问题33：究竟是“杀手锏”还是“撒手锏”？

在社科、文艺类书稿中经常会出现“杀手锏”这个词语。很多编辑认为这个词语没有任何问题，但是在后续编校流程的某环节中“杀手锏”一词却被改为“撒手锏”。

不少编辑会产生疑问，“撒手锏”一词看上去让人感到陌生且奇怪，就好像汉语拼音拼错了一样，为什么要将普遍使用的“杀手锏”改成“撒手锏”这个词语呢？

在《现代汉语词典》第6、7版中，均收录了【撒手锏】和【杀手锏】词条：

【撒手锏】sāshǒujiǎn 名 旧小说中指厮杀时出其不意地用锏投掷敌手的

招数。比喻最关键的时刻使出的最拿手的本领或击中要害的手段。也说杀手锏。

【杀手锏】shāshǒujiǎn 名 撒手锏。

按照《现代汉语词典》的解释，【撒手锏】词条应该是首选的，而【杀手锏】词条并不是首选。可见，在编校流程中，一些环节的把关老师，正是按照首选的原因，将“杀手锏”改成“撒手锏”。同时一些以《现代汉语词典》为依据开发的校对软件，在扫描电子文件时同样会提出相同的修改意见。

在《辞海》第七版中收录了【撒手锏】词条，未收录【杀手锏】：

【撒手锏】旧小说中指厮杀时出其不意地用锏投掷敌手以取胜的招数。比喻关键时刻使出的绝招。

《汉语大词典》中二者均有收录，但是含义却不同：

【杀手锏】原指锏术中的绝招。……

【撒手锏】指出其不意击敌制胜的招数，喻看家本领。……

《新华成语大词典》中，收录了杀手锏，未收录【撒手锏】：

【杀手锏】shā shǒu jiǎn　锏：古代兵器，钢鞭类，金属制成，长条形，无刃，有三棱或四棱，上端略细，下端有柄。原指在厮杀时，一方出其不意用锏投掷对方的招数。后比喻关键时刻使出最拿手的本领。……

通过对以上四种工具书的查询，我们发现【杀手锏】词条和【撒手锏】词条在不同的工具书中均被收录，虽然写法不同，但词条释义中“拿手的本领、看家的本领、绝招、克敌制胜的绝招”的意思是相近的。

那么编辑在处理书稿的过程中，遇到“杀手锏”一定要改成“撒手锏”吗？

笔者认为，在两个词语含义基本相同且均被工具书收录的情况下，不宜盲目统一。应视具体的文稿类型、面向的读者、语境中的感情色彩选择合适的词汇。

虽然在有的工具书中，“撒手锏”是推荐词，但如果是面向普通大众读者的社科类书稿，使用“杀手锏”一词可能更容易被广大读者所接受，而“撒手锏”可能因为相对冷门，读者接触得较少，容易引起困惑，甚至被当成笔误。

但是在另外一些场合中，特别是具有明显的感情色彩的语境中，应酌情选用这两个词。因为根据《现代汉语词典》第 7 版【杀手】条目的释义，杀手是“刺杀人的人”。在现实生活中，杀手从事的都是非法、隐秘的活动，例如为了政治、经济、军事等目的对他人进行暗杀。“杀手”是负面且具有贬义的词汇，这是毫无争议的。用“杀手锏”形容敌人为达到目的不择手段时比较合适。而正面的人物或从事正义的事业时使用“杀手锏”一词，会让人觉得感情色彩发生了变化。例如，我国是爱好和平的国家，发展高精尖武器不是用来侵略、欺负别的国家的，而是用来维护国家安全和世界和平的。当遭遇其他国家武装入侵，我们出于保家卫国，速战速决，在关键时刻能克敌制胜，扭转乾坤的目的时，使用“撒手锏”是再恰当不过的，而使用“杀手锏”则明显不合适。这也是很多工具书推荐“撒手锏”为首选词的原因，它回避了“杀手”二字可能带来的贬义和负面的感情色彩。

因此，编辑在处理书稿的过程中应视文稿类型、读者对象、感情色彩选择是使用“杀手锏”还是“撒手锏”。

问题 34：“清洌”和“清洌”应如何区分？

很多出版社的生活类图书板块都开发了茶文化方向的选题。在茶文化的书稿中，普遍会讲解泡茶用水的相关知识。细心的编辑通常会发现，很多书稿在讲解泡茶对水质的要求时，都会使用“清洌”或“清洌”这两个形似的词语，但是写法并不统一。例如某书稿中应有这样一句话：

好茶需用好水，好水方能泡出好茶，泡茶用水至关重要，尤其是新绿茶，芽叶柔嫩要使用清洌的山泉水。

在这句话中应该使用“清洌”还是“清洌”呢？

根据《现代汉语词典》第5、6、7版：

【清洌】qīngliè 形 清冷；清凉：溪水～。

【清洌】（未收）

编辑提出《现代汉语词典》第5、6、7版中只收录了【清洌】词条，未收录【清洌】词条，因此就应当使用【清洌】词条。将书稿中所有“清洌”都改成了“清洌”。但是这一修改，很多作者并不认同，就连出版社内部也存在争议。

笔者同样认为将“清洌”改成“清洌”的做法有待商榷。

首先，《现代汉语词典》【清洌】词条的释义为“清冷；清凉”。

如果使用《现代汉语词典》进一步查询“清冷”的含义，会看到其释义：①凉爽而略带寒意；②冷清。“清凉”的释义为凉而使人感觉爽快。那么泡茶要用清洌的水，是说要用冷水、凉水的意思吗？当然不是。不同的茶叶因其发酵程度和嫩度不同，所需的水温也有所区别。一般来说，发酵程度较低的茶叶（如绿茶和黄茶）适用较低的水温，而发酵程度较高的茶叶（如红茶和黑茶）则适用较高的水温。但无论是什么茶，均不能用冷水、凉水泡。使用“清洌”，不符合泡茶的实际要求。

其次，可供编校工作参考的工具书有很多，不能仅凭《现代汉语词典》一本工具书未收录“清洌”一词就认定该词汇不能使用。我们需要查询更多的工具书。

在《辞海》第七版中分别收录了“清洌”和“清洌”。

【清洌】亦作“清洌”。①清澈。……②寒冷。……③清醇。④声音清越。……

【清洌】同“清冽”。①清澈。②寒冷。……③清醇。④声音清越。

通过对《辞海》的查询，我们发现“清冽”和“清洌”在《辞海》中的含义是相同的，二者均可使用。

在《汉语大词典》中，同时收录了“清冽”和“清洌”。

【清冽】亦作“清洌”。①清澄而寒冷；清凉。②清醇；清淡。③声音清脆激越。

【清洌】见“清冽”。

在《汉语大词典》中，“清冽”是首选词，而“清洌”非首选。

在《中国大百科全书》中，并未直接收录【清冽】和【清洌】词条。但是在【龙泉宝剑】和【程海景观】条目的释义中使用的是“湖水清冽”，【托里县】条目中使用的是“泉水清冽”，【泸州老窖】【陇南春】词条释义中都使用的是“清洌”。

通过对多种工具书的查询，我们可以看出除了《现代汉语词典》之外，其他的工具书均收录了【清洌】词条，或者在相关词条的释义中出现了“清洌”的用法。因此以《现代汉语词典》未收录“清洌”为由，就要将“清洌”改成“清冽”不妥。广大编辑应牢记，只要是认可范围内的工具书都可以作为编校参考。

在确定了“清洌”一词可用后，需要进一步辨析“清冽”和“清洌”在用法上的差异。在通过词条释义很难辨清用法差异的情况下，笔者建议回归到对“冽”和“洌”字的释义的研究上。我们不妨借助工具书查询“冽”和“洌”含义上的差别。

《现代汉语词典》第5、6、7版：

冽 liè〈书〉冷：凛～ | 山高风～。

洌 liè〈书〉（水、酒）清：泉香而酒～。

在《汉语大字典》第二版：

冽：寒冷。

洌：①清澈貌。②同“冽”。寒冷。③古水名。

可见，《现代汉语词典》和《汉语大字典》都认为“冽”字偏重于冷，而“洌”字偏重于清。笔者认为书稿中究竟应使用“清冽”和“清洌”，应充分结合语境判断。如果书稿内容要表达的“寒冷”，使用“清冽”更贴切。如果作者要表达的是“清澈”的含义，使用“清洌”更好。因此，原句修改为“清洌”较为妥当。

问题 35：科技书稿的附录要不要标题？附录中图和表编号时要不要加“附”字？

不少科技教材和学术书稿通常都会出现附录。关于附录标题、附录中图和表的编号问题，不少编辑感到困扰。

有编辑认为：附录并不是正文，有序号就行，未必要有标题；在对附录中的图和表进行编号时，为了和正文编号区别，应使用“附”字，编成附图1、附表1……这种形式。于是不少编辑按照这种想法处理附录中的标题、图和表。

那么编辑的认识是否正确，有依据吗？

编辑的认识并不正确。我们应该以《科技文献的章节编号方法》（CY/T 35—2001）为依据处理附录中标题、图和表的问题。《科技文献的章节编号方法》（CY/T 35—2001）中明确：本标准适用于科技文献、图书、连续出版物、手稿、非正式出版物和使用说明书等。

《科技文献的章节编号方法》（CY/T 35—2001）：

5 附录及其图、表、定理、公式的编号

5.1 附录的编号

附录依序用罗马字母（即正体大写拉丁字母）编号。每个附录应有标题。附录编号及其标题之间应有一字空。置于附录正文中的上方。只有一个附录时也必须编号为附录 A。

5.2 附录中的图、表、定理、公式的编号

附录中的章、节、图、表、定理、公式的编号，应与正文编号区分开，即在阿拉伯数码前应冠以附录的编号。如：A1、B1.1，图 C1、图 D3，表 E5、表 F7，定理 A1、定理 B2，式（C3）、式（D4）。

通过仔细学习标准相关内容，我们应该掌握并牢记：

附录要按照附录 A，附录 B……进行编号；

附录要有标题，例如“附录 A（规范性附录）使用指南”；

如果是附录 A 中的图，应该采用图 A1，图 A2……形式进行编号，附录 B 中的表，应采用表 B1，表 B2……形式进行编号。在编号过程中，不需要加上“附”字。很多书稿采用的“附图 1”“附表 1”的编号方法是没有依据的。

问题 36：“标识”一定要都改成“标志”吗？

在编校过程中，笔者经常会发现有一些资历较深的编辑和校对人员倾向于将书稿中的“标识”都改成“标志”。很多刚入职的编辑会产生疑问，为什么要这么改呢？

这要先了解教育部、国家语言文字工作委员会于 2001 年 12 月 19 日发布，2002 年 3 月 31 日试行的《第一批异形词整理表》。《第一批异形词整理表》给出了 338 组异形词的推荐使用词形。《第一批异形词整理表》把“标志、标识”视为一对异形词，明确推荐使用“标志”，不推荐使用“标识”。

“标识”只有一个读音，读为 biāozhì。因此过去很长一段时期里，出版物中的“标识”都会作为异形词处理，被编辑和校对改成“标志”。

在之前的《现代汉语词典》第 5 版中，“标识”作为“标志”的非推荐词形：

【标志】（标识）biāozhì ① 名 表明特征的记号：地图上有各种形式的～◇这篇作品是作者在创作上日趋成熟的～。② 动 表明某种特征：这条生产线的建成投产，～着工厂的生产能力提高到了一个新的水平。

随着我国标准化工作的深入开展，近些年来各种“标识”用法高频率地出现在国家标准、行业标准、团体标准中，例如“产品零部件可回收利用标识”“包装回收标识”等。同时纸媒、互联网媒体和政策法规文件里也大量使用“标识”一词，该词语迅速转变成为常用词。由于普通大众对《第一批异形词整理表》的规定并不熟悉，不知道“标识”该读成 biāozhì，错读为 biāoshí，并认为其意义和用法与“标志”不同，是具有独立含义的词汇。为了满足广大人民群众的语言使用需要，《现代汉语词典》从第 6 版开始，单独为“标识”（biāoshí）创建了新的词条，正式认可了这一词语的含义和用法。但是保留了当“标识”读为 biāozhì 时仍作为“标志”的异形词处理的做法。

《现代汉语词典》第 6、7 版：

【标志】（标识）biāozhì ① 名 表明特征的记号或事物：地图上有各种形式的～ | 这篇作品是作者在创作上日趋成熟的～。② 动 表明某种特征：这条生产线的建成投产，～着工厂的生产能力提高到了一个新的水平。

【标识】biāoshí ① 动 标示识别：秘密等级是～公文保密程度的标志。② 名 用来识别的记号：商标～ | 发文机关～。

除了《现代汉语词典》，在《中国大百科全书》中的【单元词法（uniterm indexing）】词条，也出现了“文献标识”和“专指标识”词条。可见，“标识”已经成为一个具有新含义的词汇。

进入出版行业较早的资深编辑和校对人员，一直受到《第一批异形词整理表》的影响，并未关注到“标识”（biāoshí）已经成为一个具有独立含义且被诸多工具书认可的新词汇。这些编校人员在见到这个词语时，仍然认为它是异形词，造成了对书稿内容的误改。

广大编辑在处理稿件时，一定要结合语境分析书稿中的“标识”是作为“标志”的异形词出现，还是具有“标识识别”或“用来识别的记号”的含义，不应盲目修改或接受其他的修改意见。

问题 37：为什么“渡过难关”“共渡难关”“同渡难关”都要用“渡”？

在书稿的编校过程中，经常会遇到“度过”和“渡过”的用法辨析的问题。很多编辑通常是通过时间概念和空间概念来区分“度过”和“渡过”的用法的。“度过”用于时间概念，例如“度过假期”“度过春节”；“渡过”用于空间概念，例如“渡过长江”“渡过河流”。

上述方法的确能帮助编辑解决书稿中的一些编校问题，但是当遇到更为抽象的概念时，很多编辑就拿不准了，比如，“难关”属于时间概念还是空间概念？我们应该使用“度过难关”“共度难关”，还是使用“渡过难关”“共渡难关”呢？

很多编辑曾经尝试通过查询《现代汉语词典》第 5、6、7 版寻求答案：

【共度】gòngdù 动 共同度过：～佳节。

【难关】nánguān 名 难通过的关口，比喻不易克服的困难：突破～ | 攻克一道道～。

在工具书中，并没有收录【渡过】【度过】词条。虽然收录了【共度】

和【难关】两个词条，但是通过词条的释义，并不能推断出将两个词语组合成“共度难关”的写法是规范的。

因此在很多编辑看来，使用“渡过难关”还是“度过难关”是悬而未决的。其实不然，我们可以换种思路，直接查询“渡”字的用法。

《现代汉语词典》第5、6、7版：

渡 dù ①动 由这一岸到那一岸；通过（江河等）：横～｜远～重洋｜飞～太平洋｜红军强～大渡河◇～过难关。②动 载运过河：～船｜请您把我们～过河去。③渡口（多用于地名）：茅津～（黄河渡口，在山西）｜深～（新安江渡口，在安徽）。④（Dù）名 姓。

《辞海》第七版：

渡 过河。《史记·项羽本纪》：“愿大王急渡。今独臣有船，汉军至，无以渡。”引申为由此达彼。如：渡过难关。……

通过对两本工具书“渡”字释义的详细查阅，我们可以发现在《现代汉语词典》“渡”字义项①中有“渡过难关”的举例。“渡”的对象是空间，如渡江和渡河等。“难关”一词虽较为抽象，但它源自关口，具有难以通过的关口的含义，所以也属于空间的概念。采用“渡过难关”的写法是合理的。在《辞海》中，明确“渡”字引申为由此达彼，并举例为“渡过难关”。

同时在《现代汉语词典》《辞海》中的【帮助】词条的释义中均出现了“渡过难关”，在《现代汉语词典》【和衷共济】词条的释义中出现了“同渡难关”，在《辞海》【蚵女】词条的释义中出现了“共渡难关”。在商务印书馆《图书编校质量差错案例》一书【错例2-24】的简析中也提到：“渡过难关”的“渡过”有由此到彼的引申义，所以用“渡”。

除了从时间和空间角度可以区分“度过”和“渡过”的用法，笔者经过实践研究发现还可以从“努力与否”的角度区分二者的用法。凡是用“度过”的情况，无论自己努力与否，采用积极或是消极的态度，都会自然而然地度过。例如“度过春节”“度过假期”。而“渡过”一定是要通过个人努力才能过的，例如“四渡赤水出奇兵”“渡过天险”“渡过难关”。如果自己不努力，则无法通过。希望这一总结，能对广大编辑的工作有所启发。

问题38：“做客”和“作客”在用法上是相同的吗？

正确处理“做”和“作”的用法，是书稿编辑加工过程中常见的问题。例如，“做客”和“作客”这两个词在书稿中较为常见。很多编辑认为这两个词的含义是相同的，通常会按照自己的想法选择其中一种写法，并进行全书统一。

之所以会有编辑认为“做客”和“作客”词义相同，仅是写法存在差异，是因为受到了一篇文章的误导。

全国科学技术名词审定委会、国家语言文字工作委员会曾经成立过“‘做’与‘作’的用法研究”课题组，对“做”和“作”的用法进行了深入的研究，并将研究结果《“做”与“作”的推荐用法》以征求意见稿的形式刊登于2011年第2期的《中国科技术语》期刊中。在征求意见稿的第五部分提及：“在用‘做’‘作’两可的情况下，要做到局部一致。”那么都有哪些属于两可的情况？文章举了如下例子：用作—用做；作客—做客；作诗—做诗；作秀—做秀。

正是在这篇文章的影响下，很多文字工作者产生了“做客”和“作客”是具有相同含义词汇的认识。

我们必须认识到《“做”与“作”的推荐用法》仅是发表于十多年前的征求意见稿，并不是正式的文件。它虽然具有积极的作用，也有其不完善的一面。经过十多年的发展，学者已经对“做”与“作”的用法有了更加深入、细致的研究，相关工具书也提供了具体的用法指导。编辑在处理“做”与“作”的问题时，仅能将上述征求意见稿作为参考，绝不能当作标准和依据。

我们可以通过工具书查询“做客”和“作客”的具体释义。

在《现代汉语词典》第5、6、7版中：

【做客】zuò//kè 动 访问别人，自己当客人：到亲戚家～。

【作客】zuò//kè〈书〉动 指寄居在别处：～他乡。

在《辞海》第七版中：

【来客】来访做客。……

【串门】亦作“串门子”。到别人家去做客。……

【羁旅】作客他乡。……

【征客】在他乡作客的人……

通过查询上述工具书，我们不难看出“做客”和“作客”是含义截然不同的两个词语。“做客”表示访问他人，自己是客人，“作客”表示寄居在别处。《“做”与“作”的推荐用法》一文中声称的用“做”“作”两可的情况中包括“做客”和“作客”在今天看来是错误的。

我们在书稿中遇到“做客”和“作客”这两个词汇时，应结合语境和词义，绝对不能盲目统一。

问题39：“魏征”和“魏徵”，“文征明”和“文徵明”哪种写法规范？

很多编辑反映，在书稿中遇到古代历史人物人名存在写法争议的情况较难处理。比较有代表性的是“魏征”和“魏徵”，“文征明”和“文徵明”。有部分观点认为既然存在争议那么选择其一统一就好，还有的编辑倾向于使用“魏徵”和“文徵明”。

鉴于这一问题在出版工作中普遍存在，我们需要查询工具书将这一问题彻底解决。

《现代汉语词典》第7版：

“徵”zhǐ 五代五音之一。相当于简谱的“5”。

【五音】wǔyīn 名 ①我国五声音阶上的五个级，相当于现行简谱上的1、2、3、5、6。古代叫宫、商、角（jué）、徵（zhǐ）、羽。……

可见按照《现代汉语词典》的观点，如果采用了“魏徵”和“文徵明”的写法，人物名字中的“徵”字要严格按照zhǐ读音。要保持人名读音不变，只能写成“魏征”和“文征明”。

在《辞海》第七版中，收入了【魏徵】和【文徵明】词条，没有收录【魏征】和【文征明】词条。

在《中国大百科全书》第三版中，“魏徵”和“魏征”写法混用，“文徵明”和“文征明”写法混用，但是“魏徵”和“文徵明”出现的次数，远高于“魏征”和“文征明”出现的次数。

在人民教育出版社普通高中教科书《语文必修下册》中《谏太宗十思疏》一文使用的是“魏征”。

在中央宣传部出版产品质量监督检测中心组编，商务印书馆出版的《图书编校质量差错案例》一书第291页错例及解析中均使用的是“魏征”。

在全国出版专业职业资格考试教材《出版专业基础·初级（2020版）》第499页，出现的是“〔唐〕魏征”

在人名写法存在争议的情况下，我建议严格依照《通用规范汉字表》的规定执行。

在《通用规范汉字表》中，“徵”被列为繁体字，并注明：用于表示“宫商角徵羽”五音之一时读zhǐ，不简化作“征”。所以，“征”为zhēng音的规范字，而“徵”不属于zhēng音的规范字。只有在“宫商角徵羽”

时，可以使用“徵”，且必须读成 zhǐ。从这一点看，《现代汉语词典》第 7 版、人教社教材、《图书编校质量差错案例》、出版专业职业资格考试教材都严格遵循了《通用规范汉字表》要求。

可能有一部分编辑要质疑，为什么一定要遵从《通用规范汉字表》？《辞海》第七版和《中国大百科全书》第 3 版，同样是编校重要工具书，为什么不能参考二者，以全书统一的原则来处理书稿中的“魏徵”和“魏征”，“文徵明”和“文征明”的问题呢？

这就需要了解《通用规范汉字表》的地位问题。

由教育部、国家语言文字工作委员会组织制定的《通用规范汉字表》，作为《中华人民共和国国家通用语言文字法》的配套规范，是现代记录汉语的通用规范字集，体现着现代通用汉字在字量、字级和字形等方面的规范。2013 年 6 月 5 日，国务院关于公布《通用规范汉字表》的通知（国发〔2013〕23 号）正式发布。通知中明确：“《通用规范汉字表》公布后，社会一般应用领域的汉字使用以《通用规范汉字表》为准，原有相关字表停止使用。”

可见，国务院高度认可教育部、国家语言文字工作委员会组织制定的《通用规范汉字表》，其权威性不容置疑。从效力来说，《通用规范汉字表》要高于《辞海》《中国大百科全书》等工具书。

广大编辑在处理书稿中类似问题时，如果遇到工具书意见不统一的情况，应严格按照国务院关于公布《通用规范汉字表》的通知（国发〔2013〕23 号）执行，使用表中的规范字，因为《通用规范汉字表》的效力最高。

问题 40：应采用“钱钟书”还是“钱锺书”的写法？

在《简化字总表》中，“鐘”和“鍾”都简化为钟。所以在早年很多出版社出版的钱先生著作的封面上均署名“钱钟书”。在一些工具书的早先版本中，钱先生的名字同样被写为“钱钟书”。例如在《中国大百科全书》第二版中，收录了【钱钟书】词条。

2013 年 6 月 5 日，国务院关于公布《通用规范汉字表》的通知（国发〔2013〕23 号）正式发布，国务院同意教育部、国家语言文字工作委员会组织制定的《通用规范汉字表》，并予公布。通知中明确：“《通用规范汉字表》公布后，社会一般应用领域的汉字使用以《通用规范汉字表》为准，原有相关字表停止使用。”

在《通用规范汉字表》的三级字表中增收简化字“锺（鍾）”，注明“用于姓氏人名时可简化作‘锺’”。自此，“锺”用于姓氏人名得到了政策文件的支持。

随后，《中国大百科全书》第三版将第二版的【钱钟书】词条修改为【钱锺书】。

《辞海》第七版：收录了【钱锺书（1910—1998）】词条。

《出版专业基础·初级（2020 版）》第 199 页和《出版专业实务·中级（2020 版）》第 38 页，均写作“钱锺书”。

综上，在 2013 年《通用规范汉字表》实施以后，主流工具书已经就人名的写法达成了一致。广大编辑在修改书稿的过程中遇到此类问题时，应采用“钱锺书”的写法。

问题 41：“处女座”是星座的规范的称谓吗？

在少儿科普类书稿中，很多作者在讲解星座方面知识的时候，都会提到“处女座”这个词语。很多人对词语“处女座”的了解，主要是受到日本动漫及早期星座研究的相关资料的影响。但很多作者和编辑并未意识到“处女座”并不是一个规范的称谓。

我们可以通过工具书来查询“处女座”的规范称谓。

《现代汉语词典》第7版：

【黄道十二宫】huángdào shí'èrgōng 古代把黄道带分为十二等份，叫作黄道十二宫，每宫包括一个星座。它们的名称，从春分点起，依次为白羊、金牛、双子、巨蟹、狮子、室女、天秤、天蝎、人马、摩羯、宝瓶、双鱼。由于春分点移动，现在十二宫和十二星座的划分已不一致。

《辞海》第七版：

【室女座（Virgo，简写Vir）】黄道十二星座之一。……

《中国大百科全书》中，【星座（constellation）】星座表中为“室女”。

在全国科学技术名词审定委员会术语在线网站中，【室女座】为天文学规范名词。

可见，在多种工具书和全国科学技术名词审定委员会术语在线网站中，均未出现“处女座”的说法。规范用词应为“室女座”。

同时，建议广大编辑认真学习《现代汉语词典》第7版中【黄道十二宫】词条。因为在十二星座里，除了“室女座”被误称为“处女座”外，还有一些星座在出版物中经常被误写。例如，“人马座”经常被误称为“射手座”，“宝瓶座”被误称为“水瓶座”，“天秤座”被误称为“天平座”，“摩羯座”被误称为“山羊座”。

在当前出版物中，星座名称不规范的情况较为普遍。编辑应本着严谨的工作态度，向读者传播规范的星座名称。

问题 42：一定要选择工具书中的推荐词形吗？（以漩涡、旋涡、板块、版块为例）

在出版工作中，很多编辑能够做到使用工具书的推荐词形。但是在某些情况下，使用推荐词形也有可能出问题。例如，我们经常会看到书稿中“旋涡”和“漩涡”，“板块”和“版块”不统一的情况。一些编校人员按照使用推荐词行的原则，将“漩涡”改成“旋涡”，将“版块”改成“板块”。以下两个例句来源于笔者审读的某书稿：

①河流流经地形复杂的地区时，如瀑布、急流或陡坡，会形成漩涡。

②《图片报》以图画和社会新闻为主，每天十几个版，大城市另加地方版，第 9 到 13 版是王牌版块：体育。

编辑修改为：

①河流流经地形复杂的地区时，如瀑布、急流或陡坡，会形成旋涡。

②《图片报》以图画和社会新闻为主，每天十几个版，大城市另加地方版，第 9 到 13 版是王牌板块：体育。

我们可以通过工具书查询编辑的修改是否正确。根据《现代汉语词典》第 7 版：

【旋涡】xuánwō 名 ①（～儿）气体、液体等旋转时形成的螺旋形。［注意］>用于液体时一般作“漩涡”。② 比喻牵累人的事情：陷入爱情的～。‖ 也作漩涡。

【漩涡】xuánwō 同“旋涡”。

【板块】bǎnkuài 名 ①大地构造理论指地球上岩石圈的构造单元，由海岭、海沟等构造带分割而成。全球共分为六大板块，即欧亚板块、太平洋板块、美洲板块、非洲板块、印澳板块和南极洲板块。大板块又可划分成小板块。② 比喻具有某些共同点或联系的各个部分的组合：报告共 16 个部分，分三大～。［注意］> 用于报刊、节目等时一般作“版块”。

【版块】bǎnkuài 同“板块②”。

在工具书中，“旋涡”为推荐词，漩涡同“旋涡”；“板块”为推荐词，“版块”同“板块”。很多编辑是根据优先使用推荐词的原则将“漩涡”改成“旋涡”，“版块”改成了“板块”。同时，根据《现代汉语词典》研发的校对软件在扫描书稿电子文件时，会做出同样的修改建议。这就造成了在编校过程中出现误改的情况。

如果我们认真阅读词条释义的详细内容，就会发现在【漩涡】词条释义部分，特别提醒应注意用于液体时一般作“漩涡”，在【板块】词条的释义部分，特别提醒应注意用于报刊、节目等时一般作“版块”。

因此，例句①中的“漩涡”是液体，不需要修改；例句②中的“版块”是报刊栏目，也不需要改。

在编校过程中，盲目将“漩涡”改成“旋涡”，“版块”改成“板块”的情况较为普遍。造成这一误改的原因是广大编校人员，对于工具书的查阅不细致，囫囵吞枣，只看条目，不看具体的释义。关于词语的特殊用法，通常会在释义中以［注意］形式加以提示，编辑必须认真学习。对于校对软件提出的修改意见切忌盲目采纳，不加核实。在科技书稿中，编辑还会遇到“漩涡振荡器”这个术语。该术语为生物化学与分子生物学名词，指的是一种通过高速旋转引起的振荡作用使容器中样品混合的小型仪器，不能改为“旋涡振荡器”。

问题 43：图片上的水印删了就不侵权了吗？

插图是出版物的重要组成部分。由于著作权意识不强，不少作者会直接利用搜索引擎下载他人享有著作权或者著作权归属不明的图片用于图书内容创作。还有一些作者会通过截图方式直接从网络或商业图库截取想要的图片。

我们经常会看到在一些图片右下方或其他位置出现水印。这些水印有些是个人制作的，有些是商业图库自动生成的。在图片中嵌入水印，是图片著作权所有者声明著作权归属的手段，也是著作权人保护著作权的重要措施。

在修改书稿的过程中，如果编辑发现图片中的水印信息与作者身份不符，这就表明这些图片的著作权可能不属于作者。一些编辑虽然意识到在书稿中使用这些图片可能会带来著作权问题，但是却选择了错误的处理方式。一部分编辑告知作者，需要将图片上的水印删除方可使用，还有一部分编辑索性越俎代庖亲自使用平面设计软件，对图片上的水印进行裁切或者进行智能消除操作。很多编辑认为将水印去掉，图片就不存在著作权问题了。

这实际上是一种掩耳盗铃的行为，并没有真正解决书稿中图片可能带来的侵权问题，反而使侵权行为变得更加严重。作者在书稿中使用未经授权的图片可能属于无意侵权，但是编辑在明知水印上的信息属于保护著作权的措施，还要指导作者或者亲自动手消除的做法就属于主观破坏著作权保护信息的行为了。

编辑在审稿过程中如果发现作者提供的插图中的某位置上包含非作者本人的水印信息，一定要提醒作者未经他人授权的图片不能用于出版工作。

同时，编辑对书稿中图片的审核应该起到合理注意的义务，应让作者书面承诺图片的来源合法、合规，避免插图出现著作权问题，使出版社承担连带责任。

问题 44：“大气层”一定要改成“大气圈”吗？

在讲解科普知识的书稿中，出现了对大气层相关知识的讲解。很多编辑发现在把关环节中的复审、终审老师和校对老师，总会将大气层改成大气圈。这是怎么回事儿呢？一定要改吗？

我们可以通过查询工具书找到修改的依据：

根据《现代汉语词典》第 6、7 版：

【大气圈】dàqìquān 名 地球的外面包围的气体层。按物理性质的不同，通常分为对流层、平流层、中间层、热层和外逸层等层次。也叫大气层。

【大气层】dàqìcéng 名 大气圈。

《中国大百科全书》第三版：

【大气圈（atmosphere）】在地球引力作用下聚集在地球表面周围的气体圈层。又称大气层。

《辞海》第七版：

【大气圈】包围地球的气体层。由氮、氧、氩、氖、氦、氪、氢、臭氧、水汽、二氧化碳等气体组成。

【大气层】大气圈中的任一层。通常也有将大气圈称为“大气层”的。

通过对上述工具书的查询，我们可以发现工具书推荐使用的是“大气圈”，“大气层”是“大气圈”的又称，含义同“大气圈”。因此根据优先使用工具书中推荐词形的原则，编校流程中的把关环节的老师会将“大气层”

修改为“大气圈”。同时，以工具书为依据开发的校对软件也会在扫描电子文档时提示将“大气层”改成“大气圈”。这就是在编校流程的某些环节中，“大气层”被改成“大气圈”的具体原因。

但是，书稿中的大气层一定要改成大气圈吗？笔者认为未必。

首先，《学术出版规范 科学技术名词》（CY/T 119—2015）明确：又称能用但不推荐使用，要减少使用。出版专业职业资格考试教材提及：“又称”尽可能少用或不用，但如果非要使用，要做到统一或者前后一致。因此，大气层虽然是又称，并非绝对不能用。

其次，在全国科学技术名词审定委员会术语在线网站中，“大气圈”和“大气层”是分属于不同学科的规范的名词术语。其中，“大气圈”是地理学、地质学、生态学、大气科学等学科的规范用词。“大气层”是地球物理学、建筑学、测绘学等学科的规范用词。不同学科应使用本学科的名词。

再次，在中央宣传部出版产品质量监督检测中心组编，商务印书馆出版的《图书编校质量差错案例》第 219 页，出现了“大气层”的写法。

综合工具书、《学术出版规范 科学技术名词》（CY/T 119—2015）、出版专业职业资格考试教材、全国科学技术名词审定委员会公布的规范用词、《图书编校质量差错案例》，笔者建议应该根据书稿类型和读者对象决定使用“大气层”还是“大气圈”。

针对大众读者的普及型读物中，使用“大气圈”可能会让很多读者感到陌生和不解，不妨使用他们熟悉的“大气层”，然后以注释或其他合适的形式告知读者“大气层”是“大气圈”的又称。这样既能让读者能够看懂内容，达到科普的效果，又不违背《学术出版规范 科学技术名词》（CY/T 119—2015）和出版专业考试教材关于又称的使用规定。

如果是针对专业读者的科技教材或学术专著，应遵循《学术出版规范 科学技术名词》（CY/T 119—2015）规定：

1.3 同一机构对同一概念的定名在不同的学科或专业领域不一致时，宜依据出版物所属学科或专业领域选择规范用词。

综上所述，“大气层”并非不能用，要视书稿的类型、学科以及读者对象而定。盲目修改或统一，有可能造成误改。

问题 45：“拖拽”是不是生造词？

在不少书稿中，都能见到“拖拽”这个词。很多作者和编辑将“拖拽”读成 tuōzhuài，解释为“拖”和“拽”两个动作的组合。

但是“拖拽”这个词语在编校流程中，通常是难以被认可的。在编校某个环节，这个词汇有可能会被相关把关老师修改为“拖曳”。

这样的修改是有依据的，根据《现代汉语词典》第 5、6、7 版：

【拖曳】tuōyè 动 拉着走；牵引：信号弹～着一道长长的尾巴升起｜拖轮～着木筏在江中航行。

曳（**抴）yè 拖；拉；牵引：摇～｜～光弹｜弃甲～兵。

拽 yè 旧同“曳”。

拽（**扌罪）zhuài 动 拉：生拉硬～｜一把～住不放。

《现代汉语词典》，不难发现只有【拖曳】的条目和释义，并没有【拖拽】的条目。多音字拽 yè 旧同“曳”。也就是说即使写成了“拖拽”，只能理解使用了“拽”字的旧用法，“拖拽”也必须读成 tuōyè。

《辞海》第七版：

【拖曳】拉着走；牵引。

在《辞海》工具书中，仅收录了【拖曳】词条，未收录【拖拽】。

《汉语大词典》：

【拖曳】亦作“拖拽”。①牵引；拉扯。《三国志·魏志·华佗传》“无药可服，以至于死”裴松之注引《华佗别传》：“犬不能行，复令步人拖曳。”宋周密《癸辛杂识别集下·襄阳始末》：“一应船只并拖拽至高头港口。”《警世通言·玉堂春落难逢夫》：“王定本不肯去，被翠红拖拖拽拽扯进去坐了。”郭澄清《大刀记》开篇十五：“他总是死抓住翠花那破烂的衣角儿，每前进一步，几乎全靠娘的拖拽。”②拉长。元张可久《落梅风·离情》套曲：“人孤零，愁万结，南楼上雁声拖拽。”③拖延。《旧唐书·裴度传》：“或两道招抚，逗留旬时；或遣蔚州行营，拖曳日月。”《元典章·工部二·船只》：“该客旅装载茶货车船，所在官司并不得拖拽。”

【拖拽】见“拖曳”。

在《汉语大词典》中同时收录“拖曳”和“拖拽”，但是“拖曳”是推荐词形。在《汉语大词典》里，列举了《癸辛杂识别集下·襄阳始末》等诸多古文中使用“拖拽”的例子。

通过对工具书相关字、词的研究，我们可以看出，《汉语大词典》中虽然收录了【拖拽】词条，但均为古代汉语用法。在《现代汉语词典》和《辞海》中，“拖曳”是现代汉语用法。如果按照古代汉语写成“拖拽”，需要读成 tuōyè。

综上，建议广大编辑在处理书稿时，尽量使用“拖曳”。如果将“拖拽”读成 tuōzhuài，将该词汇解释为“拖”和“拽”两个动作的组合，在目前看来有生造词的嫌疑，应慎重使用。

问题 46：建筑书稿中的“拱圈”是什么含义？

在某建筑类书稿中，出现了“拱圈”一词，编辑未进行核实修改。

那么“拱圈”这个词语具有什么含义，是否规范呢？可以通过工具书和术语在线网站加以研究。

工具书

通过查询多种工具书，不难发现相关工具书中并没有收录“拱圈”这个词。

《现代汉语词典》第 6、7 版中只收录了“拱券”和“拱碹”：

【拱券】gǒngxuàn 名 桥梁、门窗等建筑物上筑成弧形的部分。也作“拱碹”。也叫券（xuàn）。

【拱碹】gǒngxuàn 同“拱券”。

再分别查询“券”和“碹”两字：

券 xuàn 又 quàn 名 拱券：发～ | 打～。

碹（**旋）xuàn ① 名 桥梁、涵洞、巷道等工程建筑的弧形部分。② 名 用砖、石等筑成弧形。

《辞海》第七版：

【券】拱券。桥梁、门窗等建筑物上砌成弧形的部分。如：发券；打券。《农政全书》卷二十：“券穹者，形覆券也。”

同时，在【哥特式艺术】【凯旋门】【罗马大角斗场】条目的释义中的使用的均为“拱券”。

《中国大百科全书》第三版：

【拱券（arch）】由块状料（砖、石、土坯）砌成的跨空砌体。是拱和券的合称。利用块料之间的侧压力建成跨空的承重结构的砌筑方法称发券，用此法砌于墙上做门窗洞口的砌体称券；多道券并列或纵联的构筑物（水道、屋顶）称筒拱，用此法砌成的穹隆称拱壳。

《汉语大词典》：

【拱券】桥梁、门窗等建筑物上筑成弧形的部分。

术语在线网站

全国科学技术名词审定委员会术语在线网站在煤炭科学技术名词中收录

了“拱碹”名词。该名词发布于1996年，之后未见其他学科收录和使用“拱碹”作为规范名词。

术语在线网站虽然未收录“拱券”名词，但是在建筑学名词收录“券”，定义为：“一种平面的弧形结构，多用砖石做成。常见的有半圆券、尖券、四圆心券、马蹄形券等。”

通过查询多种工具书并结合全国科学技术名词审定委员会术语在线网站对规范名词进行梳理，我们可以发现并没有“拱圈”一词和相关说法。编辑应将书稿中的“拱圈”修改为“拱券”。经分析，在书稿中出现的“拱圈”的原因可能是部分作者不知道“拱券”应读为gǒngxuàn，在错误拼读的影响下导致输入时发生了错误。

问题47：“硫磺”一定要改成“硫黄”吗？

书稿中的“硫磺”一词究竟要不要改成“硫黄”，是编辑在修改稿件过程中经常会遇到的问题。很多编辑表示自己在上学时，一直使用的是“硫磺”这一写法。要将“硫磺”修改成“硫黄”感到非常不适应。很多作者也不同意修改“硫磺”一词。

很多人对“硫磺”为什么要改成“硫黄”提出疑问，其具体依据是什么？

支持“硫黄”写法的观点认为：《通用规范汉字表》（2013）未收录“磺”字，代表该字没有被列入通用规范汉字之列，说明该字不推荐使用，应从正规出版物中逐步淘汰，“硫磺”应该被规范为“硫黄”。同时，我们可以看到大量工具书均采用了“硫黄”的写法。

《现代汉语词典》第5、6、7版：

【硫黄】liúhuáng［名］硫的通称。旧也作硫磺。

【硫磺】liúhuáng［名］硫黄旧也作硫磺。

在连续3个版本的《现代汉语词典》中，都明确“硫黄”为推荐词形，特别强调了“硫磺”为旧称。旧称是不应使用的。

《辞海》第七版：

【硫】liú 亦称“硫黄”。周期系第16族（第ⅥA族）元素。符号S。原子序数16。……

【硫黄】即“硫”。

【硫黄岛战役】第二次世界大战期间，美军为夺取轰炸日本本土的前进基地，对西太平洋的硫黄岛实施的登陆战役。

【硫黄列岛】亦称“火山列岛”。

在《辞海》第七版工具书中，未收录【硫磺】的词条和相关写法，只有“硫黄”的写法。

在人民教育出版社普通高中教科书《化学必修第二册》第五章第一节硫及其化合物的讲解中，采用的是“硫黄”写法，原文“硫（俗称硫黄）是一种黄色晶体，质脆，易研成粉末”。

在《通用规范汉字表》（2013）推出之前，出版物和社会中确实存在“硫磺”的写法，这也是广大作者和编辑对该词语存有印象的原因。随着《通用规范汉字表》（2013）的推出，大量工具书和教材均按照《通用规范汉字表》使用了“硫黄”的写法。

但是，“硫磺”的写法真的不能使用吗？《通用规范汉字表》研制专家工作组于2009年8月19日发表在《中国教育报》上发表了《〈通用规范汉字表〉问题解答》一文。在该文章中明确了：“根据需要可以使用表外字。”因此，“磺”字虽然是表外字，但是在生产、生活中有需要的话，是可以使用的。“表外字不可用”的观点是错误的。同时，我们通过术语在线网站查询，可以看到2023年公布的无机化工规范名词中收录了“硫磺”，

2022年公布的高分子化工规范名词中收录了“硫磺硫化”，世界历史名词中收录了“硫磺岛战役”，这都充分说明了“硫磺”的写法可用。

笔者认为，“硫磺”和“硫黄”的写法均可，《通用规范汉字表》“表外字不可用”的观点是错误的。

问题48：“鯰鱼”“鲶鱼”“鲇鱼”和“鮎鱼”应当采用哪种写法？

在一些美食生活类图书中，经常会出现“鯰鱼”“鲶鱼”“鲇鱼”“鮎鱼”四种写法。使用哪种写法更规范，经常困扰着广大作者和编辑。

《通用规范汉字表》（2013）公布实施，收录“鲇”（序号5527），确定“鲇”为规范字，如果从使用规范汉字的角度分析，则应该根据《通用规范汉字表》采用“鲇鱼”的写法。

《现代汉语词典》第5、6、7版：

鲇（鮎、**鯰）nián 名 鲇鱼，体表多黏液，无鳞，背部苍黑色，头扁口阔，有须两对，尾圆而短，不分叉，背鳍小，臀鳍与尾鳍相连。生活在淡水中，吃小鱼、贝类、蛙等。

在《现代汉语词典》的连续3个版本中，均以【鲇】为主条。【鮎】为繁体字，【鯰】为《通用规范汉字表》的表外异体字（左上方有两颗星星）。如果按照《现代汉语词典》，应使用“鲇鱼”的写法，不应使用繁体字和表外异体字。我们可以看出《现代汉语词典》严格遵循了《通用规范汉字表》的有关规定。

在《辞海》第七版中，分别收录了【鲶】和【鲇】：

【鲶】nián 动物名。学名 Silurus asotus。亦称“鲇”。硬骨鱼纲，鲶科。

体前部平扁，后部侧扁，长达1米以上。灰黑色，有暗色斑块。口宽大，有须两对。眼小。背鳍一个，很小；臀鳍长，与尾鳍相连；胸鳍具一坚硬毒刺。无鳞，皮肤富黏液腺。栖息于水的中下层，以小鱼及无脊椎动物为食。分布于中国各地淡水中。肉味美，为优良的食用鱼类；鳔可入药。

【鲇】〔鯰〕nián ① 动物名。即鯰。《本草纲目·鳞四》：“鲇乃无鳞之鱼，大首偃额，大口大腹，鮠身鳢尾，有齿有胃有须。生流水者，青白色；生止水者，青黄色。”② 香鱼的日本名。

需要引起注意的是，《辞海》在【海洋发电动物】词条的释义中，使用了“鲶”字：

具有发电器官，能发出较强电能的海洋动物。仅见于某些鱼类，如电鲶、电鳗、电鳐等。能发电的鱼称“电鱼”。

笔者认为，《辞海》在收录“鯰”字头未收录“鲶”字头的情况下，却在词条释义中使用“鲶”字的做法，存不妥之处。

在《中国大百科全书》中，“鲇鱼”和“鲶鱼”是混用的，但是没有“鮎鱼”“鯰鱼”的写法。

在全国科学技术名词审定委员会术语在线网站公布的食品科学技术名词中收录了“鲶鱼”为规范术语，未收录“鯰鱼”“鮎鱼”。

结合对工具书和术语在线网站的查询，我们发现当前阶段工具书与术语在线网站未达成一致意见。但可以肯定的是，没有“鮎鱼”的写法，因为“鮎”是繁体字。

笔者认为，如果是面向普通读者的大众类读物，《现代汉语词典》的“鲇鱼”写法是值得推荐的，因为它遵从了《通用规范汉字表》。国务院关于公布《通用规范汉字表》的通知明确：“《通用规范汉字表》公布后，社会一般应用领域的汉字使用以《通用规范汉字表》为准，原有相关字表停止使用。”有很多编辑会产生疑问，为什么在一些有争议的问题上，《现代汉语词典》总能和《通用规范汉字表》达成一致？这是因为《现代汉语词典》

是偏重语文的工具书。语文工具书对国家的语言文字规范更加敏感。

根据表外字的偏旁不类推的原则，结合文字规范的基本要求，术语在线网站宜使用“鲇鱼”或“鯰鱼”作为规范名词。但术语在线网站却将“鲶鱼”作为规范术语，表明在食品科学技术学科，这一术语是得到广泛应用的。综合《通用规范汉字表》《现代汉语词典》《辞海》《中国大百科全书》以及术语在线网站的意见，笔者认为“鯰鱼”“鲶鱼”“鲇鱼”的写法都可用，在质检时都不应计错。编辑在处理稿件时，可根据稿件类型加以选择并统一。建议《辞海》工具书在修订时，能注意“鯰”和“鲶”未统一的情况，也希望术语在线网站能在水产、鱼类专业名词术语中收录相关词汇的规范名词，以指导多学科书稿的术语规范工作。

问题 49：“神祇”“神祗”“神衹”哪种写法正确？

形近字，因为字形和结构相近，在识读、书写中容易发生混淆。在书稿中，我们也经常会遇到形近字书写出错的情况。

比较有代表性的是书稿中经常会出现“神祇”“神祗”“神衹”三种写法，很多作者和编辑对“祇”“祗”“衹”三个形近字的读音和含义不了解，导致出现误用。

例如，在某书稿在引用古籍时，出现了这样一句话：

韩愈《与孟尚书书》：“天地神祇，昭布森列。”

《现代汉语词典》第 7 版：

【祇】qí〈书〉地神。

【神祇】shénqí〈书〉名“神”指天神，“祇”指地神，“神祇”泛指神。

【祗】zhī〈书〉恭敬：～仰（敬仰）|～候光临。

【衹】（zhǐ）是“只”的繁体字。

《辞海》第七版：

【神祇】天地神灵之总称。

通过查询工具书，我们不难看出只有“神祇”才是正确的写法。

原句应改为：

韩愈《与孟尚书书》：“天地神祇，昭布森列。”

在书稿中，出现祇、祗、衹误用，表面原因是形似导致输入法选错了字，本质原因还是相关人员对这三个字的读音、含义、笔画结构缺乏了解。笔者建议可以将读音、含义和结构三者相结合记忆，便于区分：

祇（qí），古时候对地神的称呼，“示字旁”+“氏”；

祗（zhī），恭敬，“示字旁”+氐；

衹（zhǐ）是“只”的繁体字，“衣字旁”+“氏”。

“神祇”“神祗”“神衹”三种写法在书稿中较为常见，在笔者质检的某些书稿中，还出现了“神只”“神邸”的错误写法。一些作者将“祇”和“衹”字混淆，又因为“衹”是“只”的繁体字，就造出了“神只”这个词。还有作者将“神祇”写成了“神邸”。“邸”指高级官员的住所，也用作姓。“神邸”同样是一种错误的写法。

问题50：如何标示科技书稿中酒精度的单位？

在美食、营养与健康等生活类书稿中经常会出现和葡萄酒、白酒相关的内容。在食品科技类书稿中也经常会出现讲解葡萄酒、白酒酿造的知识。如何规范引用和标示酒精度成为编辑修改上述书稿时遇到的常见问题。

在某书稿中，出现了“60° 白酒”“60 度白酒”“60%（*V/V*）白酒”等不同写法。那么哪种写法是规范的呢？

首先，° 是平面角的单位，不能标示白酒的酒精度。

其次，根据《现代汉语词典》第 7 版中，“度”的释义中明确可作为计量单位的名称，但是仅限弧或角，经度或纬度，眼镜焦度的单位，并没有用于标示酒精度的用法。因此，使用“度”作为酒精单位不妥。

%（*V/V*）体积百分数，用于标示溶液浓度。我们国家曾在 20 世纪使用过 %（*V/V*）标示酒精度，但已淘汰。

根据国家标准《食品安全国家标准—蒸馏酒及其配制酒》（GB 2757—2012）

4.2 应以“%vol”为单位标示酒精度。

全国科技名词术语委员会术语在线网站食品科学技术名词“无醇啤酒”的定义为：“酒精度小于等于 0.5%vol，原麦汁浓度大于等于 3.0° P 的啤酒。其他指标应符合相应类型啤酒的要求。”

因此，对于相关书稿问题的处理，应该按照国家标准以“%vol”为单位标示酒精度。

问题 51：“麻油”“香油”“芝麻油”要不要统一

在健康美食、烹饪、菜谱类图书中，经常会遇到“香油”“麻油”“芝麻油”等不同的称谓。很多编辑不知道在书稿中使用哪种更规范，如何进行统一。

我们可以通过查询工具书和术语在线网站找到规范用法。

《现代汉语词典》第 5、6、7 版：

【芝麻油】zhī•mayóu 名 用芝麻榨的油，有特殊的香味，是常见的食用油。也叫香油、麻油。

【香油】xiāngyóu 名 芝麻油。

【麻油】máyóu 名 芝麻油。

通过对《现代汉语词典》多个条目的查询，可以看到“芝麻油”是推荐词形，而香油、麻油都是又称。

《辞海》第七版：

【芝麻油】亦称“麻油”“香油”。以芝麻籽（含油 45% ～ 58%）为原料制得的一种植物油。加工工艺有压榨、压滤、水代等。呈琥珀色，具有浓郁的芝麻香味。……

《汉语大词典》：

【芝麻油】即麻油。也称香油。用芝麻榨的油。

【麻油】麻实所榨之油。

【香油】①有香味的油。②特指芝麻油，有些地区亦指称菜油或豆油。

全国科学技术名词审定委员会术语在线网站：

“芝麻油”是农学学科和食品科学学科的规范名词，“麻油”是又称。

通过对三种工具书的查询，我们可以看到“芝麻油”是首选词，“香油”“麻油”是又称。在术语在线网站中“芝麻油”是规范名词，“麻油”是又称。

对于以大众读者为对象的生活类图书，考虑到读者的文化水平、生活习惯、地域情况，笔者认为使用“香油”“麻油”的称谓也未尝不可，因为又称是可用的，使用时做到全书统一即可。如果是科技出版物和专业学科的教材，我们应该严格按照《学术出版规范 科学技术名词》（CY/T 119—2015）和出版专业职业资格考试教材“又称能用，但要少用，不推荐使用”的要求，优先使用“芝麻油”这一规范术语。

除此之外，广大编辑还要特别留意《汉语大词典》中【香油】条目中的释义。如果在稿件中出现了“香油”，要充分结合上下文和语境，研究是否是具有香味的油，或者指的是“菜油”或“豆油”，不可盲目修改或统一为“芝麻油”。

问题52：一定要将“曝露”改成“暴露”，“曝晒”改成“暴晒”吗？

“暴露”“曝露”“暴晒”“曝晒”都是书稿中高频出现的词语。很多编辑因为对词语的读音和含义不熟悉，出现了误改的情况。

某书稿有这样一句话，编辑觉得不妥，进行了修改。

例句：

他的工作性质决定了需要曝露在户外，经过夏天的曝晒，导致了面部和身上出现了红斑和水肿。

修改：

他的工作性质决定了需要暴露在户外，经过夏天的暴晒，导致了面部和身上出现了红斑。

关于为什么要修改，编辑表示只见过“暴露”和“暴晒”的写法，在拼音输入法中输入 bàolù 和 bàoshài 只有“暴露”和“暴晒”的选项，没有“曝露”和“曝晒”的选项，可见“曝露”和“曝晒”是错误的。

上述认识反映出不少编辑对语言文字的学习不够深入全面。其实“曝”是多音字，既有 bào 的读音，又有 pù 的读音。

在《现代汉语词典》第5、6、7版，同时收录了“暴露”“曝露”“暴晒”“曝晒”：

【暴露】bàolù 动（隐蔽的事物、缺陷、矛盾、问题等）显露出来：～目

标 | ～无遗。

【曝露】pùlù 〈书〉动 露在外头：～于原野之中。

【暴晒】bàoshài 动 在强烈的阳光下久晒：烈日～ | 洗好的丝绸衣服不宜～。

【曝晒】pùshài 动 晒：经过一夏天的烈日～，他的脸变得黑红黑红的。

《辞海》第七版：

【曝露】露在外头；无所隐蔽。《魏书·高祖纪上》："自今京师及天下之囚，罪未分判，在狱致死无近亲者，公给衣衾棺椟葬埋之，不得曝露。"

通过对工具书的查询，我们可以明确一些编辑认为没有"曝露"和"曝晒"用法的观点是错误的。通过学习词条的释义，我们不难看出书稿原文使用"曝露"和"曝晒"是正确的，编辑的修改反而是不当的。

在实际工作中，遇到"曝露"就改成"暴露"，遇到"曝晒"就改成"暴晒"的情况非常普遍。编辑之所以会犯想当然的错误，无非两个原因：一是不知道"曝露"和"曝晒"两个词语都是规范词，不知道"曝露"应读成 pùlù，"曝晒"应读成 pùshài，错认为"曝露""曝晒"是"暴露""暴晒"的误读；二是不知道"曝露""暴露""曝晒""暴晒"在含义上有区别。

为了杜绝类似情况的发生，建议广大编辑遇到拿不准的词语时，一定要查询工具书，不可犯想当然的错误。

问题 53："亚光"和"哑光"的写法哪个规范？

在书稿的加工过程中，我们经常会遇到"哑光""亚光""亚光膜""哑光膜"的不同写法。很多编辑说，经常和美术编辑打交道，他们都使用"哑光”“哑光膜”的写法，在封面工艺上都写着“哑光”“哑光膜”。于是很多编辑在处理书稿文字时，看到“亚光”“亚光膜”都改成了“哑光”“哑光膜”。那么这种修改是正确的吗？

首先 “哑”“亚”的读音和含义是有区别的。“哑”字有两个读音：yā和 yǎ。“亚”字只有一个读音 yà。

我们可以利用工具书查询“哑”和“亚”字的含义。

《现代汉语词典》第 6、7 版：

哑 yā 旧同“呀”。

【哑哑】yāyā 拟声 形容乌鸦的叫声、小儿的学语声等。

哑 yǎ ① 形 由于生理缺陷或疾病而不能说话：重病致～ | 这孩子又聋又～。②不说话的；无声的：～场 | ～剧 | ～铃 | ～口无言。③ 形 嗓子干涩发不出声音或发音低而不清楚：沙～ | ～嗓子 | 嗓子都含～了。④ 动 因发生故障，炮弹、子弹等打不响：～弹 | ～火 | ～了三炮。

亚[1] yà ①较差（多用于否定式）：它的技术不～于你。②次一等：～军 | ～热带。……

结合工具书中“哑”字的释义，我们可以看出即使能够组成“哑光”一词，也是没有实际意义的，因为“有缺陷的光，不说话的光，发不出声音的光，发生故障的光”，全都是说不通的。

结合工具书“亚”字的释义分析，可以看出如果组成“亚光”一词，可以表达“光较差、较弱，比有光差”的含义。

在了解基本的字义之后，我们通过工具书，进一步查询相关词条。在多本工具书中，未收录【哑光】词条，只有【亚光】词条。

《现代汉语词典》第 6、7 版：

【亚光】yàguāng 名 亮度稍弱，但柔和不刺眼的光：～漆 | ～陶瓷。

《辞海》第七版：

【亚光】亮度较弱，柔和不刺眼的光。如：亚光材质。

在全国出版专业职业资格考试教材《出版专业实务·中级》2020版175页明确：覆膜采用的塑料薄膜可以分为“光膜”和“亚光膜”两种。

通过对工具书“亚”和“哑”字释义以及【亚光】条目的查询，结合出版专业职业资格考试教材中的讲解，我们可以得出“亚光”和“亚光膜”是规范写法的结论。从词义角度分析，“哑光”一词没有实际含义。广大编辑要注意，在“亚”字只有一个读音yà，很多人将“亚光”读成yǎguāng是不对的，如果能正确拼读，也不会出现“哑光”的误写。

问题54：“亚克力”“压克力”和“雅克力”哪种写法更规范？

“亚克力”“压克力”和“雅克力”三种写法在艺术书稿中较为常见。那么这三种写法哪种更规范，应该如何统一呢？

首先我们需要了解的是，以上三种写法都是英文acrylic的中文音译。

在《牛津英汉双解词典》第10版中，acrylic作名词时候，译为“丙烯酸颜料”“丙烯酸纤维”；作形容词时，译为“丙烯酸的”。该工具书并未给出中文规范的音译。

在《现代汉语词典》第7版中，未收录“亚克力”“压克力”和“雅克力”中的任何一个词条。这为我们寻找相关线索造成了一定困难。我们只能借助其他工具书。

在《辞海》第七版的纸质版中：

【丙烯画】亦称“压克力（英文acrylic的音译）画”。一种以聚丙烯酸酯乳胶为主要成分的颜料为介质的绘画。……

但是在《辞海》App和《辞海》网络版中，“压克力”已经被修改为

“亚克力”。

【丙烯画】亦称“亚克力（英语 acrylic 的音译）画”。一种以聚丙烯酸酯乳胶为主要成分的颜料为介质的绘画。……

在《中国大百科全书》第三版中，虽然未直接收录相关条目，但是却在【液体过滤和分离用纺织品】条目的释义中出现了“聚甲基丙烯酸甲酯（亚克力）”，【加纳国家博物馆】条目的释义中出现“亚克力”制品，【展架】条目的释义中出现“亚克力”，【热塑性树脂】条目的释义中出现“亚克力树脂”，【邵氏硬度计】等多个条目释义中出现“亚克力”。仅在【拼接陶瓷】【压入试验】两条目的释义中出现“压克力”。亚克力的使用数量，远高于压克力。

综上，笔者认为最好的方式是直接参考《牛津英汉双解词典》使用 acrylic 一词的意译，不使用音译。如果非要使用音译，建议使用“亚克力”的写法。

问题 55：参考文献中的“论文集”的文献类型是普通图书吗？

在编校工作中，一些编辑在审核参考文献格式时，由于认识方面存在误区，对文献类型为“汇编”（标示代码为 G）和文献类型为“会议录”（标示代码为 C）的参考文献进行了误改，将上述两类参考文献修改成“普通图书”（标示代码为 M）。

关于文献类型标识代码和参考文献类型的知识在《信息与文献—参考文献著录规则》（GB/T 7714—2015）的附录 B（资料性附录）文献类型和文献载体标识代码中有明确讲解。附录 B 中表 B.1 文献类型和标识代码明确文献类型标示代码G代表的参考文献类型为“汇编”，文献类型标示代码C代表的参考文献类型为“会议录”，文献类型标示代码M代表参考文献类型为“普通图书”。在标准中，并不存在所谓“论文集”类型的参考文献。

为什么在日常工作中，会经常听到编辑讨论“论文集”类型的参考文献呢，因为汇编型文献和会议录型文献的题名中通常会包含“论文集”字样，例如《某某学术研讨会论文集》，加上这两类文献通常会由出版社出版，这就造成了部分编辑认为这是在出版社出版的普通图书。错误的认知，导致了错误的修改。

我们可以从国家标准中找到正确的例子。《信息与文献—参考文献著录规则》（GB/T 7714—2015）：

4.1 专著

4.1.2 著录格式

［8］牛志明，斯温兰德，雷光春．综合湿地管理国际研讨会论文集［C］．北京：海洋出版社，2012.

其中，综合湿地管理国际研讨会论文集［C］，表示这是题名为“综合湿地管理国际研讨会论文集”的会议录型参考文献。该文献绝不能修改成：

［8］牛志明，斯温兰德，雷光春．综合湿地管理国际研讨会论文集［M］．北京：海洋出版社，2012.

再如，《信息与文献—参考文献著录规则》（GB/T 7714—2015）的附录A（资料性附录）顺序编码制参考文献表著录格式示例：

A.2 论文集、会议录

［1］中国职工教育研究会．职工教育研究论文集［G］．北京：人民教育出版社，1985.

在该示例中，职工教育研究论文集［G］，表示这是题名为“职工教育研究论文集”的汇编型参考文献。该文献绝不能改成：

［1］中国职工教育研究会．职工教育研究论文集［M］．北京：人民教育

出版社，1985.

很多编辑都会犯将题名中的“论文集”视为文献类型的错误。“论文集”并不是文献类型，而真正的文献类型是“会议录”和“汇编”。此外，不少编辑将文献类型标示代码G和C修改成M，是看到了出版者为出版社，认为和出版社相关的文献类型只能是普通图书。这种误改反映了广大编辑对《信息与文献—参考文献著录规则》（GB/T 7714—2015）的学习不够。

问题56：“不尽如人意”和“不尽人意”是一个含义吗？

在书稿中，我们经常会看到“不尽如人意”和“不尽人意”两种表述。这两种表述在语义上是否有区别？哪种更规范？

某书稿中出现这样一句话：

一些产品由于受结构、材质、成本等方面的限制，在形态的感觉上往往不尽人意，这时可利用色彩对人的心理的影响来弥补一些不足，使产品的形态更好地趋向调和。

编辑在审稿过程中产生疑问：“不尽人意”和“不尽如人意”一字之差，含义有没有不同？句中不尽人意的写法是否妥当？

我们可以通过查询工具书来掌握这个知识点。

《现代汉语词典》第5、6、7版：

【人意】rényì 名 人的意愿、想法：善解～|不尽如～。

【尽如人意】jìnrú-rényì 完全符合心意（多用于否定式）：难以～|不能～。

在现代汉语词典中，直接收录了【人意】和【尽如人意】词条，未直接收录【不尽如人意】词条，但是在【人意】词条释义的举例中，出现了“不尽如人意”的用法。

同时，在【尽如人意】词条的释义中，可以根据举例“难以尽如人意”“不能尽如人意”的否定用法类推出“不尽如人意”的否定用法也是合乎规范的用法。

在《新华成语大词典》2013 版中，对【尽如人意】进行了详细解释，并举了很多例句。【尽如人意】jìn rú rén yì 尽：全，都。如：符合。完全符合人的意愿。多用否定形式。宋·曹彦约《跋陈令举骑牛图》：“士大夫食君禄，知天下事不尽如人意，触机而来，愤悱出一语，异时窘于奉养，不但缩舌噤齿而已。”明·唐顺之《答喻吴皋御史》：“直道君子，神明扶持，即使往复消长之几未能尽如人意，然周旋其间，整顿得一分，亦是宇宙间一分裨补。”清·曾国荃《致阿啸珊》：“时值大荒，赈抚不易，安得事事尽如人意，万一不能见谅，画蛇添足，势必更加受累。”邵燕祥《说“白”》：“付出最高代价的应该得到相应的补偿，然而人们常常感到不能尽如人意，甚至大失所望者，良以期望值太高了也。”

可见，尽如人意，即完全符合人的心意，是一种很难达到的境界。所以我们在多数情况下看到的都是否定的用法，正如《新华成语大词典》举例中出现的“不尽如人意”“未能尽如人意”“安得事事尽如人意”“不能尽如人意”。

无论是肯定的用法“尽如人意”，还是否定用法“不尽如人意”，其中的“如”字都不等省略。“如”字具有特定的含义即“符合”。“不尽如人意”的意思是不完全符合人的意愿。一旦省略了“如”字，写成不尽人意，那么语义变成“不完全人的心意”，是说不通的。

综上所述，“不尽人意”的说法不妥，原文应修改为：

一些产品由于受结构、材质、成本等方面的限制，在形态的感觉上往往不尽如人意，这时可利用色彩对人的心理的影响来弥补一些不足，使产品的形态更好地趋向调和。

问题 57：“笔画”和“笔划”哪个是规范写法？

由多位作者联合编写教材类书稿的情况较为常见。在这些书稿中会由作者方提供编委会名单。编委会名单通常会注明排序规则。我们经常能看到编委会页出现“按照姓氏笔画排序”“按照姓氏笔划排序”“按照姓名笔画排序”“按照姓名笔划排序”不同的写法。那么究竟是应采用“笔画”还是“笔划”的写法呢？很多编辑觉得“笔划”看上去更顺眼，于是就将“笔画”改成了“笔划”。那么编辑的修改是否正确呢？

认为“笔画”不顺眼，其实是错误地理解了“画”字的含义。有很多编辑认为“画”是“画画”的意思，笔画是用笔去画，这其实是误解。

关于“笔画”还是“笔划”哪个是规范的写法，我们可以通过工具书、规范性文件、术语在线网站查实。

根据《现代汉语词典》第 7 版：

画[2] huà 字 ……②指组成汉字的横、竖、撇、点、折等：笔～。……

【笔画】（笔划）bǐhuà ①组成汉字的各种形状的点和线，如横（一）、竖（丨）、撇（丿）、点（丶）、折（乛）等。……

结合“画”字释义以及【笔画】一词的释义，我们可以看出采用“姓氏笔画排序”的写法较为妥当。同时在工具书中明确“笔画”为推荐词，“笔划”为非推荐词。

我们还可以从规范性文件、标准、术语在线中找到相关的依据：

在《第一批异形词整理表》中规定，“笔画”是推荐词形，“笔划”为非规范词行。

诸多规范和国家标准都使用的是“笔画”的写法。1997 年国家发布了《现代汉语通用字笔顺规范》，使用的是“笔画”的写法。1999 年国家语言文字工作委员会公布的《字符集汉字字序（笔画序）规范》（GB 13000.1）和《通用规范汉字笔顺规范》（GF0023—2020），这两个规范中同样使用的是“笔画”的写法。上述国家标准和规范性文件无一例外地使用的是“笔画”的写法。

全国科学技术名词审定委员会术语在线网站收录“笔画”为规范用词。

综上，无论是工具书、标准及规范性文件，还是术语在线网站，均将“笔画”作为规范写法。在书稿中应采用“笔画”“按姓氏笔画排序”的写法是毋庸置疑的。

问题 58：“画线”和“划线”，“点画线”和“点划线”，哪种是规范写法？

涉及绘图、制图内容相关的书稿经常会出现“画线”和“划线”，“点画线”和“点划线”存在不同写法的问题。很多编辑不确定哪种是规范写法。我们可以通过工具书、国家标准、重要参考书来确定写法的规范性问题。

《现代汉语词典》第 7 版：

画[2] huà ① 动用笔或类似笔的东西做出线或作为标记的文字：～线 | ～押 | ～到 | ～十字。

结合“画”字的释义及举例，我们不难看出，工具书推荐使用“画线”的写法。

在国家标准《机械制图 图样画法 图线》（GB/T 4457.4—2002）

4 线型及其应用

表 1 线型及应用中

线型："细点画线""粗点画线"。

中央宣传部出版产品质量监督检测中心组编，商务印书馆出版的《图书编校质量差错案例》第 248 页"题目漏标需要指明的字词的着重号或下画线"。

《出版专业实务·中级（2020 版）》第 232 页"核红时，对新校样上根据前次校样修改的内容应以铅笔在其下画线作标记，因为前次校样上可能存在不同于原稿的修改之处，标记后可避免对照原稿校对时再改回去。"

可见，"画线""点画线"为规范写法。但是广大编辑应该注意，"画线"的写法不能类推到科技名词术语的使用上，例如"划线培养"为全国科技名词术语委员会公布药学规范名词，不能写为"画线培养"。

问题 59："图象"一词是否为不规范的写法？

在书稿中，编辑经常会遇到"图象""图像"两个词语混用的问题。很多编辑认为目前只有"图像"为规范写法，而"图象"是不规范的。但是经过调研，我们发现大量的数学学科出版物中普遍使用了"图象"这一写法。很多编辑产生疑问，"图象"是不是规范写法，要不要将书稿中的"图象"修改为"图像"？

关于这一问题，我们可以通过查询工具书和编校参考书研究、判断。

《现代汉语词典》第 6、7 版：

【图像】（图象）túxiàng 名 画成、摄制或印制的形象。

《辞海》第七版：

【图像】画成、摄制或印制成的形象。……

【函数图像】设 y 是 x 的函数：$y=f(x)$，在给定的坐标系下，满足这个函数关系的点（x，y）的全体称为这个函数的图像。……

通过对两本工具书的查询，我们可以看出在《现代汉语词典》中，【图象】是非推荐词，不建议使用，而辞海中仅收录了【图像】词条，同时有专门的【函数图像】词条，未收录【图象】词条。很多编辑以上述两本工具书作为依据，将“图象”修改为“图像”、“函数图象”修改为“函数图像”。

通过对上述两本工具书中相关词条释义进行研究和分析，我们可以发现工具书给出的“图像”释义，都体现了人的主观参与。例如，如何画、怎样摄制和印制，都是在人的主观参与下开展的。人可以凭借自己的想法实现想要的效果。而数学里的函数反映的是多个变量之间的关系，是一种客观规律，不以人的意志为转移。图象、函数图象，都是客观规律的体现。如果将“图像”和“函数图像”用于数学学科书稿，客观的规律成为了人们主观参与的结果，与事实不符。因此，笔者认为辞海中收录的【函数图像】写法存在不妥之处。

在数学领域，“图象”一词是可以使用的。在中央宣传部出版产品质量监督检测中心组编，商务印书馆出版《图书编校质量差错案例》一书中明确提出：“‘图象’一词并没有完全弃用。数学坐标系中的点、线、面及各种几何图形，是通过图形来反映自变量与因变量的对应关系，而不是用模仿、比照等方法制成的“影像”或“像”，故而写作“图象”，如一次函数的图象是直线，二次函数的图象是抛物线等。同理，平面直角坐标系中的纵轴、横轴所划分的区域，写作象限，而不宜写作像限。”人民教育出版社《数学九年级下册》教材也使用了“图象”写法：对于一个函数，如果把自变量与函数的每对对应值分别作为点的横、纵坐标，那么坐标平面内由这些点组成的图形，就是这个函数的图象。

综上，我们可以看出虽然在工具书中推荐使用“图像”的写法，但工具书中的“图像”并非数学学科中的“图象”。“图象”写法并没有因工具书未收录而遭到弃用。在数学学科的稿件中，“图象”的写法仍然是可以使用的。工具书《辞海》中的“函数图像”写成“函数图象”更妥当。

问题60：如何区分“爆发”和“暴发”？

因为“爆发”和“暴发”两个词语都有“突然发作”的含义，因此在有些情况下较难以区分。例如，很多编辑不理解为什么书稿中的洪水要用“暴发”，火山就要用“爆发”了呢？那么遇到疾病是“暴发”还是“爆发”呢？

我们结合相关工具书，来详细研究“爆发”和“暴发”的区别。

《现代汉语词典》第5、6、7版：

【暴发】bàofā 动 ①突然发财或得势（多含贬义）：～户。②突然发作：山洪～。

【爆发】bàofā 动 ①火山内部的岩浆突然冲破地壳，向四外迸出：火山～。② 突然发作；（事变）突然发生：～革命 | ～战争。

《汉语大词典》：

【暴发】①突然发作。②突然发财得势。

【爆发】①火山内部的岩浆突然冲破地壳，向四外迸出。②炸开。举例“地雷爆发”。③谓发生剧烈冲突而引起重大变化。举例“十月革命爆发”。④忽然发作。举例“朝鲜战争爆发”“更加激烈的战斗爆发”。

通过对两本工具书的查询，我们可以看出两个词语虽然都有“突然发作”的含义，但是在用法上还是有差别的。笔者认为是否具有“火”的属性，是区分“暴发”和“爆发”两个词语的关键。这个“火”既可以是具象的，也可是抽象的。

火山爆发、森林大火爆发，都是具象的火。矛盾、争吵、肢体冲突的爆发，虽然没有具象的火，但是引发的原因是情绪上的不满、愤恨等抽象的

"火"。战争、革命、起义的爆发，既有长期积怨引发的抽象"火"，又有爆发时武器使用时具象的"火"。

除此之外，洪水、病虫害、疾病等，因为没有具象和抽象的"火"的存在，就使用"暴发"，例如暴发疾病、暴发洪水、暴发灾害等。同样，经常在书稿中看到的突然发财或得势的人，被称为"暴发户"而不能写成"爆发户"，同样是没有"火"在其中发生作用。

需要提醒广大编辑的是，以上区分方法，只适用于文学、社科和不涉及科技名词术语的书稿。一旦涉及了科技专业名词术语，就需要通过术语在线网站进行查询。例如，在我国气象学经典著作及相关教材中，有一个重要名词为"季风爆发"。该名词绝对不能改为"季风暴发"。

全国科学技术名词审定委员会术语在线网站收录"季风爆发"术语为地理学、气候学、海洋科学的重要名词术语。我国大部处于典型季风型气候，每年南海季风爆发都有着标志性意义。季风爆发突出其"突然""猛烈"，加上语言学中的"约定俗成"原则，涉及季风的，要用"爆发"，不能用"暴发"。

问题 61：能否将按姓名笔画排序改成姓氏笔画排序？

很多教材类书稿都是由不同院校的多位教师联合编写的，因此都会涉及教材编委会中作者排序的问题。为了避免先入为主或人为因素引发的不公和不满，很多书稿都会采用经过所有作者商议后认同的排序方法。

书稿中常用的编委会名单排序方法通常有以下三种：按照汉语拼音排序、按照姓名笔画排序和按照姓氏笔画排序。

很多编辑在日常工作中，接触的按姓氏笔画排序的情况较多，按姓名笔画排序的情况较少。很多编辑甚至不知道有按姓名笔画排序这种方法，认为作者在写稿过程中出现了笔误，擅自将姓氏改成了姓名。殊不知，将姓名笔画排序修改为按照姓氏笔画排序，一字之差带来了重大错误。

首先，排序规则发生重大变化。按照姓名笔画排序和按照姓氏笔画排序的规则是有不同的。编辑认为自己修改的是一个字，却没有想到会造成整个排序结果发生重大变化。

其次，书稿采用何种排序方式，是作者方面协商一致的结果。编辑擅自改动，不仅会造成作者方的不满，严重的话还会导致出版社和作者方面的关系破裂。书稿印刷成书后，如果作者方要坚持恢复原有排序方式，还会造成更换编委会页的情况，给出版社带来经济损失。

最后，在有些场合必须采用姓氏笔画排序，有些情况必须使用按姓名笔画排序，这是有相关规定的，不能人为改变规定。

例如，《中国共产党基层组织选举工作条例》（2020 年 6 月 29 日中共中央政治局会议审议批准，2020 年 7 月 13 日中共中央发布）规定：

第二十四条　选举采用无记名投票的方式。选票上的代表和委员、常务委员会委员候选人名单以姓氏笔画为序排列，书记、副书记候选人名单按照上级党组织批准的顺序排列。

选举人不能填写选票的，可以由本人委托非候选人按照选举人的意志代写。因故未出席会议的党员或者代表不能委托他人代为投票。

第三十一条　当选人名单由会议主持人向选举人宣布。

当选的党员代表大会代表、委员会委员，其名单以姓氏笔画为序排列。

当选的常务委员会委员和书记、副书记，其名单按照上级党组织批准的顺序排列。

再如，2018 年 3 月 17 日，十三届全国人大第一次会议通过的《第十三届全国人民代表大会第一次会议选举和决定任命的办法》第四条明确：“第十三届全国人民代表大会常务委员会委员候选人按姓名笔画排列。”

因此，编辑千万不要在未经过作者方面同意的情况下改变编委会名单的排序方式。按姓名笔画排序和按姓氏笔画排序虽一字之差，却涉及两种不同的排序规则和排序结果。一些特定场合对排序方式有具体规定，更不能擅自改变。

问题 62：按照姓氏笔画排序出错的原因有哪些？

在出版工作中，核对编委会页人名的排序，对很多编辑来说是件让人头痛的事情。例如，采用姓氏笔画排序的一本书稿，不同把关老师会给出不同的修改意见，在编校流程的不同审级、校次有可能有不同的排序结果。为什么按照姓氏笔画排序会产生因人而异的排序结果？争议的原因或者说排序出错的原因究竟是什么？笔者认为，按照姓氏笔画排序出现错误，主要原因来自四个方面：

首先，姓氏笔画排序在执行方面难度较大，对排序者的要求较高。采用姓氏笔画排序，要求排序者不仅要对汉字笔画数量有正确计算方法，而且要对笔顺有正确的认识。

每个人对笔画有自己的计算方法，对笔顺有自己的理解和书写顺序。即使是同一个汉字，不同的人数出来的笔画和书写的顺序都有可能不同。这就造成在进行姓氏笔画排序时，出现不同的结果。

其次，在理解排序规则细节时，很多人错误地将按姓名笔画排序规则作为姓氏笔画排序规则。具体表现在单名的排序问题上。

1. 按姓名笔画排序单名的排序规则

例如对“李萌”和“李太白”进行排序，“李萌”为单名。由于姓相同，因此在姓的笔画相同的情况下，要对“萌”和“太”进行排序。因为“太”的笔画少，所以“李太白”要排在“李萌”之前。

2. 按姓氏笔画排序单名的排序规则

姓氏笔画与姓名笔画排序规则对单名的处理方式是不同的：单名要视为“有一个零笔画的字 + 名”。如：“李萌”和“李太白”，“李萌”是单名，在排序过程中要将这个名字视为“李　萌”。中间的空格视为有一个零笔画的字。由于零笔画的字笔画数肯定比“太”字少，所以“李　萌”要排在“李太白”之前。

我们看到很多书稿虽然写着按照姓氏笔画排序，但是其中涉及的单名全是按照姓名笔画规则排序的。这表明一部分排序者混淆了排序规则。

再次，盲目相信网络文档和排序工具。

一些编校人员觉得自己学习排序规则较为麻烦，亲自动手数笔画、查笔顺很浪费时间，即使投入大量精力未必能够查对、数对，于是就通过各种文库下载别人整理好的笔画、笔顺排序表，或者使用他人利用 Excel 函数与公式制作的排序工具来让电脑排序。

但是网络文档的制作者，由于自身对笔画、笔顺也有错误认识，其提供的排序表错误百出。我们可以看到文库中不同的排序表，具体的排序结果出入很大。另外，一些使用 Excel 软件利用公式与函数进行排序的人，混淆了按照姓名笔画排序与按照姓氏笔画排序的规则，同样带来了排序出错的问题。

在当前的出版工作中，编辑根据网络文档和使用 Excel 软件进行姓氏笔画排序的情况非常普遍，应引起警惕。这些错误的文档和工具，不仅无法帮助广大编辑，还造成大量错改甚至造成编校事故。

最后，编校人员忽视对国家规范的学习。

有些编辑缺乏对笔画、笔顺知识的主动性学习，有些编辑甚至不知道国家发布了相关规范性文件可供参考，还有些编辑虽然知道有相关规范，却使用了陈旧、被淘汰的规范。

1997 年国家发布了《现代汉语通用字笔顺规范》，规定了 7000 个汉字规范的笔顺。1999 年国家语言文字工作委员会公布的《字符集汉字字序（笔画序）规范》（GB 13000.1），对 20902 个汉字的笔顺逐一作了规定，并对 1997 年《现代汉语通用字笔顺规范》中一些字的笔顺做了调整。2013 年国务院正式公布了《通用规范汉字表》，内含 8105 个汉字。为进一步落实国务院公布的《通用规范汉字表》，中华人民共和国教育部语言文字工作委员会公布《通用规范汉字笔顺规范》（GF0023—2020）并于 2021 年 3 月 1 日正式实施。《通用规范汉字笔顺规范》规定了《通用规范汉字表》所包含的 8105 个汉字的笔顺规范，并代替了 1997 年国家语委发布的《现代汉语通用字笔顺规范》。《通用规范汉字笔顺规范》依据现行通用规范汉字形体，给出每个字的逐笔跟随和笔画序号式笔顺。

所以对笔画和笔顺规范的学习，应该以《通用规范汉字表》和《通用规范汉字笔顺规范》为基准，不要学习已经被淘汰的规范。同时在工作中核实笔画、笔顺也应充分依据这两个规范。

综上，姓氏笔画排序错误是多方面因素综合作用的结果。其中既有作者方面的原因，又有出版社编辑方面的原因。无论是作者还是出版社编辑，都存在对笔画、笔顺、排序规则不熟悉、有误解的客观事实。

要想在出版工作中杜绝按姓氏笔画排序错误，根本方法是把关环节的所有参与者共同学习《通用规范汉字表》和《通用规范汉字笔顺规范》，在排序规则上达成一致，避免出现各审级、校次意见不统一的情况。广大编辑应彻底摒弃网络文档及各类排序工具，在编校问题上不走捷径。

问题 63：可以从“人材”要改为“人才”，类推“成材”要改为“成才”吗？

在稿件的加工过程中，编辑通常会遇到作者使用“人材”这个词语。

《第一批异形词整理表》明确“人才”与“人材”是异形词关系，“人才”是规范词形，“人材”是被淘汰的词形。在连续 3 个版本的《现代汉语词典》中，“人材”均作为非推荐词出现。

《现代汉语词典》第 5、6、7 版：

【人才】（人材）réncái 名 ① 德才兼备的人；有某种特长的人：～难得 | ～辈出。②〈口〉指人的相貌（多指美丽端正的）：一表～ | 有几分～。

因此，在稿件的加工整理过程中，我们应该选用规范词形，使用“人才”回避“人材”。很多编辑产生疑问：是否能够类推“成材”也要改成“成才”呢？

在《第一批异形词整理表》中并没有收录“成才”和“成材”。它们并不是异形词关系，而是两个具有独立含义的词汇。

《现代汉语词典》第 5、6、7 版：

【成才】chéngcái 动 成为有才能的人：自学～ | ～之路。

【成材】chéngcái 动 成为可以利用的材料，比喻成为有才能的人：树要修剪才能长得直，孩子不教育怎能～呢？

《辞海》第七版：

【成才】亦作“成材”。成为有用的人。如：自学成才。王安石《上皇帝万言书》：“非特不能成人之才而已，又从而困苦毁坏之，使不得成才者，何也？”

【成材】①天生的材质。《庄子・徐无鬼》：“天下马，有成材。”陆德明释文：“言自然已足，不须教习也。”②同“成才”。《元史・选举志一》：“凡诸生进修者，严加训诲，务使成材，以备选用。”

通过对两个词语释义的研究，我们可以看到“成材”既可以指材料，又可以比喻成为有才能的人，而“成才”只能用于人。

有编辑会产生疑问，既然“成材”和“成才”都可以用于人，那么在书稿的修改过程中，应该如何加以区分呢？我们不妨参考工具书中的用法。如果直接表达“成为有才能的人”，可以使用“成才”这个词。如果在语境中作者使用了比喻的修辞手法，那么此时使用“成材”一词较为妥当。

问题64：“不加思索”是不是“不假思索”的错误写法？

在书稿中，我们经常会见到“不加思索”这个词语。如果从字面上分析，理解成“不加以思索”似乎并无不妥之处。但是在编校流程中，这个词语通常会被纠正为“不假思索”。如果我们在高版本的Word软件中输入“不加思索”，还会被自动替换功能替换成“不假思索”。很多编辑产生了质疑，难道“不加思索”这个词是错误写法吗？

我们可以通过查询工具书进一步研究哪种写法为规范写法。

《现代汉语词典》第5、6、7版：

【不假思索】bùjiǎ-sīsuǒ 用不着想，形容说话做事迅速（假：凭借；依靠）。

在《现代汉语词典》中，仅收录了【不假思索】词条，并未收录【不加思索】。但不代表【不加思索】是错误的，不能用，因为经过进一步查询，可发现《现代汉语词典》在【脱口】词条中出现了不加思索的用法。

【脱口】tuōkǒu 动 不加思索地开口（说）：～而出｜～成章。

《辞海》第七版：

虽然没有收录【不加思索】和【不假思索】两个词条，但是却在【口快】词条的释义中出现“不加思索”，在【触机】【艺术直觉】词条的释义中出现“不假思索”。两种写法均被收录。

考虑到“不假思索”是成语，可以借助《新华成语大词典》（商务印书馆，2013）查询用法：

【不假思索】bù jiǎ sī suǒ 假：凭借；依靠。用不着思考。形容说话办事迅速、果断。宋·黄干《复黄会卿》：“戒惧谨慎，不待勉强，不假思索，只是一念之间，此意便在。”…… 也作“没假思索”。……

【没假思索】méi jiǎ sī suǒ 见“不假思索”。

【不加思索】bù jiā sī suǒ 加：加以。不加以思考。形容说话办事迅速、果断。清·石玉昆《三侠五义》五二回：“宁妈妈见三公子写信不加思索，迅速之极，满心欢喜。”……

因此，通过对以上三本工具书中的研究，我们不难发现，“不假思索”和“不加思索”这两个词语都是客观存在的，在生活中有相当广泛的应用基础，但词义却是截然不同的。“不假思索”表示“用不着想，形容的是说话办事速度、果断”，有一定的褒义色彩。而“不加思索”表示的是“不加以思考”，如果做事不加以思考，可能有一定的冲动、冒失成分，有一定的贬义色彩。

因此，不能仅凭《现代汉语词典》中未收录【不加思索】词条就认为这个词是不规范的。

问题65：“二零二四年”和“贰零贰肆年”的写法规范吗？

在一些书稿中，对于年份的书写，没有采用人们熟悉的阿拉伯数字，而是采用了汉字数字形式书写。由于人们很少采用汉字数字形式书写年份，因此很多编辑对这一书写形式感到陌生，不了解写法是否规范。

例如，在某书稿中，作者使用了“二零二四年”“贰零贰肆年”的写法来表达年份。

那么这种书写方法正确吗？

根据《出版物上数字用法》（GB/T 15835—2011）

5.2.4 大写汉字数字

——大写汉字数字的书写形式

零、壹、贰、叁、肆、伍、陆、柒、捌、玖、拾、佰、仟、万、亿

——大写汉字数字的适用场合

法律文书和财务票据上，应采用大写汉字数字形式记数。

示例：3,504（叁仟伍佰零肆圆）

39,148（叁万玖仟壹佰肆拾捌圆）

根据上述规定，法律文书和财务票据上采用大写汉字数字形式记数，能够起到防止涂改或造假的目的。采用大写数字书写年份，不符合使用场合的规定。

5.2.5“零”和“〇”

阿拉伯数字“0”有“零”和“〇”两种汉字书写形式。一个数字用作计量时，其中“0”的汉字书写形式为“零”，用作编号时，“0”的汉字书写形式为“〇”。

示例：“3052（个）”的汉字数字形式为“三千零五十二”（不写为“三千〇五十二”）

“95.06”的汉字数字形式为“九十五点零六”（不写为“九十五点〇六”）

“公元2012（年）”的汉字数字形式为“二〇一二”（不写为“二零一二”）

根据上述规定，“零”用于计量，“〇”用于编号，“二〇二四年”属于编号，只能用“〇”。

综上所述，“贰零贰肆年”“二零二四年”均是不规范的写法，应写作“二〇二四年”。

问题66：目录中标题和页码之间是使用下圆点还是省略号连接？

目录中标题和页码之间的对应符号是什么？在一些书稿中使用的是下圆点“……”或者是多组省略号的组合“………………”。

《标点符号用法》（GB/T 15834—2011）并没有将连珠号作为常用标点符号进行讲解，但是却在附录A（规范性附录）标点符号若干用法的说明提到了连珠号：

A.9 省略号用法补充规则

A.9.1 不能用多于两个省略号（多于12点）连在一起表示省略。省略号须与多点连续的连珠号相区别（后者主要是用于表示目录中标题和页码对应和连接的专门符号）。

在教育部语言文字信息管理司组编，语文出版社出版的《标点符号用法解读》第74页：

此外，连用省略号须与多点连续的连珠号相区别（后者主要是用于表示目录中标题和页码对应和连接的专门符号）。

可见省略号和连珠号是不同的符号。

中华书局《新国标标点符号使用手册》第261页：

1.11.3.4 书刊目录的标题与页码之间，或作者姓名与页码之间一长串小连点（…………）叫“连珠号”，不是省略号。

可见，连接标题和页码的标点符号叫连珠号。在出版物中的目录中，连接标题和页码连珠号既不用下圆点“……”表示，也不能用多组省略号的组合形式表示。

问题 67：英文书籍名、报刊名与文章标题名要用书名号和斜体吗？

很多书稿都会出现中文语句中夹有英文书籍名、报刊名、文章标题名的情况。另外有的英文书籍名还有副书名，英文文章标题还带有副标题。很多编辑在审读书稿中遇到上述情况时，会对英文书籍名、报刊名、文章名的正斜体使用感到困惑。

例如，某书稿中，有下述两句话：

①他昨天网购的那本原版书《*Self Regained:A Journey to Shangri-La*》，中文书名可翻译为《凤凰涅槃：香格里拉之行》。

②他的毕业论文题目为《Affecting Factors on Second Language Acquisition——A Survey of Foreign Students Learning Chinese in China》。

编辑在审读稿件的过程中产生了如下疑问：

（1）中文语句中英文书籍名、报刊名与文章标题是不是都要使用书名号？

（2）中文语句中英文书籍名、报刊名与文章标题名应该使用正体还是斜体？

（3）对书稿中英文书籍名、报刊名与文章标题名的处理方式是不是相同的？

我们可以通过研究《中文出版物夹用英文的编辑规范》（CY/T 154—2017）来找到解决上述问题的答案。

在《中文出版物夹用英文的编辑规范》（CY/T 154—2017）中明确：

10.1 中文句中夹有英文书籍名、报刊名时，不应借用中文书名号，应以英文斜体表示。

示例1：《今日晨报》第4版转载的那篇有关饮食结构的文章译自周一出版的 *Football Daily* 。

示例2：她在《中国出版》、《出版发行研究》、*Learned Publishing* 等国内外期刊发表过数篇文章。

10.2 中文句子夹有英文文章标题，该标题使用英文正体字，用中文引号标示。

示例：*World of Tomorrow* 是去年的畅销书，其中第七篇文章“Will Human Be Joyfully Enslaved by Cellphone？”在读者中成为热门话题。

英文的附书名和文章的副标题表示方法不同。《中文出版物夹用英文的编辑规范》（CY/T 154—2017）第十条英文书刊名的标示方法中规定：

中文句子内夹有的英文书名中带有的副书名用冒号标示；夹有英文的文章副标题，用英文破折号标示。

中央宣传部出版产品质量监督检测中心组编，商务印书馆出版的《图书编校质量差错案例》第172页：英文破折号长度相当于字母M的字宽。

通过对《中文出版物夹用英文的编辑规范》（CY/T 154—2017）的学习和研究，我们可以解答前述问题：

（1）中文语句中夹有英文书籍名、报刊名与报刊名时，均不能使用中文书名号，只有翻译成中文后才能使用中文书名号；

（2）中文语句中的英文文章标题名使用正体，且要用中文引号标示，副标题用英文破折号标示，不能用中文破折号长度标示；英文书籍名、报刊名用斜体标示，不加引号，英文书籍名的副书名用冒号标示；

（3）英文书籍名、报刊名与文章标题名的处理方式是截然不同的，必须加以区分。

因此，按照上述规定，上述两个例句应改为：

①他昨天网购的那本原版书 *Self Regained:A Journey to Shangri-La*，中文

书名可翻译为《凤凰涅槃：香格里拉之行》。

②他的毕业论文题目为“Affecting Factors on Second Language Acquisition —A Survey of Foreign Students Learning Chinese in China”。

问题 68：“箭鱼”与“剑鱼”，哪种是推荐写法？

在书稿中，很多编辑经常会遇到“箭鱼”和“剑鱼”这两个词语。这两个词语哪个更规范，应如何统一，令不少编辑感到困惑。

有人认为，上颚作剑状凸出，因此这种鱼的名字只有写成“剑鱼”才顺理成章。但有人会提出反对意见：长长的凸出，也可以理解成箭，写成“箭鱼”为何不可？对于编校问题的研究，仅凭借个人分析难以服众，必须借助工具书。

在《现代汉语词典》中并没有相关的条目可供参考。我们需要查询其他工具书。

在《新英汉词典》第四版中，swordfish 被翻译为“箭鱼（有剑状长上颚的大海鱼）”。

在《牛津高阶英汉双解词典》第 10 版中 sword • fish 被译为“箭鱼；剑鱼”。

《汉语大词典》：

【箭魚】鲥鱼的别称。

《辞海》第七版中收录的是箭鱼。

【箭鱼】（Xiphias gladius） 硬骨鱼纲，箭鱼科。长达 4.6 米，重 450 千克。上颌作剑状凸出。幼鱼两颌具牙，成鱼无牙。……

【剑鱼座】（Dorado，简写 Dor） 南天星座之一。中心位置： 赤经 5 时

10 分，赤纬 -63° 。……

在【高度洄游鱼类】【金枪鱼渔业】中的释义中出现了“箭鱼”的写法。

而在中国大百科全书中，“剑鱼”和“箭鱼”是混用的。分别收录【箭鱼科】和【剑鱼】为生物学条目，【剑鱼座】为天文学术语。在多条目的释义中，分别出现了“箭鱼”和“剑鱼”的写法。

在全国科学技术名词审定委员会术语在线网站中，收录了“箭鱼式”作为花样游泳名词。

在科学出版社汪继祥主编的《作者编辑手册》表 10.6 中将“箭鱼”归为“已淘汰或用字不妥”范畴，提出正确的用法为“剑鱼”。

综合上述多种工具书的意见，我们可以得出如下结论：

（1）当前工具书未对使用“箭鱼”还是“剑鱼”达成共识，多数工具书中收录了“箭鱼”的写法；

（2）科学出版社明确提出“箭鱼”属于“已淘汰或用字不妥”范畴，应使用“剑鱼”，但未告知具体依据；

（3）如果涉及的是星座名称问题，工具书达成了统一意见，即应使用“剑鱼座”的写法；

（4） 暂时不能就“箭鱼”与“剑鱼”哪个更规范给出令人信服的解答。

问题 69：如何区分“分拣”“分捡”与“分检”？

“分拣”“分捡”“分检”三个词语混用，是书稿中经常出现的问题。很多作者和编辑对这三个词语的含义有自己的理解，因此造成了书稿不统一的情况。

例如某书稿中有这样一句话：

在新建成的邮件处理中心内，地面干净整洁，现场规范有序，一件件包裹在传输带上快速运转。得益于新投入的智能化邮件分捡设备，实现了全环节流水化、自动化、少人化，进一步提高了分捡效率、减少了生产人员、降低了处理成本。

那么句中的“分捡”用法是否正确？我们可以通过查询工具书、术语在线网站以及国家标准确认。

《现代汉语词典》第5、6、7版：

【邮政编码】yóuzhèng biānmǎ 邮政部门为了分拣、投递方便、迅速，按地区编成的号码。我国邮政编码采用六位数。简称邮编。

《辞海》第七版：

在【仓库管理】【配送中心】【邮政通信网】【邮政编码】【保税区】【营销渠道】【水果分选机】等词条中的释义中，均使用了“分拣”的写法。

可见，虽然在《现代汉语词典》和《辞海》两本工具书中，并没有收录【分拣】词条，但是在其他词条的释义中，出现了分拣的用法。

《汉语大词典》：

【分拣】①区分。……②加以区别，拣出归类。如：分拣邮件力求准确、迅速。

在《汉语大词典》中“分拣”有两个含义，其中“加以区别，拣出归类”是现代汉语词汇的含义。

《中国大百科全书》第三版：

收录了【分拣】【分拣机】【分拣信号】【邮件分拣】【包装分拣机】【链式分拣机】等多条术语。

全国科技名词术语委员会术语在线网站：

术语在线网站收录“分拣”为管理科学技术规范名词。定义为“配送中心依据顾客的订单要求或配送计划，迅速、准确地将商品从其储位或其他区位拣取出来，并按一定的方式进行分类、集中的作业过程。”

国家标准：

《自动分拣过程包装物品条码规范》（GB/T 31006—2014）、《物流仓储配送中心输送、分拣及辅助设备　分类和术语》（GB/T 35738—2017）《分拣机器人通用技术条件》（GB/T 38873—2020）等多项国家标准中均使用的是“分拣”。

综上，在相关工具书、术语在线网站以及国家标准中，只有“分拣”的用法，没有“分捡”和“分检”的用法。

因此，原例句应修改为：

在新建成的邮件处理中心内，地面干净整洁，现场规范有序，一件件包裹在传输带上快速运转。得益于新投入的智能化邮件分拣设备，实现了全环节流水化、自动化、少人化，进一步提高了分拣效率、减少了生产人员、降低了处理成本。

问题 70：可以用′符号和″符号标示时间单位吗？

在书稿中，我们经常能看到将 14 分 30 秒写成 14′ 30″，将某项工作用时 1 小时 25 分 10 秒写成 1 h 25′ 10″ 的情况。

之所以会出现这种情况，是在生活中的很多场合，人们的确经常将′理解成时间分的单位符号，″理解成时间秒的单位符号。例如在学校体育课测验 1000 米跑的时候，不少体育老师就用′符号表示分、″符号表示秒来记录成绩。

但是上述标示是极不规范的，不能用于出版物中。

在《有关量、单位和符号的一般规则》（GB/T 3101—1993）表 5“可与国际单位制单位并用的我国法定计量单位”中指出：°为度的单位符号，′

为［角］分的单位符号，″为［角］秒的单位符号，这三个符号均为［平面］角的单位符号，而不是时间的单位符号。

因此用［角］分和［角］秒的单位符号表示时间是错误的。14 分 30 秒，可写成 14min 30s，1 小时 25 分 10 秒可写成 1h 25min 10s。

问题 71：如何区分“箱”和“厢”的用法？

很多编辑在教材类书稿中经常会遇到“箱”和“厢”两个字辨析困难的情况。例如，乘坐地铁、火车、公交车时，人们进入的是“车厢”还是“车箱”？我们日常乘坐的电梯中运载乘客的装置叫“轿厢”还是“轿箱”？我们购买机动车时，购买的是“三厢车”还是“三箱车”？我们驾车旅行时，是将行李物品放入轿车的“后备厢”还是“后备箱”？

我们可以借助规程规范和工具书辨析“箱”和“厢”的用法。

《第一批异形词整理表》：

车厢——车箱 chēxiāng

在《第一批异形词整理表》中收录“车厢”为推荐词形。出版物应使用《第一批异形词整理表》推荐的词形。

《现代汉语词典》第 5、6、7 版：

【车厢】（车箱）chēxiāng 名 火车、汽车等用来载人或装东西的部分。

在连续 3 个版本的《现代汉语词典》中，“车厢”均为推荐词形，而“车箱”是非推荐词形，在出版物中应减少使用。

《辞海》第七版：

【车厢】汽车车身的一个组成部分。

在《辞海》第七版中，仅收录了“车厢”，未见“车箱”的写法。

经过对《第一批异形词整理表》和常用工具书的查询，我们可以确认在出版物中“车厢”为推荐写法。火车、公交车、地铁等交通工具用来载人或装东西的部分都应该写为“车厢”。

全国科学技术名词审定委员会术语在线网站：

（1）收录“电梯轿厢”为建筑学规范用词，定义为“电梯中运送承载乘客或货物的部件”。同时网站还收录了“轿厢”为机械工程规范用词。因此，我们日常乘坐的电梯中运载乘客的装置应该是“轿厢”。

（2）收录“两厢式车身”“三厢式车身”为机械工程规范用词。其中“两厢式车身”的定义为“发动机舱、客舱（含行李舱）分别在两个厢体的车身”。三厢式车身的定义为“发动机舱、客舱和行李舱分隔成三个厢体的车身”。因此，两厢车、三厢车应该都使用“厢”字。

（3）网站并没有收录没有将【后备箱】作为规范用词收录，却收录了【行李舱】为规范用词。行李舱的定义为“放置行李的车身空间”。

国家标准：

在《机动车运行安全技术条件》（GB 7258—2012）出现了“后备箱”的写法。

4.1.6 除按照本标准 4.1.2、4.1.3、4.1.5 标示车辆识别代号之外，乘用车还应在后备箱（或行李区）从车外无法观察但打开后能直接观察的合适位置标示车辆识别代号，并至少在 5 个主要部件上标示车辆识别代号；但如制造厂家使用了能从零部件编号溯及车辆识别代号等车辆唯一性信息的生产管理系统，主要部件上可标示零部件编号。

通过对多种工具书以及术语在线网站的查询，我们可以总结概括出如下结论：

（1）“车厢”为《第一批异形词整理表》和多种工具书的推荐词形，“车箱”为异形词，不应使用。

（2）电梯运载乘客的装置是“轿厢”。

（3）我们购买的家用机动车，分两厢车身和三厢车身。

（4）对于放置行李的车身空间，可以称为后备箱，但是如果是涉及学科知识的专业类书稿或学术专著，应视情况决定是否使用规范名词“行李舱”。

问题72：“生糖指数”和“升糖指数”哪个术语更规范？

编辑在审稿过程中经常会遇到同一英文术语的中文译法存在多种形式的情况，使用哪个术语更规范是编辑必须认真核实、思考的问题。

营养健康类的书稿普遍存在对术语 Glycemic Index 有不同译法的情况。例如我们经常见到“升糖指数”“生糖指数”“血糖指数”等译法。我们可以借助工具书和术语在线网站查询规范的术语。

在《中国大百科全书》的食品科学与工程专业收录了“血糖生成指数”术语，在现代医学词汇中收录“食物血糖生成指数”“升糖指数”“血糖指数”术语。未见“生糖指数”的用法。

在《辞海》收录了【食物血糖生成指数】条目。

【食物血糖生成指数】简称“血糖生成指数”。餐后不同食物的血糖耐量曲线在基线内面积与标准糖（葡萄糖）耐量面积之比。……

根据《出版专业基础·初级（2020版）》“全称”和“简称”与“正名”等效使用。按照《辞海》的条目释义，“食物血糖生成指数”和“血糖生成指数”均可使用。

全国科学技术名词审定委员会术语在线网站收录了“血糖指数”为食品科学技术、生理学、运动医学、老年医学等学科的规范用词。同时网站提及“血糖生成指数”为外语中文译写规范部际联席会议专家委员会公布的规范用词。

外语中文译写规范部际联席会议专家委员会是2012年1月经国务院批准，由国家语委牵头，中央编译局、外交部、教育部、民政部、广电总局、新闻出版总署、国务院新闻办公室、新华社、中国科学院共同组成的议事协调机构。该机构审议后公布的外语词中文译名权威性不容置疑。在该机构公布的“第十批推荐使用外语词中文译名表”中，推荐使用“血糖生成指数”为中文译名1，“升糖指数”为中文译名2。

通过对多种工具书、术语在线网站、外语中文译写规范部际联席会议专家委员“第十批推荐使用外语词中文译名表”的研究，并对多方意见加以综合，建议编辑采用“血糖生成指数”的写法。但特别需要注意的是，无论是工具书、术语在线网站，还是“第十批推荐使用外语词中文译名表”，均没有“生糖指数”这一说法。在处理稿件时，应避免使用“生糖指数”这一不规范的术语。

问题73：小时和分之间使用比号还是冒号?

在不少书稿中，都会涉及时间的规范表述问题。例如，“小时”和“分”之间使用什么标点表示？有的编辑认为是比号，因为比号更加居中，看起来比较舒适。

但是看着舒适的未必是正确的。我们可以从国家标准中找到具体的依据。

《出版物上数字用法》（GB/T 15835—2011）

5.1.5 时分秒

“时”“分”也可按照GB/T 7408—2005的5.3.1.1和5.3.1.2中的扩展格式，用“：”替代。

示例 3：15：40　14：12：36

《数据元和交换格式 信息交换 日期和时间表示法》（GB/T 7408—2005）

1.5 分隔符的用法

［：］（冒号）——用于分隔时间元素“小时”和“分”、“分”和“秒”。

5.3.1.1 完全表示法

扩展格式：hh：mm：ss

5.3.1.2 降低精度表示法

a）特定小时和分

扩展格式：hh：mm

通过对上述两个标准的研究，我们可以明确用于分割时间元素时分秒时，应使用冒号，使用比号是不符合国家规范的。

问题 74：“反酸”一定要改成“泛酸”吗？

在一些大众健康类书稿中，经常会看到肠胃不好、消化不良的人，容易出现“反酸”。在编校流程中，一些把关环节的老师提出要将“反酸”一词修改成“泛酸”。关于为什么要改成“泛酸”，把关老师提出了基于《现代汉语词典》的依据。

《现代汉语词典》第 5、6、7 版：

【泛酸】fàn//suān 〈方〉动 指胃酸过多而上涌。

经过查询该工具书，我们不难发现工具书仅收录了【泛酸】词条。而广大读者和作者较为认同的“反酸”写法并未出现在该工具书中。

校对老师也提出，某校对软件在扫描书稿电子文件时，同样会对“反酸”提出修改意见，建议改成“泛酸”。

但是能否仅凭《现代汉语词典》未收录“反酸”，同时某校对软件提出要将“反酸”改成“泛酸”，就认定“反酸”一词不能使用？我们在工作中经常用到的某校对软件同样是根据《现代汉语词典》开发的，二者的意见其实都是一家之言。我们应该更广泛地查询工具书，综合考察多方的意见。需要格外注意的是，“泛酸”一词在《现代汉语词典》被标记为方言。方言是有局限性的，通常不能适用于方言以外地区的绝大部分读者，同时使用方言还容易产生交流障碍。

通过单独查询“反”字的释义，可以发现其有“回，还”的含义。如果使用“反酸”，从词义上是说得通的。但仅凭说得通并不能证明写法可用，我们需要借助更多的工具书和术语在线网站查询“反酸”的写法是否可用。

通过进一步查询其他相关工具书，可以发现《辞海》第七版有专门的【反酸】词条。

【反酸】酸性的胃内容物在无恶心和不用力的情况下逆流到口腔的现象。大多由胃酸分泌过多或胃食管反流病引起。

同时，在【肝胃不和】【胃食管反流病】等条目的释义中，均出现了反酸的写法。

在《中国大百科全书》第三版中收录的“食管痹”“中脘”等多条中医药、现代医学术语的释义中，均使用了“反酸”的写法。

虽然《现代汉语词典》没有收录【反酸】词条，但是在其他工具中，较为广泛地收录了【反酸】词条及其用法，证明“反酸”的用法是广泛存在的.

在全国科学技术名词审定委员会术语在线网站中同时收录了“泛酸”和“反酸”两个术语。但是“泛酸”术语在不同的学科中，却有着不同的定义。

在食品科学技术、生物化学与分子生物学学科中，收录“泛酸”为规范名词。定义为：水溶性维生素 B 族之一。

中医药学学科同样收录“泛酸”为规范用词。定义为：酸水自胃中上逆的表现，包括吞酸与吐酸。

在消化病、消化内镜学学科中，收录“反酸”术语。定义为：酸味液体由胃腔往食管、口腔方向反流的过程。胃十二指肠内容物在无恶心和不用力的情况下涌入咽部或口腔的症状。

可见，仅凭借《现代汉语词典》和以其为依据开发的校对软件中没有收录“反酸”，就将书稿中“反酸”修改成“泛酸”的做法欠妥。

笔者认为，“泛酸”的读音是 fànsuān，而在生活中人们普遍使用的是 fǎnsuān，因此在大众、通俗类读物中，写成“反酸”更容易被读者接受，若写成“泛酸”反而会让部分读者感到困惑。如果涉及科技出版物或学术专著，应该根据具体学科选择使用“泛酸”还是“反酸”。我们还应该格外注意“泛酸”术语在不同的学科有不同的定义。它在食品科学技术、生物化学与分子生物学学科中指的是水溶性 B 族维生素。广大编辑在处理书稿相关问题时，一定要根据书稿类型、读者对象和具体语境选择合适的术语，避免出现误改。

问题 75：为什么“堂吉诃德”不宜写成“堂·吉诃德”？

塞万提斯是文艺复兴时期西班牙的著名小说家、剧作家和诗人，被认为是西班牙文学中最伟大的作家之一。他最著名的作品是《堂吉诃德》。

很多编辑在书稿中遇到“堂吉诃德”的写法时，都会产生疑问，要不要将“堂吉诃德”修改为“堂·吉诃德”呢？还有编辑通过查询网络，发现存在大量“堂·吉诃德”的写法。

在“堂·吉诃德”这一写法中，使用了广大编辑十分熟悉的间隔号。《标点符号用法》（GB/T 15834—2011）规定，间隔号的基本用法是“标示外国人名或少数民族人名内部的分界”。例如姓和名之间的分界或者复姓、复名之间的分界。所以，如果写成“堂·吉诃德”，就意味着“堂”是姓或者是名。

根据《世界人名翻译大辞典》：

Don Quixote 堂吉诃德（西班牙作家塞万提斯笔下的人物）

辞典明确，“Don”与后续部分连写，不加圆点。

“堂吉诃德”中的“堂”在西班牙语中是“Don”，它并不是姓或者名，而是一种对男子的尊称，含义大概为“先生”。“吉诃德”才是西班牙语中的一个姓氏。“堂”跟“吉诃德”合起来，是“吉诃德先生”的意思。

如此看来，“堂·吉诃德”的写法就不合乎规范了，因为间隔号分割的并不是姓和名，而是尊称和姓。这种情况下不符合《标点符号用法》GB/T 15834—2011 的使用要求。

为了更广泛地证实“堂吉诃德”的写法，我们可以查询其他工具书。

《辞海》第七版：

【堂吉诃德】长篇小说。西班牙塞万提斯作。共两部，分别发表于 1605 年、1615 年。穷贵族堂吉诃德阅读骑士小说入迷，带领侍从桑丘·潘沙出门行侠，企图用理想化的骑士精神改造社会。他痛恨专横残暴，主持正义，但耽于幻想，脱离实际，结果在现实面前四处碰壁，最后终于醒悟。小说不仅讽刺骑士文学和骑士制度，而且广泛描绘 16 世纪末 17 世纪初西班牙的社会生活，嘲讽封建贵族的腐朽没落，同时也反映了作者的人文主义理想。是欧洲早期的优秀现实主义小说。

《中国大百科全书》第三版：

《堂吉诃德》西班牙文艺复兴时期最杰出的现实主义小说，全名为《奇情异想的绅士堂吉诃德·德·拉·曼却》。作者 M.de 塞万提斯。创作于 1602 ～ 1615 年。

通过对《标点符号用法》、人名翻译规范、工具书开展综合研究，我们不难看出，“堂吉诃德”的写法是规范的，且得到了一致认可。广大编辑在修改稿件过程中应采用这一写法。

问题 76：“古登堡”“谷登堡”“古腾堡”“谷滕堡”应如何区分？

在一些书稿中，经常会出现容易被混淆的人名。例如，在艺术设计类书稿中，通常会出现非常相似的四个人名，古登堡、谷登堡、古腾堡、谷滕堡。很多编辑会产生疑惑，这四个名字究竟是对应着四个不同的历史人物，还是同一历史人物的不同译法呢？在书稿中应采用哪个译法更规范呢？

对于这个常见的疑问，我们可以通过查询工具书、术语在线网站加以区分。

《世界人名翻译大辞典》：

Gutenberg · Johannes（？—1468）谷登堡<德>工匠、发明家。

《辞海》第七版：

【古登堡】（Beno Gutenberg，1889—1960） 地震学家。生于德国，1930年移居美国。德国格丁根大学博士。历任弗赖堡大学教授、加利福尼亚理工学院教授和地震实验主任。……

【谷登堡】（Johannes Gensfleisch zum Gutenberg，1400—1468） 德国人，铅活字印刷的发明者。年轻时曾学金工。后从事金属活字的铸造和金属活字版印刷的研究，并建立了活字版印刷工厂。……

《中国大百科全书》第三版：

【古登堡】德国地球物理学家，犹太人。生于德国达姆施塔特，卒于美国加利福尼亚州帕萨迪纳。1908 年入德国格丁根大学，受教于 E. 维舍特教授，1911 年获博士学位。曾任加州理工学院地球物理学和气象学教授，帕萨迪纳地震研究室负责人。古登堡是美国国家科学院院士、英国皇家天文学会会员、美国地质学会会员。还担任过美国地震学会理事和主席。1953 年获得美国地球物理联合会第 15 届威廉·博伊奖章。……

【谷登堡】德国金银匠、印刷商、欧洲活版印刷术发明者。

通过对三种工具书相关词条的研究，只见“古登堡”和“谷登堡”的写法。《辞海》和《中国大百科全书》主张按照人物从事的具体研究领域严格区分二者。两本工具书中“古登堡”是地震学者，而“谷登堡”则是欧洲铅活字印刷的发明者。《世界人名翻译大辞典》中的“谷登堡”实际上指的是铅活字印刷的发明者，并未关注到还有一位地震学者。

全国科技名词委员会术语在线网站：

术语在线网站收录“古登堡速度模型”“古登堡 - 里克特震级”为地球物理学、地震科学规范名词。

在术语在线网站，地球物理学、地震科学收录的规范名词均和地震学者“古登堡”有关。未收录“谷登堡”及相关术语。

但在《出版专业基础·中级（2020 版）》教材中，出现“约翰·谷登堡（Johannes Gutenberg，又译‘约翰·谷腾堡’）”的写法。而“谷滕堡”的写法，并未在工具书、术语在线网站中出现。

广大编辑在处理人名规范性问题时，应根据书稿学科和语境判断应该使用的人名，避免出现张冠李戴的错误。例如在艺术类图书中讲解欧洲活字印刷知识时，涉及的人物建议采用“谷登堡”的写法。在讲解地震科学相关知识时，涉及的人物建议采用“古登堡”的写法。同时广大编辑务必留意考试教材中有“谷腾堡”的写法，因此出现这一写法时不能认定为错误。

问题 77：“干呕”一定要改成“干哕”吗?

在编校环节中，有很多编辑只要发现书稿中有“干呕”这个词语就会改成“干哕”。当问其具体原因，编辑会解释在《现代汉语词典》中并没有收录“干呕”这个词，只收了“干哕”这一词。

那么在生活中较为常见的“干呕”一词真的不能在出版物中出现，一定要改成并不常见的“干哕”吗？我们可以通过多种工具书及术语在线网站来研究这一修改是否妥当。

《现代汉语词典》第 7 版：

【干哕】gān•yue 〈口〉动 要呕吐又吐不出来：他一闻到汽油味就～。

通过查询，我们不难发现《现代汉语词典》第 7 版中的确未收录【干呕】词条，只收了【干哕】词条。同时，某些以《现代汉语词典》作为依据研发的校对软件，在检测书稿电子文件时，会提出将“干呕”修改为“干哕”的意见。

那么能否因为《现代汉语词典》并没有收录“干呕”，就一定要将书稿中的“干呕”改成“干哕”？是否要采纳校对软件的意见呢？我认为应该结合更多的工具书考证是否存在“干呕”的用法。

《辞海》第七版：

【干呕】呕而无物的症状。多由胃气上逆所致，治宜和胃降逆。

《中国大百科全书》：

在现代医学【反刍综合征】【食管贲门黏膜撕裂综合征】，中医学【胃阴虚】等术语的释义中均出现了“干呕”的用法。

全国科学技术名词审定委员会术语在线网站：

收录了“干呕”术语。该术语为消化病学和中医药学的规范用词。对于“干哕”术语并没有收录。

通过对多种工具书及术语在线网站的查询，我们不难发现虽然在《现代汉语词典》没有收录【干呕】，但是在《辞海》中设立了专门的词条，在《中国大百科全书》多条目中出现了相关用法。同时，全国科学技术名词审定委员会术语在线网站将“干呕”列入了规范的名词。

相较于“干哕”，“干呕”更通俗。很多大众读者可能并未接触过“干哕”，甚至不认识“哕”字。仅凭《现代汉语词典》一本工具书没有收录【干呕】，就要将“干呕”一词修改为“干哕”的做法是欠妥的。“干哕”在工具书中被标示为口语。在科技教材和学术专著中使用口语是不妥当的。笔者认为“干呕”一词有广泛的群众基础，且被诸多工具书收录，应该予以保留。

问题 78：“国事”与“国是”是异形词吗？

在书稿中，经常能看到“国事”和“国是”两个词语。由于“国事”一词较为常见，不少编辑对“国是”一词较为陌生。有的编辑会将“国是”改成“国事”，还有的编辑认为“国是”是错误的写法。那么“国事”和“国是”在含义上是否有区别呢？

我们可以通过工具书来区分两个词语的具体含义。

《现代汉语词典》第 7 版：

【国事】guó shì ①国家大事：关心～。②国家之间的事务：～访问。

【国是】guó shì＜书＞名国家大计：共商～

《辞海》第七版：

【国是】国家大计。如：共商国是。

【国事】国家的政事。

《新华成语大词典》（商务印书馆，2013）：

【共商国是】gòng shāng guó shì 国是：国家大计。共同商定国家大计。

通过以上三种工具书的研究，我们可以看到“国事”与“国是”在含义上是有明显区别的。

“国是”具有国家大计的含义。“是”指的是大计、大政方针。只有在中央和国家层面才能议定的大计、方针称为“国是”。例如，全国两会期间，代表委员们深入交流、共商国是。

“国事”指国家大事或国家之间的事务，多用于具体的国家事务。例如顾宪成题于无锡东林书院的对联“风声、雨声、读书声，声声入耳；家事、国事、天下事，事事关心”中的国事就是国家大事的意思，这副对联告诉人们既要努力读书，又要关注国家大事（引申为关注政治）。

可见，“国事”和“国是”不是异形词关系，也不是一个词语的两种写法，而是两个含义和用法截然不同的词汇。广大编辑在处理书稿时，应该根据语境加以区分。

问题 79：按照汉语拼音排序是最简单的人名排序方式吗？

有很多编辑觉得按照姓氏笔画排序和按照姓名笔画排序都会涉及笔画和笔顺的问题，处理起来相对较难还容易出错。而汉语拼音排序似乎能绕开笔画和笔顺的规则，看上去简单了很多。部分编辑出于稳妥、不出错的考虑，会建议作者对编委会成员采用汉语拼音排序方式。

那么按照汉语拼音排序真的能绕开笔画、笔顺的知识，是一种简单的排序规则吗？我们要先了解按照汉语拼音排序的基本原则。

①姓名每个字的读音，以汉语普通话读音为准。

②按姓名的汉语拼音逐字比较，先比较第一字，再比第二字、第三字，依此类推。如李煜和李白，比完第一字“李”，再比“煜”和“白”。

③按字的汉语拼音字母先后顺序排列。字母先后顺序就是26个英文字母顺序：Aa Bb Cc Dd Ee Ff Gg Hh Ii Jj Kk Ll Mm Nn Oo Pp Qq Rr Ss Tt Uu Vv Ww Xx Yy Zz。

上述汉语拼音排序的基本原则，并不能解决编校工作中较为复杂的排序问题。在实践中，容易出现两类排序错误。

1. 将韵母ü理解成v

某书稿中，编委会成员按照汉语拼音排序，排序次序为：李某、陆某、罗某、吕某。

上述排序是错误的。

在拼音排序中，需要将ü和u理解成二者共用一个排序位。作为附加分音符号的字母ü，要排在无符号字母u后面。例如在《现代汉语词典》第7版的第8页的音节表中：先是lu，然后是lü，最后是luo。因此，吕某的次序一定在罗某之前。之所以会出现将罗某和吕某的次序错误的情况，是因为部分作者和编辑错将lü拼成了lv。同时，有一些作者和编辑使用了Word软件的排序功能，认为软件可以实现自动排序。Word软件排序功能的设计者同样未理解ü和u共用一个排序位，将lü误拼为lv，也导致了排序错误。

因此，正确的排序应该是：李某、陆某、吕某、罗某。

2. 拼音相同，忘记比较笔画和笔顺

某书稿编委会采用汉语拼音排序，排序次序为：章波、张丽……

作者章波排在了张丽的前面，这一排序是错误的。产生这一错误的原因是排序者认为“张”和“章”两个字虽然拼音相同、声调相同的字，就可以不进行比较，直接对第二个字“波”和“丽”的拼音进行比较，因为“波”

在“丽”之前，所以章波排在了张丽之前。

这是对汉语拼音排序规则的理解不全面产生的错误。

按照汉语拼音排序规则，只要是两个不同的字，一定要比较出顺序，不能因为读音相同，就跳过去比较下一个字。“张”和“章”两个字因为拼音相同、声调相同，必须进一步通过笔画和笔顺比较来确定排序。先要进行笔画比较，如果笔画相同，再进行笔顺比较。在本例中张的笔画少，章的笔画多，所以张丽要排在章波的前面。

可见，汉语拼音排序并不是一种简单的排序规则。汉语拼音排序同样会用到笔画和笔顺的基本知识，它综合了三种排序规则，并不是很多人想当然认为的简单的排序法。部分编辑认为汉语拼音排序能绕开笔画和笔顺的知识是错误的。广大编辑一定要加强对三种排序规则的学习。

问题 80：“隐君子”和“瘾君子”都可以用来形容吸烟上瘾的人吗？

在不少书稿中，在讲解毒品危害时，都会出现形容上瘾者的词汇：“隐君子”和“瘾君子”。不少编辑认为“君子”是褒义词，隐君子是隐居的君子，如果用于形容毒品上瘾者则明显不妥，可能是作者的笔误。于是很多编辑就将“隐君子”修改成了“瘾君子”。

那么对“隐君子”的修改是否正确？不妨借助工具书加以研究。

《现代汉语词典》第 5、6、7 版：

【隐君子】yǐnjūnzǐ 名 原指隐居的人，后来借以嘲讽吸毒成瘾的人（隐、瘾谐音）。

【瘾君子】yǐnjūnzǐ 名 指吸烟或吸毒上瘾的人。

可以看到，很多人不太熟悉的“隐君子”在连续3个版本的《现代汉语词典》中都进行了收录。

《辞海》第七版：

【隐君子】隐士。《史记·老子韩非列传》：“老子，隐君子也。”隐，“瘾”的谐音，后借以嘲讽有毒瘾者。

《汉语大词典》：

在《汉语大词典》中，“隐君子”包含两个含义：犹隐士；旧时指吸鸦片烟成瘾的人。

通过对三本工具中的查询，我们可以看到，隐君子最初是指隐居的人、隐士，后来作为“瘾”的谐音，表达了对吸毒成瘾者的嘲讽，因为真的君子并不吸毒。

可见书稿中用“隐君子”形容吸毒上瘾的人并没有错误，没有必要改成“瘾君子”。广大编辑需要关注一个细节问题，三本工具书在“隐君子”词条的释义中都强调了吸毒上瘾，而在“瘾君子”词条的释义中出现了“吸烟或吸毒上瘾”。这是否意味着如果仅是吸烟上瘾，使用“瘾君子”更好？这一问题值得我们继续深入研究。

问题81：“二噁英”和“二恶英”的写法哪个更规范？

在食品安全、化工类书稿中，经常会遇到“二噁英”和“二恶英”两种写法不统一的情况。这两种写法，哪种是规范写法呢？我们可以通过查询工具书、规范性文件、编校重要参考书找到相关的答案。

《现代汉语词典》第7版：

【二噁英】èr'èyīng 名 一类有毒的含氯有机化合物，有强烈的致畸和致癌作用。在垃圾焚烧、汽车尾气排放、纸浆漂白和金属加工过程中都可能产生。进入人体的主要途径是饮食，尤其是受污染的肉类和乳制品。

《辞海》第七版：

【二噁英】分子式 $C_{12}H_4O_2C_{14}$。一类多氯代二氧杂蒽的通称。按取代氯原子的数目和位置，可有 75 个异构体。

《通用规范汉字表》确认“噁”为规范字，而“噁”为异体字。

出版专业职业资格考试教材《出版专业基础・初级（2020 版）》第 224 页明确：“二噁英”为规范写法，而“戴奥辛”为非规范写法。

在《图书编校质量差错案例》第 51 页：“噁”为繁体字，对应的简化字为“恶”，标音为 ě。

第 126 页【错例 4-15】的讲解中：“二噁英”的英文名为 dioxin，“戴奥辛”为其早期曾使用的音译词，中国大陆已将“二噁英”作为规范名，台湾地区仍然在使用“戴奥辛”。

通过对工具书、规范性文件以及编校重要参考书的查询和学习，我们可以确定“二噁英”为规范的写法。在书稿中，我们经常看到“二噁英”被写成“二噁英”，主要是两个原因造成的：目前很多计算机和手机内置的输入法词库都收录了错误的写法，按照拼音输入时 èr’èyīng 时出现的都是“二噁英”。其次，很多人不了解“噁”为规范字，而“噁”是异体字，两个读音不同，含义也不同。

问题 82：“1970 年代”“1980 年代”“1990 年代”的表述合理吗？

很多作者在描述历史年代的时候，都会采用“1970 年代”“1980 年代”“1990年代”的写法。在一些编辑看来，1970年、1980年、1990年是确切的年份，如果加上了“代”字则显得不伦不类，非常奇怪，还容易引起歧义。于是在书稿的编校流程中，一些编校人员会按照自己的理解将上述表述改成“20世纪70年代”“20世纪80年代”“20世纪90年代”。

经过上述修改，很多编辑认为不仅顺眼了，而且实现了表述严谨。还有不少编辑将这种修改总结成一则编校经验，在出版社内部加以推广。

那么书稿中“1970年代”“1980年代”“1990年代”的表述真的是不合理的吗？

其实，如果对学术出版规范有所了解，就可知道作者原来的表述是正确的，没有必要修改。

根据新闻出版行业标准《学术出版规范 中文译著》（CY/T 123—2015）

5.7 世纪－年代

示例1：“1960s或1960's译作：20世纪60年代，也可译作：1960年代”。

在示例中已经明确提出，20世纪60年代的，可以译作1960年代，就代表1960年代的用法得到了承认，使用过程中不会存在歧义。同理可推1970年代、1980年代、1990年代等相似的用法都是正确、可用的。

另外，在《〈出版物上数字用法〉解读》（语文出版社）第23、24页也出现了这一问题的举例讲解：

（35）回顾1980年代：一个时代和它的精神遗产

（36）在1980年代初的西方性别学界，就连生理性别和社会性别的两分也被质疑。

这种形式虽然在口语中还较少使用，但在书面上却越来越常见，主要是它非常好地体现了编码效率原则，有以往表达形式所不具备的优点。可以方便清晰地指称任何年代。这种形式明显借鉴了英文中的年代表达形式（比如“1980年代”在英文中的写法是“1980s”），突显了当今社会强调编码效率原则的时代特点。……

所以，“1970 年代”“1980 年代”“1990 年代”的写法是可以使用的。不能因为这种表述方法在一些编辑看来感觉不顺眼，不常见，就一定要改成编辑认为顺眼或常见的写法。广大编辑应加强对新闻出版行业标准及相关规范的学习。

问题 83：如何理解年代的范围？是从 0 年到 9 年，还是从 1 年到 10 年？

在很多书稿中，都会涉及年代跨度的表述。但是在不少书稿中，关于年代跨度的理解和表述是不同的。例如 20 世纪 70 年代，究竟是 1970—1979 年，还是 1971—1980 年？

为了深入研究这一问题，我们可以查询《现代汉语词典》《辞海》《中国大百科全书》。

《现代汉语词典》第 7 版：

【年代】 niándài ①时代；时期；时间（多指过去较远的）：～久远 | 黑暗～ | 这件古董恐怕有～了。②每一世纪中从“……十”到“……九”的十年，如 1990—1999 是 20 世纪 90 年代。

《辞海》第七版：

【年代】每个世纪中以十年为期的时段。起自 0 年，讫于 9 年。也有主张起自 1 年，讫于 10 年的。每个世纪的年代，从 20 年代（如 1920—1929）到 90 年代（如 1990—1999）；一个世纪的前两个十年不称年代，分别称为“最初十年”（如 1900—1909）和“第二个十年”（如 1910—1919）。

《中国大百科全书》第三版：

【年代】将一个世纪以连续十年为阶段进行划分的称呼，通常适用于公元纪年。有两种划分方法，习惯分法以尾数为 0 的年份算起，以尾数为 9 的年份结束；而标准分法以尾数为 1 的年份算起，以 0 的年份结束。如 1990 年代或 20 世纪 90 年代，按习惯分法指的是 1990 ～ 1999 年，而按标准分法指的是 1991 ～ 2000 年。

通过对工具书的研究，我们不难发现现阶段关于一个年代十年的起止算法是存在争议的，有两种不同的观点。《中国大百科全书》进一步提出了两种不同的划分方法。因此，广大编辑在处理书稿中此类问题时，要尊重不同的观点，不能因为自己只知道一种观点就否定另外一种观点。同时在《辞海》工具书中提出的“一个世纪的前两个十年不称年代，分别称为‘最初十年’和‘第二个十年’”的观点值得我们借鉴，因为在有些书稿中出现 10 年代的表述的确会让读者和编辑感到不适，借鉴《辞海》提出的表述方法有助于我们解决问题。

问题 84：图书一定要有汉语拼音书名吗？推荐性标准能否不执行？

很多编辑在进行市场调研的时候，会发现一些出版社出版的图书，是有汉语拼音书名的，而另外一些出版社出版的图书却没有汉语拼音书名。那么疑问产生了，图书究竟要不要汉语拼音书名？

《中文书刊名称汉语拼音拼写法》（GB 3259—92）在适用范围中明确：

本标准适用于我国正式出版的中文书刊名称的汉语拼音的拼写，也适用于文献资料的信息处理。

国内出版的中文书刊应依照本标准的规定，在封面，或扉页，或封底，或版权页上加注汉语拼音书名、刊名。

按照上述规定，图书是应该在封面，或扉页，或封底，或版权页上体现汉语拼音书名的。

《中文书刊名称汉语拼音拼写法》后来由强制性标准 GB 3259—92 修改成为推荐性标准 GB/T 3259—1992。上述背景下，一部分出版社的编辑认为推荐性标准属于非强制性标准，可以不执行。这就成为一些出版社图书未在相关位置体现汉语拼音书名的理由。难道推荐性标准真的可以不执行吗？事实情况并非如此。

《中华人民共和国标准化法》第二条规定：

标准包括国家标准、行业标准、地方标准和团体标准、企业标准。国家标准分为强制性标准、推荐性标准，行业标准、地方标准是推荐性标准。

强制性标准必须执行。国家鼓励采用推荐性标准。

从《中华人民共和国标准化法》的规定可以看出，强制性标准必须执行，国家对推荐性标准是持鼓励态度的。出版企业应该积极响应国家政策采用推荐性标准。

《出版管理条例》第二十八条明确：

出版物必须按照国家的有关规定载明作者、出版者、印刷者或者复制者、发行者的名称、地址，书号、刊号或者版号，在版编目数据，出版日期、刊期以及其他有关事项。

出版物的规格、开本、版式、装帧、校对等必须符合国家标准和规范要求，保证出版物的质量。

出版物使用语言文字必须符合国家法律规定和有关标准、规范。

《出版管理条例》着重强调了“必须符合国家标准和规范要求”。因此出版企业必须全面执行国家标准和规范，不采用推荐性标准的做法是错误的。

《新闻出版行业标准化管理办法》第六条：

新闻出版行业各单位不得无标准生产，应依法执行强制性标准，积极采用推荐性标准；鼓励研究国际标准和国外先进标准，结合我国国情和产业发展的需要，积极采用，制定相关标准。

《新闻出版行业标准化管理办法》明确要求“积极采用推荐性标准”。

通过对以上法律法规的研究，广大编辑应该明确：对于推荐性标准，同样要做到积极执行。同时，还应该清晰地认识到，国家为出版行业制定的标准，绝大多数都是推荐性标准，如果对推荐性标准采取拒绝的态度，那么大量标准都可以不执行，势必带来图书质量问题，后果是难以想象的。

问题 85：书名中“旅游”二字的拼音是 lvyou 还是 lüyou？

很多编辑在执行《中文书刊名称汉语拼音拼写法》标准时，遇到韵母为 ü 的情况，不知道应该写成 v 还是写成 ü。

例如一本书稿的名称包含“旅游”二字，美术编辑在编排汉语拼音书名中时，拼出了 lvyou。

在手工书写的环境中较难出现把 ü 写成 v 的情况。在使用计算机进行拼音输入法录入时，极易出现把 ü 写成 v 的情况。人们在使用拼音输入法拼写韵母 ü 时，无法通过 U 键完成，只能通过 V 键实现，长期使用计算机输入，会潜移默化地对使用者产生影响，认为 v 就是 ü。但这一拼写方法是错误的，因为它违反了《汉语拼音方案》的规定。

《汉语拼音方案》字母表明确规定：“v 只用来拼写外来语、少数民族语言和方言。字母的手写体依照拉丁字母的一般书写习惯。”所以，非外来语、少数民族语言和方言，是不能使用 v 的。

《汉语拼音方案》中，汉语拼音采用的是拉丁字母，分为声母和韵母。ü 却是拉丁字母之外，汉语拼音韵母中特有的一个拼音字母。

在《汉语拼音方案》中针对韵母表的讲解中明确：“ü 行的韵母跟声母 j，q，x 拼的时候，写成 ju（居），qu（区），xu（虚），ü 上的两点也省略；但是跟声母 n，l 拼的时候，仍然写成 nü（女），lü（吕）。”

可见，将旅游拼写成 lvyou 是错误的，应当拼写成 lǚyóu。

问题 86：“没承想”“没成想”“没曾想”哪个更规范？

在处理作者书稿的过程中，编辑经常会见到“没承想”“没成想”“没曾想”这三个看上去意思相近的词汇。很多编辑认为“没曾想”的说法很普遍，但是这个词语在编校流程中会被某环节的把关老师修改成“没承想”。这一修改的依据是什么？“没承想”“没成想”“没曾想”哪个更规范呢？

我们可以通过查询工具书来掌握“没承想”“没成想”“没曾想”的具体含义，以研究哪种写法符合规范。

《现代汉语词典》第 5、6、7 版：

【承想】chéngxiǎng 动 料想；想到（多用于否定，表示出乎意外）：不～｜没～会得到这样的结果｜谁～今天又刮大风呢！也作成想。

【成想】chéngxiǎng 同“承想”。

在《现代汉语词典》中，收录了【承想】和【成想】词条，其中【承想】为推荐词。在该词条的释义中，出现了“不承想”和“没承想”的否定用法。“不承想”和“没承想”，均表示“没料到、没想到”的含义。

《汉语大词典》：

【承想】料想。用于否定词后。梁斌《红旗谱》三一：“涛他娘还以为运涛是十年监禁，不承想这一辈子娘见不到儿，春兰也见不到运涛了。”

通过对上述工具书的查询，我们可以发现在很多书稿中广为出现的“曾想”并未出现于工具书中。工具书在【承想】【成想】词条均收录的情况下，将【承想】列为推荐词。

“曾”字的读音为“céng”。曾想是“曾经”和“想过”两个词语先组合然后又进行缩略产生的词。想表达的意思就是“曾经想（过）”。与“承想”所不同的是，“曾想”不能用于否定。例如，我曾想一毕业就去出版社当一名编辑，要表达的是我曾经想过一毕业就去出版社当一名编辑。如果使用“没曾想”这一否定形式，这句话的意思就变成我没有曾经想过一毕业就去出版社当一名编辑。显然这句话变得怪异且不符合语言习惯了。只有使用“没承想”，上面这句话才能讲得通。

因此在编校流程中，无论是从工具书词语收录角度，还是从否定用法角度，把关环节的老师将“没曾想”修改成“没承想”都是有道理的。我们应该积极采纳使用“没承想”的写法。

问题 87：“西兰花”一定要改成“西蓝花”吗？

在很多书稿中，经常出现“西蓝花”“西兰花”的不同写法。某出版社的编辑在菜谱类图书中设计了“编辑有话说”栏目，宣称：“西蓝花为规范写法，西兰花不是规范写法。”

那么“西兰花”真的不是规范的写法吗？我们可以通过查询相关工具书、标准对这一观点进行查实。

《现代汉语词典》第 5、6、7 版：

【西蓝花】xīlánhuā 名 二年生草本植物，是甘蓝的一个变种。叶子大，主茎顶端形成肥大的花球，绿色或紫绿色，表面的小花蕾不密集在一起，侧枝的顶端各生小花球。原产意大利，是常见蔬菜。通称绿菜花。

【绿菜花】lǜcàihuā 名 西蓝花的通称。

《现代汉语词典》仅收录【西蓝花】，未收录【西兰花】。

《辞海》第七版：

【青花菜（Brassica oleracea var. italica）】亦称“绿花菜”“茎椰菜”，俗称“西兰花”。

《中国大百科全书》第三版中，“西蓝花”和“西兰花”处于混用状态，未做统一。

工具书收录了【西兰种植技术】词条，并在【葡萄糖硫苷】【芜菁黄花叶病毒】【异硫氰酸盐】【十字花科黑腐病】【叶绿体转化】【缺铁性贫血】等诸多科技类条目的释义中出现了“西兰花”的写法。

同时工具书又在【青花菜】【西兰薹】【气调贮仓】等条目释义中出现了“西蓝花”的写法。在《中国大百科全书》中“西兰花”出现的次数远高于“西蓝花”。

全国科学技术名词审定委员会术语在线网站收录“青花菜”为农学学科术语，注明又称“绿菜花”，未收录“西蓝花”和“西兰花”。

在相关国家标准中大量使用了“西兰花”的写法。例如，国家质量监督检验检疫总局《西兰花生产技术规范》（GB/Z 26586—2011）、中华人民共和国农业农村部《西兰花干燥加工技术规范》（NY/T 3916—2021）、《速冻西兰花加工技术规程》（NY/T 4334—2023）均使用了“西兰花”的写法。

通过对工具书、术语在线网站、国家相关标准的查询，我们可以看出在当前阶段，“西蓝花”“西兰花”的写法未达成共识。编辑仅参考一本工具书就在自己担任责任编辑的图书中，对哪种写法是规范写法下定论欠妥。编辑在处理书稿中如果遇到“西蓝花”“西兰花”写法不统一时，可以按照工具书、国家标准选择适合书稿类型的写法，做到全书统一即可。

问题 88：阿拉伯数字之间并列使用，可以使用顿号分隔吗？

书稿中有时会出现大量阿拉伯数字并列的情况。很多编辑会提出疑问，大量阿拉伯数字并列，应该使用逗号还是顿号呢？很多编辑表示，依稀记得曾经在一些教材中见到过阿拉伯数字并列使用逗号的情况。的确，在人民教育出版社出版的中小学数学教材中，阿拉伯数字并列时的确使用的是逗号。那么非数学类书稿不使用逗号，使用顿号行吗？

为了确定这个问题，我们可以借助工具书和相关参考书加以解决。

《现代汉语词典》第 5、6、7 版：

【阿拉伯数字】Ālābó shùzì 国际通用的数字，就是 0、1、2、3、4、5、6、7、8、9。最初由印度人发明、使用，因后经阿拉伯人传入欧洲，所以叫阿拉伯数字。

《辞海》第七版：

【数码】亦称“数码”。用来记数的符号。现在世界上最通用的是阿拉伯数字 0、1、2、3、4、5、6、7、8、9。中国常用的汉数字为一、二、三、四、五、六、七、八、九、十。历史上还曾有巴比伦楔形数字、埃及象形数字、希腊数字、玛雅数字、罗马数字等。

《中国大百科全书》：

【印度—阿拉伯数字】条目中出现“《算经》开篇即介绍：9 个印度数字是 9、8、7、6、5、4、3、2、1，而用这 9 个数字和记号 0，可以写出任何数字”。

在教育部语言文字管理信息司组编，语文出版社出版的《出版物上数字用法解读》第 8 页：“另一种是自 19 世纪末 20 世纪初开始，伴随着西学东渐和中国现代化的进程，逐步在中文中推行开的阿拉伯数字形式，基本符号有‘0、1、2、3、4、5、6、7、8、9’等。”

《出版专业基础·初级（2020 版）》版第 177 页出现“采用阿拉伯数字 1、2、3、4、0 分别表示汉语四声和轻声”。

根据《现代汉语词典》《辞海》《中国大百科全书》相关条目的释义，以及《出版物上数字用法解读》《出版专业基础·初级（2020 版）》等参考书，我们可以得出在非数字专业教材中，阿拉伯数字之间并列是可以使用顿号分割的。

问题 89：“百花齐放、推陈出新”和“百花齐放、百家争鸣”是一回事儿吗？

在某书稿中，出现了“百花齐放、推陈出新”的内容表述。编辑在未核对的情况下，认为这是对“双百”方针即“百花齐放、百家争鸣”的错误表述，于是将“百花齐放、推陈出新”，修改成“百花齐放、百家争鸣”。对重要方针不加核实直接修改，有可能带来严重的错误。

在《辞海》第七版中分别收录了上述两个词条：

【百花齐放、推陈出新】中华人民共和国成立初期，中国共产党为改革和发展中国戏曲艺术而提出的方针，也适用于其他文艺部门。是抗日战争时期在陕甘宁边区提出的“推陈出新”口号的进一步发展。主张不同的剧种、流派、形式和风格通过自由竞赛而共同发展；对待遗产必须采取批判的态度，剔除其封建性糟粕，吸收其民主性精华，在新的基础上加以改造、发展；并积极创造反映社会主义时代生活，表现无产阶级思想感情，塑造社会主义时代的革命英雄人物的作品，和用历史唯物主义观点创作历史题材的作品。它促进了戏曲以及各种民族、民间文艺的革新和发展，使全国许多剧种恢复了青春，许多民间文艺得到记录、整理、加工和流传；鼓舞了新的创造，推动了各种形式、体裁和题材的作品的创作和演出；也促进了新文艺进一步的民族化、群众化，以及少数民族文艺的迅速发展。

【百花齐放、百家争鸣】发展、繁荣社会主义中国的科学、文化、艺术事业的基本方针。是中国共产党于 1956 年根据中国生产资料所有制方面的社会主义改造基本完成后的具体情况，在承认社会主义社会仍然存在各种矛盾的基础上提出的。“百花齐放是一种发展艺术的方法，百家争鸣是一种发展科学的方法”。这一方针的着重点是发扬社会主义的艺术民主和学术民主，主张在为人民服务、为社会主义服务的前提下，艺术上不同的形式和风格流派可以自由发展，科学上不同的学派可以自由讨论，艺术和科学中的是非问题，应当通过讨论和实践去解决，而不应采取简单的方式去解决。这一方针有利于马克思主义思想在同各种非马克思主义思想的竞争中、在同反马克思主义思想斗争中得到发展；有利于加强和巩固马克思主义在科学、文化、艺术领域中的指导地位；有利于充分发挥科学、文化、文艺工作者为人民服务、为社会主义服务的积极性和创造性，使我国科学、文化、艺术事业得到发展和繁荣。

结合《辞海》工具书两个词条的释义，我们可以看出，“百花齐放、推陈出新”和“百花齐放、百家争鸣”是两个不同的方针。前者是为改革和发展中国戏剧艺术而提出的方针，而后者是为发展、繁荣社会主义中国的科学、文化、艺术事业的提出的基本方针。编辑不能因为对“双百”方针接触较多，较为熟悉，就认定“百花齐放、推陈出新”方针是错的，将原本正确的内容改错。

编辑在修改书稿的过程中，遇到上述两个方针时，一定要结合语境加以判断，不要凭主观想象盲目修改。

问题 90：究竟是“少安毋躁”还是“稍安勿躁”？

在书稿中，“稍安勿躁”和“少安毋躁”两个词语经常出现。很多编辑认为，从字面上看，“稍微安生一会儿不要急躁”说得通，因此普遍采用了“稍安勿躁”的用法。而“少安毋躁”则显得比较奇怪。那么编辑对这两个词的判断正确吗？在书稿中应该使用哪个词语呢？我们可以通过查询工具书和编校重要参考书来辨明这个问题。

《现代汉语词典》第 7 版：

【少安毋躁】shǎo'ān-wúzào 耐心等待一下，不要急躁。

在《现代汉语词典》第 7 版中，只收录了【少安毋躁】条目，未收录【稍安勿躁】条目。

在《辞海》第七版：

《辞海》虽未收录【少安毋躁】条码，但是却在【躁】的条目释义中出现了“少安毋躁”的举例。

【躁】急躁；不安静。如：浮躁；少安毋躁；不骄不躁。

《新华成语大词典》（商务印书馆，2013）：

【少安毋躁】shǎo ān wú zào 少：稍微，略微。毋：不要。躁：急躁。稍微安定一会儿，不要急躁。……

【少安无躁】shǎo ān wú zào 见“少安毋躁”。

【少安勿躁】shǎo ān wù zào 见“少安毋躁”。

在《新华成语大词典》中，“少安毋躁”“少安无躁”“少安勿躁”三个成语均被收录，推荐的是“少安毋躁”的写法。未见“稍安勿躁”的写法。

《汉语大词典》：

【少安無躁】稍稍安静，不要急躁。

【少安毋躁】见“少安無躁”。

【稍安毋躁】暂且耐心等待一下，不要急躁。曹禺《北京人》第一幕：“［曾皓］（带着那种稍安毋躁的神色）：不，不，你让她自己考虑。”

在《汉语大词典》中，“少安無躁”“少安毋躁”“稍安毋躁”均被收录。

通过对以上四种工具书的查阅，我们发现工具书普遍收录的是“少安毋躁”的写法，没有一种工具书收录“稍安勿躁”的写法。在《汉语大词典》中收录了“稍安毋躁”一词，使用的是“毋”而非“勿”。该词来源于曹禺先生的《北京人》。

在中央宣传部出版产品质量监督检测中心组编，商务印书馆出版的《图书编校质量差错案例》第45页，将“少安毋躁”列为正确写法，明确提出“稍安勿躁”为错误写法。

通过对工具书和相关资料的查询，我们可以确定“稍安勿躁”的写法没有得到工具书的认同，且被《图书编校质量差错案例》认定为错误写法，不应采用。

综上，建议广大编辑在书稿的处理过程中采用“少安毋躁”的写法。

问题91：编校质量检查不合格，编辑应如何申辩？

遇到编校质量检查出现不合格的情况，编辑应在核实质检意见的基础上，对确实存在误判、误扣的情况积极申辩。申辩成功后有利于维护出版社、作者和编辑的声誉。但是有些编辑并不知道如何申辩。

一、申辩的依据

很多的编辑对编校质量检查不合格的结果提出了申辩，但因为使用了无效的依据，因此意见不被采纳，申辩未获成功。我们经常看到无效的申辩依据有：

（1）我们社内的终审老师认为是正确的；

（2）某学会举办的继续教育培训班中一位老师说过是正确的；

（3）很多出版社的书也是这样写的；

（4）这是我们出版社的传统和特色；

（5）网络中有大量相同的写法。

广大编辑务必注意，以上这些均不能作为申辩的依据。能作为申辩依据的必须是“标准文本”。所谓标准文本，包括国家法律，国家行政法规及规范性文件，规程规范和重要工具书。《中华人民共和国国家通用语言文字法》《中华人民共和国产品质量法》《中华人民共和国著作权法》《中华人民共和国测绘法》等属于国家法律。《出版管理条例》《地图管理条例》《图书质量管理规定》《图书质量保障体系》《出版物汉字使用管理规定》《图书出版管理规定》《图书、期刊、音像制品、电子出版物重大选题备案办法》等属于国家行政法规及规范性文件。《出版物上数字用法》（GB/T 15835—2011）、《量和单位》（GB 3100 ～ 3102—1993）、《标点符号用法》（GB/T 15834—2011）、《信息与文献 参考文献著录规则》（GB/T 7714—2015）等属于规程规范。《现代汉语词典》《新华字典》《辞海》《辞源》《汉语大词典》《汉语大字典》《中国大百科全书》《新华成语大词典》《英汉大词典》《牛津高阶英汉双解词典》等属于重要工具书。这些规范文本均可以作为申辩的依据。

出版社内部的培训讲义，出版社终审老师的意见，继续教育培训班中老师的 PPT，自媒体中的编校经验总结等均不能作为标准文本。广大编辑需要注意，并不是所有的工具书都可以作为质量检查的申辩依据。在中央宣传部出版产品质量监督检测中心组编，商务印书馆出版的《图书编校质量差错案例》一书的附录部分，明确地列出了可以用于编校质量检查参考的工具书。广大编辑在工作中或许还接触、参考过一些很实用的工具书，如果这些工具书暂未获得认可，就不能作为申辩的依据。

二、申辩的基本逻辑

在了解了依据之后，还要了解申辩的基本逻辑。

1. 利用工具书之间的不统一

在质量检查过程中，有的质检人员对差错的判定完全依靠一本工具书，比如很多人都以《现代汉语词典》作为质检依据。由于《现代汉语词典》是偏语文类的中型工具书，在科技名词和学科知识方面不如《辞海》《中国大百科全书》等大型工具书涵盖全面。因此，《现代汉语词典》未收录的内容，其他工具书可能加以收录。同时由于各工具书的编写组专家不同，学术观点不同的情况也在所难免。本书上篇中，列举了大量工具书之间不统一的情况。广大编辑应充分利用不同的工具书收录内容不同、学术观点不同的客观情况，从多种工具书中寻找能够支持自己的依据。

在申辩过程中，编辑一定要注意两点：一是广泛查阅工具书；二是查阅的工具书一定要是在产品质量监督检测中心认可范围之内的。

2. 利用工具书和出版专业教材不统一

除了广泛查阅工具书之外，广大编辑不要忘记充分利用出版专业职业资格考试教材为自己申辩。

出版专业职业资格考试教材中的一些讲解和很多工具书也是不一致的。例如：诸多工具书推荐使用的是“傅立叶”的写法，而出版专业职业资格考试教材却支持“傅里叶”的写法；多数工具书建议采用“摩擦因数”的写法，而出版专业职业资格考试教材明确国家标准未统一，可以使用“摩擦系数”的写法。再如，诸多工具书以及术语在线网站中，均没有“谷腾堡”的写法，但在《出版专业基础·中级（2020 版）》教材中，出现“约翰·谷登堡（Johannes Gutenberg，又译‘约翰·谷腾堡’）”的写法。仔细研究出版专业职业资格考试教材，有利于申辩工作。

出版专业职业资格考试教材由国家新闻出版署出版专业资格考试办公室编，权威性不言而喻，可以作为申辩工具，而且是相当有分量的工具。如果不认同其所讲内容，那么很多编辑将无法通过考试，更别说持证上岗了。因此，要充分利用出版专业职业资格考试教材进行申辩。

3. 利用不同学科采用所属学科或专业领域的规范用词进行申辩

科技名词术语是质量检查的重点。当质检人员认为书稿中的某个术语不规范，应该写作另一术语并计错时，编辑可以借助《学术出版规范 科学技术名词》（CY/T 119—2015）和术语在线网站进行申辩。《学术出版规范 科学技术名词》中提出的“同一机构对同一概念的定名在不同的学科或专业领域不一致时，宜依据出版物所属学科或专业领域选择规范用词”这一条对于申辩特别有帮助。科技名词术语在不同学科或专业领域不统一的情况非常普遍，广大编辑只要找到所属学科或专业收录了书稿中所采用的术语即可申辩成功。

4. 利用效力更高的标准文本进行申辩

质检人员对编校差错的认定，并不是主观的，一定是有客观依据的，比如参考了某工具书。如果要实现有效申辩，除了从不同工具书观点不一致、不统一找突破口外，还可以通过效力更高的标准文本进行申辩。

例如，对于语言文字的规范化、标准化的差错，如果质检人员使用的是普通工具书，那么编辑可以通过查询《通用规范汉字表》来寻找依据。因为《通用规范汉字表》的效力是高于普通工具书的。

同样，如果涉及了异形词问题，编辑可以利用《第一批异形词整理表》对相关问题进行申辩。《第一批异形词整理表》的效力高于同样涉及异形词问题的普通工具书。质检人员通常在质检单上会列出他所依据的规范文本，申辩人员能从效力更高的文本中找到依据便可申辩成功。

5. 用教育部、外交部、国务院等相关文件进行申辩

例如，对于中文译名为应用程序的 Application，有的质检人员倾向于使用 App 为缩略语，就将 APP 和 app 视为错误或不规范的写法。这个时候，可以根据教育部公布的《第八批向社会推荐使用的外语词中文译名》中同时将 APP、App 和 app 作为规范缩略语这一情况加以申辩。

6. 可借用党和国家的重要文献

党和国家领导人的相关著作、党和国家重要文献等都可作为申辩的依据。

三、申辩方法

在质检报告中，质检人会按照书稿或成品书的页码、行数给出错误的具体位置，先誊写错误的原文，再列出他认为正确的修改。对于申辩人而言，在申辩的时候要注意是申辩差错的计算方法，还是差错的具体内容。

（1）认可差错但不认可计算方法

如果内容的确有错，但是差错计算方法不合理，编辑可根据《图书编校质量差错判定和计算方法（CY/T 266—2023）》提出自己认为正确的差错计算方法。

（2）不认可差错

如果不认同质检人员指出的差错，就要在对应的答复栏中，写出申辩依据的标准文本、工具书，还应当通过截图或拍照方式将工具书或标准原文粘贴到申辩答复意见中。

例如，某本引进版图书的书名比较长，书脊没有写译者信息。在质量检查中质检人员认为书脊设计不规范，判错扣分。这时可以按照如下形式申辩：

根据《图书和其它出版物的书脊规则》（GB/T 11668—1989）中 3. 1. 1. 2 的规定："一般图书书脊上应设计主书名和出版者名称（或图案标志），如果版面允许，还应加上著者或译者姓名，也可加上副书名和其它内容。"

由此可以得出结论，版面允许是大前提。在版面不允许的情况下，译者

信息是可以不加的。

该申辩列出了国家标准中的具体规定，因此最终申辩成功。由于《图书和其它出版物的书脊规则》属于较为常用的国家标准，质检人员容易找到，因此可不提供原文的图片或截图。如果申辩使用的工具书或标准文本较难找到，一定要在申辩材料中给出相关内容的图片或截图。

事实证明，只要申辩依据权威、申辩逻辑正确、申辩方法得当，一些被误判的问题是能够得到纠正的，编校质量检查结果也是完全可以改变的。

问题 92：“有失偏颇”的用法正确吗？

“有失偏颇”这个词语，不仅在日常交流中经常用到，在书稿中也是高频出现。人们使用“有失偏颇”这个词语的目的，是想表达某件事情是不公平的。

但是也有不少人质疑“有失偏颇”的用法，认为这样的表达是错误的。我们可以通过查询相关工具书来核实用法的正确性。

《现代汉语词典》第 7 版：

【偏颇】piānpō <书> 形 偏于一方面；不公平：这篇文章的立论失之～。

《辞海》第七版：

【偏颇】piānpō 不公正；偏袒。

“偏颇”一词在两本工具书中的释义是一致的。无论是偏袒，还是不公平、不公正都是贬义词。同时，我们应该充分注意《现代汉语词典》在释义中的举例部分使用了“失之偏颇”。

在了解了“偏颇”一词的基本含义之后，我们再来研究“有失”的具体含义。有失，表示“失去”的意思。当失去了好的东西，让人有遗憾的感觉时，使用“有失”很恰当。例如，我们在生活中经常能听到人们经常说“有失庄重，有失体面，有失风度”。这些例子的共性特点是有失后面接的是都是褒义词。

那么“有失”能不能接贬义词呢？如果“有失”接了贬义词，则会导致整句话的含义不通。例如，一旦作者在书稿中使用“有失偏颇”，就会发现所表达的含义成为了“失去不公平”。“失去不公平”细品起来是讲不通的，甚至还有了“负负得正”的感觉。因此，建议广大编辑在书稿中遇到“有失偏颇”一词时，可改成“失之偏颇”，或者改成“有失公允”，这样才能表达正确的含义。

问题93： 为什么说“令人堪忧”的说法有重复的嫌疑？

在一些书稿中，我们经常会看到一个词语叫“令人堪忧”。使用这个词语是想表达某件事或者某种状况让人感到担忧。

例如某书稿中出现这样一句话：

古城整体保存状况令人堪忧，城内地面建筑无存。

有人提出，“令人堪忧”这个词语用法不规范，有重复的嫌疑。我们可以借助工具书研究这个词的用法是否规范。

《现代汉语词典》第7版：

【堪忧】kānyōu 动 令人担忧：市场不景气，经济形式～。

《辞海》第七版：

【堪忧】kānyōu 令人担忧。……

通过对上述两本工具书的查询，我们可以看到“堪忧”本身已经具有

"令人担忧"的意思，已经表明某件事情或某种状况是"令人担忧"的，因此前面如果再加上"令人"二字，就成了"令人令人担忧"，明显冗赘了。

针对原例句，可以直接删除"令人"二字，修改为"古城整体保存状况堪忧，城内地面建筑无存。"

无论是在日常交流还是稿件的修改过程中，如果我们想表达某件事或某种状况是令人担忧的，可以直接将值得担忧的事情或状况表达出来，然后接着使用"堪忧"一词。例如，经济形势堪忧，安全情况堪忧，前途堪忧，考试成绩堪忧，业绩完成情况堪忧等，这些表述均是妥当的。

问题 94：究竟是"地震烈度"还是"地震裂度"？

一些科技书稿在讲解地震相关知识时，出现了"地震裂度"和"地震烈度"两种不同的说法。有部分作者和编辑认为，地震严重时，通常会出现地裂现象，导致地面大范围裂开，因此应该使用"地震裂度"这一写法。这其实是主观想象带来的误解。

我们可以通过相关工具书研究正确的写法。

《现代汉语词典》第 5、6、7 版：

【烈度】lièdù 名 地震在地面上造成的影响或破坏的程度，与地震震级、震源深度、离震中的距离等因素有关，分为 12 度。

《辞海》第七版：

【地震烈度】地震发生时，在波及范围内一定地点的地面及房屋建筑遭受地震影响破坏的程度。……中国将地震烈度分为 12 度，有《中国地震烈度表》。

在工具书中，只收录了【烈度】相关词条，未见和【裂度】相关的词条和解释。

全国科学技术名词审定委员会术语在线网站查询“地震烈度”为地理学、地球物理学、建筑学、土木工程等学科规范名词。术语在线网站没有收录和“裂度”有关的规范名词。

通过对工具书和术语在线网站收录术语的研究，我们不难看出“烈度”“地震烈度”为规范的写法。认为地震时地面会裂开，就使用“地震裂度”的想法是错误的。

问题95：在食品科技专业书稿中“蓬松”“膨松”“膨松剂”“蓬松剂”哪个规范?

在食品科学类书稿中，我们经常能够看到使用“蓬松”和“膨松”两个不同的词语形容食品起发后的状态。同时对于常用的食品添加剂，也存在“膨松剂”和“蓬松剂”的不同写法。那么“蓬松”和“膨松”、“膨松剂”和“蓬松剂”哪种写法更规范?

针对上述不同写法，我们可通过查询工具书、术语在线网站、国家标准来研究哪种写法是规范的。

《现代汉语词典》第7版中，收录了【蓬松】词条，未收录【膨松】词条。

【蓬松】péngsōng 形 草、叶子、头发、绒毛等松散开的样子。

很多人认为在《现代汉语词典》第7版中未直接收录【膨松】词条，就代表没有“膨松”的相关用法。这一观点是错误的。

在“棉”字释义③的举例中，出现了“膨松棉”，证实了“膨松”的写法是存在的。

棉 mián ① 名 一年生或多年生草本植物或灌木，栽培品种有陆地棉、海岛棉、树棉、草棉等，其中陆地棉栽培最广。果实中的棉纤维是重要的纺织原料，棉籽可以榨油。通称棉花。② 名棉花②。③像棉花的絮状物：石～|腈纶～|膨松～。④（Mián）名姓。

但经过分析我们不难发现《现代汉语词典》中收录的【蓬松】和【膨松】词条所表达的含义，均与食品起发后的状态无关，能否用于指导食品专业书稿的编校工作值得将进一步研究。我们需要查询更多的工具书。

在《辞海》第七版中，仅收录【蓬松】词条，未收录【膨松】。

【蓬松】péngsōng 形容草、头发、茸毛等松散。……

通过具体释义，我们不难看出【蓬松】同样不能用于形容食品起发后的状态。

虽然《辞海》未收录【膨松】和【膨松剂】条目，但是在【碳酸氢钠】【酒石酸氢钾】条目的释义中，出现了“膨松剂”的写法。

《中国大百科全书》第三版直接收录了【食品膨松剂】和【食品用膨松剂】词条。

【食品膨松剂】在以小麦粉为主要原料的食品的生产中添加、使面胚起发的物质。又称食品膨发剂、食品疏松剂。

【食品用膨松剂】在食品加工过程中加入的能使产品发起形成致密多孔组织，从而使制品具有膨松、柔软或酥脆特性的物质。

同时，在【焙烤食品】【矾】【乳酸细菌】【碳酸氢铵】【添加剂】等词条的释义中，均出现了“膨松剂”的写法。

《中国大百科全书》无论在条目还是释义中，都明确出现了“膨松剂”的写法，在条目释义中，还明确使用了“膨松”一词形容食品的特性。

全国科学技术名词审定委员会术语在线网站收录“膨松剂”为食品科学技术规范名词。定义为：食品加工中添加于生产焙烤食品的主要原料小麦粉中，并在加工过程中受热分解，产生气体，使面坯起发，形成致密多孔组织，从而使制品具有膨松、柔软或酥脆的一类物质。术语在线网站没有收录“蓬松剂”术语。

在《食品安全国家标准 食品添加剂 复配膨松剂》（GB 1886.245—2016）和《进出口食品添加剂检验规程 第7部分：膨松剂》（SN/T 2360.7—2009）标准中均使用的是“膨松剂”。

通过对工具书、术语在线网站、国家标准的查询，我们可以看到在食品科技图书中，“膨松剂”为规范名词。对于使用膨松剂后，食品呈现的起发状态应使用“膨松”一词描述。

问题96：如何区分“机体”和“肌体”？

编辑在修改科技书稿的过程中经常能够看到书稿中“机体”和“肌体”两个词语出现混淆的情况。一方面，这两个词语读音相同，容易在使用拼音输入法时选错词。另一方面，很多作者和编辑对两个词语的含义并不熟悉，没有正确区分二者的含义。

某书稿中有这样一句话：

之所以称“出血”，是因为在书刊裁切时图片会被切去一部分画面，好比动物机体被切割掉一块而会出血一样。

那么句中的“机体”一词使用是否正确？我们可以通过查询工具书来辨析“机体”和“肌体”的含义和用法。

《现代汉语词典》第6、7版：

【机体】jītǐ 名 具有生命的个体的统称，包括植物和动物，如最低等最原始的单细胞生物体、最高等最复杂的人体。也叫有机体。

【肌体】jītǐ 名 指身体，也用来比喻组织机构。

《辞海》第七版：

【生物体】亦称“有机体”“机体”。自然界中有生命的并能独立生存的个体，包括人、动物、植物和微生物。……

【有机体】即“生物体”。

【机体】即“生物体”。

【肌体】①身体。苏洵《议法》：“彼罪疑者，虽或非其辜，而法亦不至残溃其肌体。”②比喻组织机构。如：宗教主义危害党的肌体。

结合工具中词条的具体释义，我们不难理解，机体是一个统称概念，包括人、动物、植物和微生物。而肌体特指身体，也可以比喻组织机构。在上述例句中，切掉的应该是动物身体的一部分，而不能理解成动物的个体。因此原句应改为：

之所以称“出血”，是因为在书刊裁切时图片会被切去一部分画面，好比动物肌体被切割掉一块而会出血一样。

问题97：药物具有“负作用”还是“副作用”？

在一些大众健康和医学类书稿中，编辑经常会看到作者对药物效果采用了“副作用”和“负作用”两种不同的写法。很多编辑认为“负作用”的写法更准确，于是就将“副作用”都改成了“负作用”。那么这种改动正确吗？为什么会有编辑产生“负作用”是正确词汇的看法呢？

任何药物的药理作用都不是单一的，对特定的疾病而言，起治疗作用的是“主作用”，对治疗无关的其他作用是“副作用”。而有些药物的“副作用”往往会引起肌体的不良反应。例如有些治疗胃病的药物，会引起心悸、口干等反应。在一些人看来，这些反应不仅是不需要的，而且会令肌体感到不适、难受，产生了一些负面的效果。基于上述原因，“副作用”在一些书稿中被误写或误改成了“负作用”。

我们可以通过查询工具书和术语在线网站确定哪种写法为正确写法。

《现代汉语词典》第5、6、7版：

【副作用】fùzuòyòng 名 随着主要作用而附带发生的不好的作用：这种药没有～。

《现代汉语词典》连续三个版中，均收录了【副作用】词条，未收录【负作用】词条。

《辞海》第七版：

【副作用】药物不良反应的主要类型之一。泛指任何类型的药物不良反应。指药物在治疗剂量下发生与治疗目的无关的药理作用，而这些作用在别的场合可能为治疗作用。如阿托品有抑制唾液分泌的作用，在流涎症为治疗作用，但对消化性溃疡可导致口干的副作用。

《汉语大词典》：

【副作用】随着主要作用而附带发生的次要作用。常指不良反应。鲁迅《且介亭杂文·答〈戏〉周刊编者信》：“上面所说那样的苦心，并非我怕得罪人，目的是在消灭各种无聊的副作用，使作品的力量较能集中，发挥得更强烈。”侯宝林《麻醉新篇》：“这也难怪，药物麻醉虽然使用了一百多年，这个缺点仍然存在。对个别病人，就是有副作用。”

全国科学技术名词审定委员会术语在线网站：

通过在全国科学技术名词审定委员会术语在线网站的查询，可以发现“副作用”在老年医学、生物化学与分子生物学、药学、结核病学等学科，都作为规范名词收录。

“副作用”一词在药学学科的定义是：当一种药物具有多种药理作用时，除治疗作用之外的其他不希望出现的作用。

从综合工具书以及全国科技名词委员会术语在线网站公布的术语，我们可以看出，用“负作用”形容药物的不良或其他反应是一种误解。任何药物的药理作用都不是单一的，对特定的疾病而言，起治疗作用的是“主作用”，对治疗无效的其他作用都应该表述为“副作用”。

问题98：“期间”和“其间”的用法有何区别？

因为“期间”和“其间”两个词语读音相近，词形相似，语义都指向“时间”范畴，因此经常被人误用，在书稿中经常被混淆。某书稿中有这样一句话：

取一烧杯纯水，使用吸管吸取芯液，将吸管伸入烧杯底部快速挤出，期间观察芯液在水中是否出现了沉淀、浑浊、分离的现象，出现此类现象均需要更改配方重新调配。

这句话中是用“期间”还是“其间”呢？

我们可以通过查询工具书来掌握这一知识点。

《现代汉语词典》第6、7版：

【期间】qījiān 名 （某段）时期里面：农忙～|春节～|抗战～。

【其间】qíjiān 名 方位词。①那中间；其中：厕身～|～定有缘故。②指某一段时间：离开学校已经好几年了，～，他在科学研究上取得了显著成绩。

在《汉语大词典》里，同样也收录了【期间】【其间】词条。

【期间】某个时期里面。……碧野《没有花的春天》第二章：“当动土木的期间内，只有用合群的呼啸声才可以把周围的鬼怪吓散开去的。”

【其间】……②指某一段时间。……毛泽东《两个中国之命运》：“中国共产党从一九二一年产生以来，已经二十四年了，其间经过了北伐战争、土地革命战争、抗日战争这样三个英勇奋斗的历史时期，积累了丰富的经验。”

通过对工具书的深入学习和研究，我们能够发现，“期间”和“时期”“阶段”“时候”等词语在词义上明显具有相近之处。例如，抗战期间、抗战时期基本是一个含义。这类表达时间的词语，必须在其前面加上适当的定语，才能表达具体的时间含义。所以如果要使用“期间”，则需要在前面加上定语，例如农忙、春节、抗战、装修、比赛、会议、休息等定语，这样才能表达是哪个阶段的时间。同时，正是因为“期间”需要有定语修饰，所以“期间”二字前面不能加标点。

“其间”指某一段时间。“其间”所指的这一段时间通常会在语境中被明确提出。例如《现代汉语词典》【其间】释义中的“离开学校已经好几年了”，《汉语大词典》【其间】释义中的“中国共产党从一九二一年产生以来，已经二十四年了”，时间段都十分明确。可见，如果要使用“其间”，应确保在语境中先将明确的时间段列出，再使用“其间”。“其间”二字前需要使用标点和上文分隔。“其间”可以单独作时间状语。

因此，原句应改为：

取一烧杯纯水，使用吸管吸取芯液，将吸管伸入烧杯底部快速挤出，其间观察芯液在水中是否出现了沉淀、浑浊、分离的现象，出现此类现象均需要更改配方重新调配。

问题 99：网络拓扑结构应采用“型”还是“行”的写法？

很多科技类书稿都会涉及网络拓扑结构相关知识的讲解。在网络拓扑结构的相关知识中，经常会涉及“型”字和“行”字的区分问题。

某书稿中，有这样一句话：

网络拓扑结构包括总线型、树型、环型、星型与网状型。

很多对文字敏感的编辑会提出疑问，这里的“型”运用是否正确？应该用“类型”的“型”还是用“形状”的“形”呢？认为“型”字正确的编辑，未对例句进行修改。认为拓扑结构应该用形状区分的编辑，将上述例句改成了：

网络拓扑结构包括总线形、树形、环形、星形与网状形。

对于知识性内容的修改，有时不能仅从字面义考虑，要充分参考工具书和术语在线网站。

《辞海》第七版：

【网络拓扑】网络节点成员和线路的排列方式。可以是物理的或逻辑的。物理的拓扑结构按连接方式，主要有：总线型、环形、星形、树形、网状和混合型等。采用软件管理的方式可以将物理的拓扑结构转变成另一种逻辑结构，例如令牌总线，通过令牌的控制将物理上的总线拓扑转变成逻辑上的环型结构。

通过对工具书的查询，我们不难看出，在网络拓扑结构中，总线型和混合型要使用“型”，环形、星形、树形应使用“形”。网状的“状”，本身就有“形状”的含义，再加“形”字就显得重复了。

全国科学技术名词审定委员会：

全国科学技术名词审定委员会术语在线网站，收录“树形网络”“树形链接”“环形网络”“星形”为规范名词。可见，应使用“形”字。

通过对工具书和术语在线网站的深入研究，我们可以判断原句使用“型”字不妥。原例句应改为：

网络拓扑结构包括总线型、环形、星形、树形、网状和混合型等。

问题 100：浑天仪、浑仪、浑象是同一种仪器吗？

不少讲解我国古代科学知识的科普读物，都会涉及天文知识内容的讲解。在一些书稿中经常出现浑天仪、浑仪、浑象的不同说法。很多编辑审读稿件时产生了疑问，浑天仪、浑仪和浑象究竟是什么关系呢？是否要考虑写法的统一问题呢？

我们可以通过工具书、术语在线网站分清三者之间的关系。

《现代汉语词典》第 5、6、7 版：

【浑仪】húnyí 名 我国古代测量天体位置的仪器。也叫浑天仪。

【浑象】húnxiàng 名 我国古代表示天象运转的仪器，相当于现代的天球仪。也叫浑天仪。

【浑天仪】húntiānyí 名 ①浑仪。②浑象。

《辞海》第七版：

【浑仪】亦称“浑天仪”。中国古代测定天体位置的一种仪器。西汉落下闳、东汉贾逵和唐李淳风等都曾制造并作过改进。

【浑象】亦称“浑天仪”。表示天象运转的仪器。类似现代天球仪。东汉张衡创制。

《中国大百科全书》第三版：

【张衡】（78 ～ 139）中国东汉科学家、文学家、思想家。在天文、历法、算术、地学、机械等领域贡献显著。……在职六年间，专心致志于天文历算之学，铸成了新设计的浑象，并在大量天文观测与研究的基础上完成了天文学名著《灵宪》，阐述天文学理论。……

【浑仪和浑象】反映浑天说的仪器，早期常统称为浑天仪。

术语在线网站：

在全国科学技术名词审定委员会术语在线网站，分别收录了“浑仪”和“浑象”作为天文学的规范名词。

浑仪的定义为由相应天球坐标系各基本圈的环规及瞄准器构成的古代天文测量仪器。

浑象的定义为古代根据浑天说用来演示天体在天球上视运动及测量黄赤道坐标差的仪器。

可见，人们平时所说的“浑天仪”其实指的并不是一种仪器，而是“浑仪”和“浑象”两种仪器的统称。“浑仪”和“浑象”有着两种截然不同的用途。如果书稿中涉及对具体用途的讲解时，应该根据语境确定是“浑仪”还是“浑象”，避免张冠李戴。

问题101：如何做到逢疑必查，逢数字必核？

编校工作中有这样一句话：编辑要做到逢疑必查，逢数字必核。那么怎么做到逢疑必查，逢数字必核呢？这里笔者通过质检工作中发现的错例加以阐述。

随着我国经济的迅速发展，城市数量逐渐增多，一些城市的人口数量和城市规模也在不断扩大。在很多书稿中，都会介绍我国的城市规模和人口状况。

在某社科类书稿中，出现了这样一句话：

成都，中国西部一座人口超过1600万的特大城市……

如果从错别字的角度考查，上述内容并无不妥之处。但编辑工作远不止纠正错别字这样简单，还应当去思考内容是否严谨和有不妥之处。上述这句话有两处明显需要质疑的地方：一、特大城市的标准是什么？什么样的城市才能称得上是特大城市？成都符合特大城市标准吗？二、人口和城市规模都是在不断发展中的，是动态的。而上述文字中并没有时间背景，那么1600万是什么时候统计的数字？数字是否准确？

上述疑点必须加以核实，否则书稿成书后，读者在阅读这段文字时，发现上述内容与实际情况不符，必然会质疑出版社的专业性。

为了做到逢疑必查，逢数字必核，我们需要找到查询的方法。关于城市人口和规模的问题，不能通过工具书加以核实解决。我们要考虑借助行政部门的文件和政府机关的统计数据核实城市规模的划分标准与成都的实际人口数量。

根据国务院于2014年下发的《关于调整城市规模划分标准的通知》（国发〔2014〕51号），以城区常住人口为统计口径，将城市划分为五类七档。城区常住人口50万以下的城市为小城市，其中20万以上50万以下的城市为Ⅰ型小城市，20万以下的城市为Ⅱ型小城市；城区常住人口50万以上100万以下的城市为中等城市；城区常住人口100万以上500万以下的城市为大城市，其中300万以上500万以下的城市为Ⅰ型大城市，100万以上300万以下的城市为Ⅱ型大城市；城区常住人口500万以上1000万以下的城市为特大城市；城区常住人口1000万以上的城市为超大城市。

根据这一通知，我们可知城市规模划分的依据是城区人口数量。单凭原文中1600万人口不能看出其中的城区人口数量，因此需要进一步对人口数量进行查询。

根据第七次全国人口普查数据，成都市的常住人口超过了2100万人，城区常住人口超过一千万，因此被国家明确批复为“超大城市”。

根据住房和城乡建设部于2023年10月公布的《2022年城市建设统计年鉴》，全国共有超大城市10个，分别为上海、北京、深圳、重庆、广州、成都、天津、东莞、武汉、杭州。

因此，如果按照 2024 年实际的情况，上述句子应改为：

成都，中国西部一座人口超过 2100 万的超大城市……

质疑精神是编辑工作不可或缺的。如果没有质疑，就不会发现本例中人口数量、城市类型这两处知识性错误。编辑应保持高度的敏感性，对书稿内容仔细推敲，合理怀疑，逢疑必查，逢数字必核。

问题 102：“漂洋过海”一词是否具有出国的含义？

在某讲解茶叶知识的书稿中，作者使用了“漂洋过海”这个词语。

例：

那些换了新颜的百年茶号，带着妈祖的护佑，从闽地漂洋过海来到台湾……

编辑在加工过程中，未对“漂洋过海”一词的含义进行核实，造成了政治问题。

《现代汉语词典》第 7 版：

【漂洋过海】piāoyáng-guòhǎi 乘船渡过海洋，指远离家乡，前往海外异国他乡。

通过条目的释义，我们可以看出，漂洋过海指的是前往海外异国他乡。

在《辞海》【白奴】词条以及《中国大百科全书》的诸多条目的释义中，都使用了“漂洋过海”。这一词语均用于描述前往其他国家。

台湾自古以来都是中国领土不可分割的一部分。古时从福建运茶叶到台湾，仅渡过了台湾海峡，并不是出国，没有前往海外异国他乡，使用“漂洋过海”一词是绝对错误的。广大编辑对拿不准的词语，一定要通过工具书核实其含义，避免出现政治问题。

问题103：食物相生相克的说法有科学依据吗？

在不少营养美食类图书中，均有关于食物相生相克的内容。例如在某书稿中出现了下述表述：

食物的相生相克（宜忌）可以用现代营养学原理来进行解释。

食物相生相克，其实并无科学依据。

早在2018年的央视3·15晚会上，中国农业大学食品科学与营养工程学院范志红副教授就已经针对“食物相克”进行了现场辟谣，并采用科学试验向广大人民群众证明，流传在民间或者写在伪养生书籍上的“食物相克”其实都是谣言。

时至今日，现在的一些美食和食品营养学的书稿中，仍有少数作者提及食物相克的理论。

一些作者会把“食物相克”说成是中医的重要理论。但事实上“食物相克”并不是中医的理论。中医中从未提到“食物相克”的说法。另外，中医里的五行学说，认为在五行之间存在相生相克的运行规律，实际上阐述的是五脏之间的相互关系，与“食物相克”没有一点关系。

这么多年过去了，为什么还有一些作者在书稿中提及食物相克的内容？主要是人们缺乏对食物和营养素的全面认识，将一些客观存在的现象，进行了错误的解读。例如有的人是过敏体质，在食用一些食物之后，可能会出现呕吐、皮疹、恶心、腹痛等症状，这个情况只能称为食物过敏，不能叫作食物相克。同样，营养素之间既会发生相互协同的促进吸收的情况，又有可能出现相互影响阻碍吸收的情况，后者称为拮抗作用，不能称为食物相克。因为食物不干净、发生腐败，或某些食物含有天然毒素，烹饪加工不彻底，引起的不良反应，是食物中毒，同样不能称为食物相克。

因此，食物相生相克是伪科学。广大编辑在处理书稿的过程中一定要杜绝伪科学，不要向读者传递错误的知识和理论。

问题104："分辨力"和"分辨率"要不要统一？

在科技教材和学术书稿中，编辑经常会遇到"分辨力"和"分辨率"这两个词语。这两个词语究竟要不要统一，采用哪个词语更好，存在争议。一部分编辑认为"分辨率"用得较多，倾向于将"分辨力"修改为"分辨率"。编辑的观点是否正确？这样的修改是否妥当？

我们可以通过查询工具书和术语在线网站、编校参考书来研究如何解决这个问题。

工具书

在《现代汉语词典》第7版，未收录【分辨力】和【分辨率】词条。

在《辞海》第七版，仅收录了【分辨率】词条，未收录【分辨力】词条。【分辨率】词条在信息科学技术和测绘科学技术两个专业中均得到了收录，但是定义不同。

信息科学技术

【分辨率】屏幕图像的精密度。指显示器所能显示的像素的多少。分辨率越高，显示器可显示的像素越多，画面就越精细，同样的屏幕区域内能显示的信息也越多。

测绘科学技术

【分辨率】测绘学中指卫星遥感影像的空间分辨率，即影像每一像元所对应的地面范围大小。

通过查询《辞海》我们可以看到，在涉及显示器屏幕精密度和遥感影像时，使用“分辨率”一词。

术语在线网站

全国科学技术名词审定委员会术语在线网站分别收录了“分辨力”和“分辨率”为不同学科的规范名词。

“分辨力”分别为编辑与出版学、医学影像、计量学等学科的规范名词。

在编辑与出版学学科中，“分辨力”的定义为：又称“分辨率”。设备或材料对影像的细节的辨别或记录能力。一般用单位长度内能够辨别像素的数量来衡量。

在医学影像学科中，“分辨力”的定义为：某种成像介质（如胶片、成像板、增感屏、影像增强器、平板探测器等）区分两个相邻组织结构影像的能力。

在计量学学科中，“分辨力”的定义为：引起相应示值产生可觉察到变化的被测量的最小变化。

“分辨率”为细胞生物学、计算机科学技术等学科的规范名词。

在细胞生物学学科中，“分辨率”的定义为：能清楚区分被检物体细微结构最小间隔的能力。即相邻两个物点间最小距离的能力。

在计算机科学技术学科中，“分辨率”的定义为：对图像的精密度的一种度量。既指显示器所能显示的像素的数量，也指印刷图像中单位尺寸或面积包含的像素个数。

综上，在科技书稿和学术著作中，“分辨力”和“分辨率”不能盲目统一。它们作为规范的名词术语服务于不同的学科，在不同的学科中定义也有所不同。广大编辑在书稿中遇到这两个名词术语时，应结合书稿的专业类型选择对应的术语。

问题105：“桑葚”和“桑椹”的写法要统一吗?

在修改食品科技、植物学专业书稿时，很多编辑会发现“桑葚”“桑椹”这两个词语经常会同时出现。这两个词语哪个更规范，要不要统一呢？

我们可以通过查询工具书、术语在线网站、编校参考书来研究哪个词语更规范。

《现代汉语词典》第6、7版：

【桑葚】sāngshèn [名] 桑树的果穗，成熟时黑紫色或白色，味甜，可以吃，也用来酿酒。也作桑椹。也叫桑葚子（sāngshèn · zi）。

【桑椹】sāngshèn 同“桑葚”。

《辞海》第七版：

【桑葚】亦称“桑果”。桑树的果实。雌花受精后，柱头枯萎，子房和花萼发育成多肉的核果，由许多核果着生在果轴上而成的复果。

结合《现代汉语词典》和《辞海》两本工具书的条目收录状况，我们可以看出“桑葚”为首选词。在这两本工具书中，桑葚指的均为桑树的果实。

《汉语大词典》：

【桑葚】桑树的果实。味甜可食。中医亦以入药。……

【桑椹】①即桑葚。……②中药名。为桑葚呈红紫色时采收晒干或略加蒸后晒干的制品。性寒味甘，能补肝益肾，滋阴养血，聪耳明目，止渴生津。

《中国大百科全书》第三版：

在园艺学中收录的是“桑葚”，在中医药中收录的是“桑椹”。

【桑葚】桑科桑属落叶乔木或灌木。又称桑椹。

【桑椹】补阴药。又称桑椹子、桑蔗、桑枣等。始载于《新修本草》。……

通过查询《汉语大词典》和《中国大百科全书》，我们可以发现这两本工具书同时收录了“桑葚”和“桑椹”。但两个词语的含义并不相同，结合具体释义分析，桑葚是果实、植物，而桑椹是药材。

全国科学技术名词审定委员会术语在线网站

网站收录了“桑椹”为中医药学规范名词，而“桑葚”未见收录。

通过对多本工具书、术语在线网站的查询和分析，我们可以看出，当表示桑树果实这一含义时，工具书能够达成意见统一，均推荐采用“桑葚”的写法。在《汉语大词典》《中国大百科全书》和术语在线网站中，区别了“桑葚”和“桑椹”的含义。“桑椹”指果实入药后成为一种中药。

编校参考书

人民教育出版社《语文七年级上册》第38页《从百草园到三味书屋》，鲁迅原文“紫红的桑椹”。出版社注释为：“桑树的果实。现在多写作‘桑葚’”。

综上，通过对工具书、术语在线网站以及人民教育出版社教科书分析，我们可以得到如下结论：（1）如果指桑树的果实，可以采取“桑葚”的写法。“桑椹”的写法和中药有关；（2）对于科技书稿和学术著作，如果同时出现“桑葚”“桑椹”的写法，不应盲目统一。应结合语境，分析作者要表达的内容是指植物果实还是中药。

书稿出现不统一的情况，虽有可能是作者笔误造成的，但更多的情况下是作者想区分果实和药材不同的含义而刻意为之的。

问题106：“黄连”和“黄莲”，“双黄连”和“双黄莲”哪种写法正确？

在健康生活类书稿中，我们经常能看到“黄连”和“黄莲”、“双黄连”和“双黄莲”存在不同的写法。很多作者和编辑没有正确区分哪种是正确写法。

在某书稿中出现：

①黄莲具有清热燥湿、泻火解毒、止血消肿等功效。

②双黄莲是一种常见的中成药，取三种中药名的一个字作为中成药的名字。

很多作者和编辑认为多年生草本植物，字形应从草，采用“黄莲”的写法是正确的，于是未对上述两个句子中的“黄莲”“双黄莲”进行修改。

其实，“黄莲”和“双黄莲”的写法并不正确。我们可以通过工具书和术语在线网站查询相关用法。

《现代汉语词典》第5、6、7版：

【黄连】huánglián 名 多年生草本植物，有三片小叶的复叶，花小，黄绿色。根状茎味苦，黄色，可入药。

《辞海》第七版：

【黄连（Coptis chinensis）】毛茛科。多年生草本。根状茎黄色。复叶，基出，具长柄，掌状全裂；裂成三片，有锯齿。春季开花，花小，生于花茎上部，萼片五枚，黄绿色，较花瓣为长，常反卷。蓇葖果有细柄。产于中国西部至中部、东部山区。根状茎入药，性寒、味苦，功能泻火解毒、清热燥湿，主治高热烦躁、胃热呕吐、泄泻痢疾、目赤、口疮、痈肿、疔毒等症。治细菌性痢疾等亦有效。

【双黄连口服液】中成药名。见《中华人民共和国药典》。由金银花、黄芩、连翘组成。功能辛凉解表、清热解毒。适用于外感风热引起的发热、咳嗽、咽喉疼痛。现常用于急性支气管炎、慢性支气管炎发作、急性咽炎、扁桃体炎、肺炎等。

《汉语大词典》：

【黄连】多年生草本植物。根茎味苦，入药，性寒，功能泻心火、化湿热，主治湿热泻痢、目赤、口疮等症。

《中国大百科全书》第三版收录“双黄连口服液”为中医药学术语。

【双黄连口服液】具有疏风解表、清热解毒作用的中成药制剂。

术语在线网站

全国科技名词术语委员会术语在线网站收录“黄连”为中医药学、兽医学规范名词。同时，收录了“双黄连口服液”为中医药学规范名词。

通过对工具书和全国科技名词术语委员会术语在线网站的研究，我们可以发现，黄连虽然是多年生草本植物，但在写法上“连”字不从草，要写成“黄连”。“双黄连”的“连”指的是连翘，和莲花没有任何关系，写成“双黄莲”是不对的。

综上，原例句应修改为：

①黄连具有清热燥湿、泻火解毒、止血消肿等功效。

②双黄连是一种常见的中成药，取三种中药名的一个字作为中成药的名字。

问题 107：“潟湖”“泻湖”“澙湖”和“新潟”“新瀉”“新泻”哪种写法正确？

广大编辑经常会在书稿中见到将珊瑚环礁围城的水域写成“潟湖”“泻湖”“澙湖”三种不同的写法。对于日本本州中北部的港市，在书稿中也常见“新潟”“新瀉”“新泻”三种写法。由于字形相近，很多编辑在处理时难以区分哪种写法是正确的。

我们可以通过查询工具书和术语在线网站，研究哪种写法是规范的。

一、珊瑚环礁围城的水域的规范写法

《现代汉语词典》第 5、6、7 版：

【潟湖】xìhú 名 浅水海湾因湾口被淤积的泥沙封闭形成的湖，也指珊瑚环礁所围成的水域。有的高潮时可与海相通。

《辞海》第七版：

【潟湖】浅水海湾因湾口被泥沙淤积成的沙嘴或沙坝所阻而形成的接近封闭的湖泊。珊瑚环礁所环绕的部分水体也属此类。……

在《中国大百科全书》地质学和水利工程专业中收录词汇均是“潟湖”。

【潟湖】（地质学）为海岸所限制，被障壁岛所遮拦的浅水盆地。

【潟湖】（水利工程）被沙嘴、沙坝或珊瑚礁分割而与外海相分离的局部海水水域。湖泊的一大类别。

全国科学技术名词审定委员会术语在线网站：

“潟湖”是地理学、地质学、地球物理学、海洋科学、生态学、地理学、地质学学科的规范用词。

通过工具书和术语在线网站的研究，我们能够确认“潟湖”的写法是规范的。

二、日本本州中北部的港市的规范写法

关于日本的地名问题，同样可以通过查询工具书找到答案。

《辞海》第七版：

【新潟】日本海沿岸最大港市和重化工业中心，新潟县首府。位于本州中北部，跨信浓川两岸。……

《中国大百科全书》第三版：

【新潟】日本海沿岸最大港市，新潟县首府。位于本州岛中北部新潟平原的中央，信浓川的入海口处。……

通过对以上两本工具书的研究，我们可以确认日本海沿岸最大的港市的规范写法为“新潟”。

广大编辑应注意“潟”并非繁体字，指的是盐水浸渍的土地。社会上存在将“新潟”写成“新泻”的情况，这是误将“潟”当作“泻”繁体字进行简化造成的。“泻”繁体字是“瀉”，并不是“潟”。

问题108：应如何区分“篦子”和“箅子”？

在书稿中，我们经常会出现混淆“篦子”和“箅子”的情况。主要是这两个词读音相同，如果在不知道具体含义的情况下，使用拼音输入法时就容易选错字。

我们可以通过查询工具书确定两个词语的具体的含义。

《现代汉语词典》第7版：

【篦子】bì · zi [名] 用竹子制成的梳头用具，中间有梁儿，两侧有密尺。

【箅子】bì · zi 名 有空隙而能起间隔作用的器具，如蒸食物用的竹箅子，小水道口上挡住垃圾的铁箅子等。

《辞海》第七版：

【篦】亦称“篦子”。一种比梳子密的梳头用具。……

【箅子】有空隙而能起阻隔作用的器具。如蒸笼里的竹箅子，炉膛下的炉箅子等。

通过对两种工具书的查询，我们不难看出，篦子是梳头用具，而箅子是起隔离作用的器具。二者在含义上截然不同，不能混淆。

问题 109：如何区分“偶合”“耦合”“藕荷”“藕合”？

很多编辑反映在对书稿的加工整理过程中，经常会遇到“偶合”“耦合”“藕荷”“藕合”难以区分的情况。

我们可以通过借助工具书找到解决问题的方法。

《现代汉语词典》第 5、6、7 版：

【偶合】ǒuhé 动 无意中恰巧相合：我们两人看法一致完全是～，事先并没有商量过。

【耦合】ǒuhé 动 物理学上指两个或两个以上的体系或两种运动形式间通过相互作用而彼此影响以至联合起来的现象。如放大器级与级之间信号的逐级放大量通过阻容耦合或变压器耦合；两个线圈之间的互感是通过磁场的耦合。

【藕荷】ǒuhé 形 浅紫而微红的颜色。也作藕合。

【藕合】ǒuhé 同“藕荷”。

《辞海》第七版：

【耦合】两个（或两个以上的）体系或运动形式之间通过各种相互作用而彼此影响的现象。……

【藕荷】亦作“藕合”。浅紫而微红的颜色。《红楼梦》第三十回：“却一眼看见他穿着簇新藕合纱衫。”

《汉语大词典》：

【偶合】①相合；投合。②结成配偶。

【偶合】①偶然的机会。②指偶然相合或相同。

【耦合】（未收录）

【藕合】亦作“藕荷”。浅紫而微红的颜色。

【藕荷】见“藕合”。

通过查询工具书，我们不难看出：

“偶合”在现代汉语中和古代汉语中都有“无意中恰巧相合”的含义，在古代汉语中，还有“相合；投合；偶然的机会”的含义。

“耦合”是科技名词，用于表示相互作用而彼此影响的现象。

“藕荷”和“藕合”用于表达“浅紫而微红的颜色”。在现代汉语中，【藕荷】是主词条。

问题110：究竟是“山穷水尽疑无路”还是“山穷水复疑无路”？

我们经常会遇到作者在书稿中引用“山穷水尽疑无路，柳暗花明又一村”古诗词的情况。

这句话看似没有问题，因为这句话里有我们耳熟能详的一个成语“山穷水尽”。很多编辑并未意识到这句诗出现了引用错误，导致意思出现矛盾。

正确的表达应该是“山穷水复疑无路”，而不是“山穷水尽疑无路”。

“山重水复疑无路”出自宋代陆游的《游山西村》：“山重水复疑无路，柳暗花明又一村。”意思是：山峦重叠，流水回绕，好像前面已无路可走，可是绕过后忽然看到绿柳成荫，又一个村庄出现在眼前。

这句诗通常比喻陷于困境后却又突然见到了转机，绝处逢生；在前进的路上遇到阻挡，后又发现新的坦途。

而“山穷水尽”则是指山和水都到了尽头。比喻已经无路可走，陷入绝境了。

因此正确的表述应该是“山穷水复疑无路，柳暗花明又一村。”

问题 111：“一滩水”的写法正确吗？

在很多书稿中，我们都能看到“一滩水”的写法。当我们在电脑中输入文字时，某些拼音输入法也会打出“一滩水”。其实，无论是“一滩水”，还是类似的“一滩泥”都是错误的写法。我们可以通过工具书、规范性文件、编校参考书研究正确的写法。

《现代汉语词典》第 6、7 版：

摊（攤）tān ③ 量 用于摊开的糊状物：一～血｜一～稀泥。④ 量 摊子③。

滩（灘）tān ① 河、海、湖边水深时淹没、水浅时露出的地方，泛指河、湖、海边比岸低的地方：河～｜海～｜～地｜盐～。② 江河中水浅多石而水流很急的地方：险～。

【烂泥】lànní 名 稀烂的泥：～坑｜一摊～。

《新华字典》第 12 版：

摊（攤）tān ③ 量词，用于摊开的糊状物：一～泥。

《辞海》第七版：

摊 ⑥量词。用于摊开的液体或糊状物。如：一摊稀泥；一摊鲜血。

《图书编校质量差错认定细则（修订版）》举例中出现“一滩泥”为错误写法，“一摊泥”为正确写法。

《图书编校质量差错案例》第 46 页“一滩泥”为错误写法，“一摊泥”为正确写法。

综上，我们可以看出“一摊水”“一摊泥”为正确写法。之所以会存在将“摊”误写成“滩”的情况，主要原因是很多人不了解“滩”不能用作量词，用作量词只能使用“摊”字。

问题 112：“冰激凌”和“冰淇淋”哪种写法是推荐写法？

在生活美食类书稿中，编辑经常会看到“冰激凌”和“冰淇淋”两种写法同时出现的情况。出于同一术语在全书中应一致的原则，编辑需要将两个术语进行统一。那么“冰激凌”和“冰淇淋”，用哪种写法更妥当呢？

通过对多种工具书的查询，我们发现不同工具书对两种写法有着不同的意见。

1. 支持“冰激凌”写法的工具书

《牛津高阶英汉双解词典》第 10 版：

ice cream 冰激凌

《现代汉语词典》第 6、7 版：

【冰激凌】bīngjīlíng 名 半固体的冷食，用水、牛奶、鸡蛋、糖、果汁等调和后，一面制冷一面搅拌，使凝结而成。［英 ice cream］

【冰淇淋】bīngqílín 名 冰激凌。

《现代汉语词典》中虽然同时收录了两种写法，但“冰激凌”的写法为首选。

《汉语大词典》：

【冰激凌】英语 ice cream 的音译兼意译。亦译作“冰淇淋”。

【冰淇淋】见“冰激凌”。

由于 ice cream 是外来词，可以参考《牛津高阶英汉双解词典》翻译成“冰激凌”。“冰激凌”一词，同样是《现代汉语词典》和《汉语大词典》两本工具书的推荐词。

2. 支持冰淇淋的写法的工具书和网站

《辞海》第七版：

【冰淇淋】亦译“冰激凌”。英语 ice cream 的音意合译。一类冷冻饮品。以牛乳、（人造）奶油、食糖等为主要原料，添加适量食品添加剂，经混合、杀菌、均质、凝冻而成。因成品中包含大量细微冰晶和气泡而使质构细腻、滑爽、松软。营养丰富，但含脂、含糖量均较高，不宜长期大量食用。

全国科学技术名词审定委员会术语在线网站收录“冰淇淋”为食品科学技术学科规范用词：“冰淇淋是以生乳为主要原料，并加入乳化剂、稳定剂及香料等食品添加剂，经混合、杀菌、均质、成熟凝冻、成型、硬化等工艺而成的冷冻乳制品。”

3. 二者均有收录的工具书

在《中国大百科全书》第三版食品科学与工程学科中收录的术语是冰激凌，释义为：“以饮用水、乳和（或）乳制品、蛋制品、水果制品、豆制品、食糖、食用植物油等的一种或多种为原辅材料，添加或不添加食品添加剂和（或）食品营养强化剂，经混合、灭菌、均质、冷却、老化、冻结、硬化等工艺制成的体积膨胀的冷冻饮品。”但是在其他词条的释义中，出现了较多“冰淇淋”的写法。该工具书两种写法并存，未做统一。

4. 结论

通过对工具书和全国科学技术名词审定委员会术语在线网站的研究，我们可以看到，对于是“冰激凌”还是“冰淇淋”，虽然一些工具书倾向使用“冰激凌”，但也有工具书和术语在线倾向使用“冰淇淋”。工具书之间和术语在线网站并未达成共识。对于针对普通读者的大众类读物，使用二者均可，因为这两个词语在生活中都经常使用。对于科技教材和学术专著，广大编辑可以根据书稿的具体专业选择规范名词。

问题 113：“芒果”和“杧果”应采用哪种写法?

“芒果”和“杧果”是同一种水果的两种写法。在生活中，我们见到采用“芒果”写法的场合比较多，采用“杧果”写法的场合相对较少，于是在食品科技、健康美食类书稿中，很多作者和编辑就习以为常地采用了“芒果”的写法。那么常见的“芒果”和不常见的“杧果”，哪种才是规范写法呢？

我们可以通过查询《现代汉语词典》《中国大百科全书》《辞海》《汉语大词典》四本工具书了解不同工具书对这一问题的态度。

《现代汉语词典》第 5、6、7 版：

【杧果】mángguǒ 名 ① 常绿乔木，叶子互生，长椭圆形。花黄色。果实略呈肾脏形，熟时黄色，核大，果肉黄色，可以吃。生长在热带地区。②这种植物的果实。‖ 也作芒果。

【芒果】mángguǒ 同“杧果”。

《中国大百科全书》第三版：

收录了【杧果】为农学、园艺学、果树学等专业的术语。

【杧果】漆树科杧果属多年生木本植物。别称芒果、檬果、漭果、闷果、蜜望、望果、庵波罗果等。

《辞海》第七版：

【杧果】（Mangifera indica） 亦称“檬果”，俗作“芒果”。……

《汉语大词典》：

【杧果】①亚热带地区的一种常绿乔木。叶子互生，长椭圆形，质厚。花小，黄色。果实呈肾形，淡绿或淡黄色，果肉多汁，味甜，有香气。果皮可供药用。②指这种植物的果实。

通过对四种工具书相关条目的研究，我们可以发现《现代汉语词典》虽收录了【芒果】，但是将【杧果】作为推荐用词，《中国大百科全书》《辞海》索性只收录了【杧果】词条，“芒果”作为“别称”“俗称”出现，《汉语大词典》只收录【杧果】词条，没有提及“芒果”。可见工具书在优先使用“杧果”的写法上达到了意见统一。我们可参照工具书的意见使用“杧果”的写法。考虑到“芒果”一词在生活中较为常见，针对普通读者的大众类出版物中可以使用“芒果”。但如果是科技教材和学术专著，则推荐使用“杧果”。

问题114：“榴莲”和“榴梿”，哪个更规范？

在生活类图书的书稿中，我们经常能看到“榴莲”和“榴梿”两种不同的写法。这两种写法哪种更规范，在书稿中如何进行统一是存在争议的。有一些资深编辑坚持认为“榴莲”为规范写法，说自己曾经查询过相关工具书。而另外一些新加入出版行的编辑认为“榴梿”才是规范写法，并表示在校学习时教材就是这样写的。可见关于采用何种写法，在编辑内部都存在争议。

通过研究相关工具书，我们可以发现，关于“榴莲”和“榴梿”的写法，工具书的态度曾经发生变化。

1. 关于《现代汉语词典》态度的变化

《现代汉语词典》第 5 版：

【榴莲】liúlián 名 ①常绿乔木，叶子长椭圆形。果实球形，表面有很多硬刺，果肉白色，可以吃。原产马来群岛。②这种植物的果实。‖也作榴梿。

【榴梿】liúlián 同“榴莲”。

《现代汉语词典》第 6、7 版：

【榴梿】liúlián 名 ①常绿乔木，叶子长椭圆形。果实球形，表面有很多硬刺，果肉白色，可以吃。原产马来群岛。②这种植物的果实。‖也作榴莲。

【榴莲】liúlián 同“榴梿”。

在《现代汉语词典》第 5 版中，“榴莲”为主条目、推荐用词。但是从第 6 版开始，工具书的态度发生了变化，在连续两个版本的工具书中将“榴梿”作为主条目和推荐词。

2. 关于《辞海》态度的变化

《辞海》第 5 版：

【榴莲（Durio zibethinus）】亦称“韶子”。……

《辞海》第 6、7 版：

【榴梿（Durio zibethinus）】亦称“流莲”“韶子”。木棉科。常绿乔木。叶长椭圆形，单质，表面光滑，背面生鳞片。……

在《辞海》第 5 版中，仅收录了【榴莲】词条，未收录【榴梿】。从第 6 版开始，连续两版工具书收录【榴梿】词条，取消了【榴莲】词条。

我们可以看到《现代汉语词典》和《辞海》这两本非常重要的工具书，对“榴莲”和“榴梿”两个词语的推荐态度发生了重大变化。在历史上，工具书的确将“榴莲”作为规范写法。部分资深编辑印象里曾查询到工具书中使用“榴莲”的写法是源自《现代汉语词典》第5版和《辞海》第五版的。但是在随后工具书的版本修订中，都改为推荐使用“榴梿”一词。新入职出版行业的编辑在校学习期间使用的教材同样按照新版工具书修改成了“榴梿”。

3. 工具书倾向使用“榴梿”的具体原因

工具书的态度之所以会发生变化，主要原因有二：

（1）“榴梿”为木本植物，不是草本植物，“莲”从草不妥，“梿”从木更妥当。

（2）名随其主，工具书的修订者听取了相关产地方的相关意见。2004年马来西亚华语规范理事会在吉隆坡举办了语言文字规范讲座。《现代汉语词典》主要修订人陆尊梧教授受邀为主讲人。由于马来西亚是“榴梿”的产地之一，现场有学者就“榴梿”的写法提出意见，希望中国能按名从主人的原则，采用木字旁的“梿”。《现代汉语词典》编写组听取了意见，从第6版开始将“榴梿”一词作为推荐词，同时《辞海》编写组也进行了相应修改。

综上，工具书对于“榴梿”的写法已经达成一致，建议广大编辑在处理书稿时采用“榴梿”的写法。

问题115：增量的符号究竟应该怎么写?

在科技类书稿中，涉及增量的数学符号经常会出现书写错误的情况。例如，写成$\mathit{\Delta}$、△都是错误。

我们可以通过查询相关工具书找到增量符号的正确表示方法。

根据《物理科学和技术中使用的数学符号》（GB 3102.11—1993）11-6.14规定：“Δx”的“意义或读法”为“x的［有限］增量”。

据此可知，［有限］增量符号的正确表示方法为正体大写希腊字母 Δ，使用斜体大写希腊字母 *Δ* 和表示三角形的符号△都是错误的。

书稿中出现符号误写，产生错误的原因可能是：

①由于知识局限，一些作者和编辑可能不了解增量符号的规范写法；

②作者在写作过程中，不知道正确的增量符号应该如何输入，于是使用了他认为近似的符号来代替；

③斜体 *Δ*、三角形△符号和 Δ 形似，在编校过程中，由于把关人员工作不细致等原因，未发现错误。

问题 116：为什么要花很大的精力去纠正名词术语？

在科技书稿的编校过程中，很多编辑经常会遇到因名词术语不规范而被编校环节中把关老师纠正的情况。同时一些校对软件在扫描书稿电子文件时也会根据其内置的词库，对相关名词术语进行纠正。

很多编辑质疑为什么要花很大的精力去纠正名词术语？这需要了解国家对规范使用科技名词术语的相关规定。

1987 年 8 月 12 日，国务院签发“国务院关于公布天文学名词问题的批复”国函〔1987〕142 号明确批示：“全国自然科学名词审定委员会是经国务院批准成立的。审定、公布各学科名词，是该委员会的职权范围，经其审定的自然科学名词具有权威性和约束力，全国各科研、教学、生产、经营、新闻出版等单位应遵照使用。请告全国自然科学名词审定委员会，天文学以及以后各学科经审定的自然科学名词，国务院授权该委员会自行公布。”

1990 年 6 月，国家科委、中国科学院、国家教委、新闻出版署发布了《关于使用全国自然科学名词审定委员会公布的科技名词的通知》（全国自然科学名词审定委员会，即现在的全国科学技术名词审定委员会），里面提到“特别是各种工具书，应把是否使用已公布的规范词，作为衡量该书质量的标准之一；凡已公布的各学科名词，今后编写出版的各类教材都应遵照使用”。

2023年6月16日，国家新闻出版署发布行业标准《图书编校质量差错判定和计算方法》（CY/T 266—2023）。该方法中明确：

工具书、教材教辅、科技图书，使用科技术语不符合国家有关机构审定公布的规范词。每处计1个差错。

可见，在出版物中必须正确使用科技名词术语。

为了保证出版物中科技名词的正确规范使用，广大编辑可以通过三种途径查询规范的名词术语：

（1）全国科学技术名词审定委员会术语在线网站；

（2）《辞海》《中国大百科全书》等按照学科收录专业词汇的工具书；

（3）国家标准化委员会和国务院有关行政主管部门制定的各类标准。

问题117：究竟是“不负众望”还是“不孚众望”？

编辑在审读书稿的过程中，有时候会遇到“不孚众望”这个词语。很多编辑凭借直觉认为这个词语写错了，直接修改成“不负众望”。在Word软件中，“不孚众望”这个词语下方会自动显示红色波浪线，表明软件认为这个词语是错误的。如果单击鼠标右键，会发现软件建议将这个词汇修改成“不负众望”。同时，如果直接输入“不孚众望”这个词，还有可能会被Word软件的“自动更正”功能自动修改成“不负众望”。

那么“不孚众望”这个词，是不是一个错词，是否应该修改成“不负众望”呢？

我们可以借助工具书和编校参考书来查实“孚”的含义：

《现代汉语词典》第 5、6、7 版：

孚 fú 〈书〉使人信服：深～众望（很使群众信服）。

【众望】zhòngwàng 名 人的希望：不孚～｜～所归。

可见，“孚”的含义是使人信服，“不孚”有不能使人信服的含义。

《汉语大词典》：

【不孚】不能使人信服。……

《新华成语大词典》（商务印书馆，2013）：

【不孚众望】bù fú zhòng wàng 孚：令人信服。不能使众人信服。明·孙传庭《请斥疏》：“又闻各巷口及各衙门亦粘有此帖，旋经捣毁，则臣之不孚众望，拂戾军民，已见其端。”茅盾《蚀·动摇》四：“你的商民协会委员是被取消了。但县党部既然认为你仅仅是‘不孚众望’，那么，并非劣绅，亦就意在言外，你倒很可以出来活动了。”

【不负众望】bù fù zhòng wàng 负：辜负。不辜负众人的期望。明·柯暹《赠文选主事尹君序》：“廷佐欲不负众望，惟尽心择其所知，所不知者，人其舍诸？”冰心《为河南灵宝市安家底村题词》：“但愿学校里的学生们不负众望，努力前进，为本村、为国家，尽上自己全部学力。”

编校工作参考工具书：

中央宣传部出版产品质量监督检测中心组编，商务印书馆出版的《图书编校质量差错案例》第 70 页：“不孚众望”的“孚”，意思是“使人信服”。“不孚众望”是“不能令众人信服”。

通过对工具书和编校参考书的研究，我们可以确认“不孚众望”和“不负众望”是两个含义截然不同的词语。认为“不孚众望”是错误写法的观点不妥。在不分析语境的情况下，将“不孚众望”修改成“不负众望”，会导致意思语义发生变化，造成重大误改。

编辑在修改书稿的过程中，如果遇到“不负众望”和“不孚众望”这两个词语，一定要结合语境分析作者要表达的具体含义，避免错用。同时广大编辑在日常办公过程中如果使用 Word 软件进行文档录入，一定要取消软件自带的“自动更正”功能，或者将“不孚众望”词条从“自动更正”功能中删除，避免输入“不孚众望”时被自动更正为“不负众望”造成误改。

问题 118：年的单位符号缩写是 y、yr 还是 a？

国家标准中有很多单位符号来自单位英文名称的缩写，并且已经得到国际公认，成为标准化的符号，例如 min（分）、s（秒）、d（天）、h（小时）。在书稿中，我们同样会遇到时间单位“年”采用何种单位符号问题。不少科技图书的作者，在书稿中使用 a 作为时间单位“年”的符号，这是符合规范的。但是一些编辑却根据自己的想法将 a 修改成 y 或者 yr。

关于为何要将 a 修改成 y 或者 yr，编辑认为：min（分）、s（秒）、d（天）、h（小时）都是根据名词缩写的，而英文中 annual 是形容词，具有“每年的、年度的、一年的”含义，不是名词，因此年的单位符号不能采用 a。年的英文名词为 year，因此单位符号应该是 y 或者 yr。

在这种错误想法的影响下，一些科技书稿出现了较多的误改情况。

首先，无论是国际标准还是我国的国家标准，时间单位“年”的符号都采用的是 a。这个 a 不是英文 annual 的缩写，而是来源于拉丁文 annus（年）的首字母。认为时间的单位符号必须是来自英文名词的缩写，是想当然的错误。

其次，根据《图书编校质量差错认定细则（修订版）》第四十八条 单位国际符号书写和使用错误。

（三）把单位英文名称的非标准缩写或全称作为单位符号使用，如把 min（分）、s（秒）、 d（天）、h（小时）、a（年）、lx（勒）、r/min（转每秒）分别写成 m、sec、day、hr、y 或 yr、lux、rpm。

可见，年的单位符号应该是 a。

再次，根据《空间和时间的量和单位》（GB/T 3102.1—1993）：

3. 供参考的其他非 SI 的单位，特别是有关换算因数

量的项号 1-7 量的名称“时间” 单位名称与符号中明确 单位是年，符号为 a。

最后，《中华人民共和国法定计量单位》中也明确：“周、月、年（年的符号为 a），为一般常用时间单位。”

因此，综合多个标准规范，我们可以明确时间单位“年”的符号应采用 a，不应写为 y 或者 yr。

问题 119：为什么关于南宋的灭亡时间会存在争议？

不少书稿在讲解南宋的灭亡时间时出现了争议。其实，不仅书稿中就这一问题存在争议，在很多工具书中同样存在争议。关于南宋的灭亡时间目前有两种说法：一种是 1279 年；一种是 1276 年。

1. 支持南宋是 1279 年灭亡观点的工具书和机构

《现代汉语词典》第 7 版

宋[1]……②名 朝代。……。b）公元 960—1279，赵匡胤所建。……

【南宋】 Nán Sòng 名朝代，公元 1127—1279，自高宗（赵构）建炎元年期，到帝昺（赵昺）祥兴二年宋朝灭亡止。建都临安（今浙江杭州）。

同时在《现代汉语词典》第 7 版的附录我国历代纪元表（第 1782 页），

明确了宋（960—1279）、南宋（1127—1279）。

全国科技名词术语委员会

全国科技名词术语委员会术语在线网站中国古代史名词中收录的“宋朝”和“南宋”词条都提及南宋灭亡的时间。

宋朝：由赵匡胤建立，灭亡后又由赵构重建的王朝。据首都及疆域变迁，分为北宋和南宋，称“两宋”。因赵氏郡望在天水（今甘肃天水），又称“天水朝”。公元960年由赵匡胤取代后周建立，结束了五代十国的割据局面，1127年灭亡后，宗室赵构建立南宋，偏安于江南，1279年为元朝所灭。两宋武功、疆域不盛，但以商品经济发达，文化艺术繁荣，社会出现众多变化著称。

南宋：公元1127年，由赵构所建定都于临安（今浙江杭州）的宋朝。1127年北宋灭亡，宋徽宗第9子赵构即位于应天府（今河南商丘），10余年后定都临安，沿淮河、秦岭一线与金相峙，其经济社会和文化在北宋基础上发展，政治上亦续有波折。1279年为元朝所灭。

2. 支持南宋是1276年灭亡观点的教材和工具书

人民教育出版社《历史必修中外历史纲要（上）》第204页明确南宋1127—1276；第207页1276年元朝灭亡南宋。

《辞海》第七版：

【南宋】朝代名。从建炎元年（1127年）赵构（高宗）在南京（今河南商丘南）称帝起，至德祐二年（1276年）被元灭亡止，史称“南宋”。与北宋合称“两宋”。共历七帝，一百五十年。其后，端宗、帝昺在闽广建立流亡政权，至1279年，亦为元所灭。详“宋”。

【宋】朝代名。公元960年赵匡胤（宋太祖）代后周称帝。……德祐二年（1276年）为元所灭。两宋共历十六帝，统治三百十七年。宋亡后，瑞宗、帝昺在闵广建立流亡政权，至1279年，亦为元所灭。

通过对工具书、全国科技名词术语委员会术语在线网站、人民教育出版社历史教材的研究，我们可以认定当前学术界对南宋灭亡的时间是存有争议的。争议的焦点在于端宗、帝昺成立的流亡政权，是否应当视为南宋王朝延续。

广大编辑在处理书稿过程中，要谨慎对待南宋灭亡时间的问题。如果是教辅类书稿，涉及的读者对象是面临升学问题的学生群体，建议按照人民教育出版社教材中1276年灭亡的观点。如果是其他类型的书稿，可以在保留作者观点的情况下实事求是地告知读者当前学术界对南宋灭亡时间存在争议，让读者全面、客观地了解争议原因。

问题120：“拉斯维加斯”的写法是否正确?

在很多书稿中，会出现外国地名的翻译的问题，例如美国的地名Las Vegas在很多书稿中被译为“拉斯维加斯”，但是在质检过程中“拉斯维加斯”通常被认为是译名错误。

很多编辑认为，“拉斯维加斯”这一译法在媒体中很常见，在输入法中也专门收录了一个“拉斯维加斯”的选项，一些工具书中也收录这一译法，那么为什么要判错呢？

这就涉及质检标准所采信的工具书问题。在中央宣传部出版产品质量监督检测中心组编，商务印书馆出版的《图书编校质量差错案例》的一书的附录部分提出了质检依据的工具书，其中可以用于查询外国地名的有《外国地名译名手册》《牛津英汉双解词典》等。

在中国地名委员会编商务印书馆《外国地名译名手册：中型本》第400页：

Las Vegas 译为：拉斯韦加斯 115° 09′ W 36° 10′ N。

《牛津英汉双解词典》：

Las Vegas 的释义为：a US city where many people go to gamble. It is the largest city in the state of Nevada and one of the fastest growing cities in the United States. 拉斯韦加斯（美国城市，赌博业兴盛，内华达州最大城市，美国增长最快的城市之一）。

同时，在中华人民共和国民政部开设的“中国·国家地名信息库”网站具有外国地名标准译名的查询功能。在网站“外国地名”查询栏目，输入Las Vegas 显示标准译名为“拉斯韦加斯”。

可见，在《外国地名译名手册》《牛津英汉双解词典》及中华人民共和国民政部开设的“中国·国家地名信息库”网站中，均使用“拉斯韦加斯”的写法。

需要提醒广大编辑的是，虽然网络媒体中和一些出版物中使用“拉斯维加斯”的写法，但这是不规范的写法。对于外国地名的核实工作，我们应当使用质量主管部门认可的权威工具书，也可通过政府网站查询，这样才能做到地名规范。

问题 121：“植物甾醇”一定要改成“植物固醇”吗？

在一些书稿中，经常看到“甾醇”和“固醇”，“植物甾醇”和“植物固醇”并用的情况。一些编辑认为“甾醇”应该改成“固醇”，“植物甾醇”应该改成“植物固醇”。而另外一些编辑则始终坚持“甾醇”“植物甾醇”的写法。这个问题在不同审级和校次中也未能达成意见统一。

我们可以通过查询工具书确认是否要进行相关修改。

《现代汉语词典》第 6、7 版：

【类固醇】lèigùchún 名 有机化合物的一类，广泛存在于动植物体内，一般具有重要的生理作用，如胆固醇、胆酸、维生素 D 和性激素等。旧称甾类化合物。

甾 zāi 名甾类化合物，类固醇的旧称。

《辞海》第七版：

【固醇】旧称“甾醇”。含羟基的环戊烷并全氢菲类化合物。以游离状态或同脂肪酸结合成酯存在于生物体内。最重要的有胆固醇（动物）、豆固醇（绿色植物、麦芽）和麦角固醇（麦角、酵母）。

【甾醇】甾体骨架 3- 位上含有羟基的一类天然产物。如甾体中最早发现的胆固醇等一类化合物。可分为动物甾醇和植物甾醇，前者如胆固醇可从动物脏器中分离获得，后者如豆甾醇则可由油脂中分离获得。

【胆固醇】旧称“胆甾醇”。动物体内最重要的固醇。通常是以游离的或酯化的形式存在于动物组织或体液中。……

【类固醇】即“甾体”。

【甾体】亦称“类固醇”。具有 4 个环、2 个甲基和 1 个含 0 到 9 个碳边链基本骨架的一类化合物。按四环三边链的共同结构特征，采用了象形的“甾”字来命名。……

我们通过对《现代汉语词典》和《辞海》词条收录内容的研究，会发现“甾醇”是“固醇”的旧称，“甾类化合物”是“类固醇”的旧称。从使用推荐词和不使用旧称的角度分析，“甾醇”的确需要改成“固醇”。这就是在出版过程中部分编辑坚持将“甾醇”改成“固醇”的原因。

但上述工具书相关词条的释义，并未涉及具体的学科和专业领域。对于科技书稿中名词术语的选择，还应参考全国科技名词术语委员会术语在线网站。

经过对网站的查询，确认“甾醇”为植物学和药学规范用词。“固醇”为生理学、食品科学技术、运动医学、肠外肠内营养学、生物化学与分子生物学规范用词。“植物固醇”为生物化学与分子生物学、肠外肠内营养学规范用词。“植物甾醇”是植物学规范用词。可见，“甾醇”和“植物甾醇”均为相关学科的规范用词并非不能使用。

笔者认为，如果书稿仅是普及型读物，非学术出版物，不涉及具体的专业领域，在名词选择上可以参考《现代汉语词典》和《辞海》的推荐词形。但如果书稿为科技专业教材或学术专著，内容涉及科技专业领域，则应该按照《学术出版规范 科学技术名词》（CY/T 119—2015）规定严格执行：“3.3 同一机构对同一概念的定名在不同的学科或专业领域不一致时，宜依据出版物所属学科或专业领域选择规范用词。”不要根据自己的想法盲目统一。

问题 122：拟声词后面使用“的”还是“地”？

拟声词，亦称“象声词”，是模拟自然声音构成的词。例如，模拟流水声的词“潺潺”，模拟布谷鸟叫声的“布谷”都是典型的拟声词。

编辑在处理书稿的过程中，经常会遇到书稿中出现拟声词的情况。有一个问题时常困扰着广大编辑：拟声词之后究竟使用“的”还是“地”呢？

某书稿中出现了这样一句话让编辑犯了难：

“嗖”地一下飞得无影无踪……

不少编辑产生疑问，究竟是“‘嗖’地一下飞得无影无踪”，还是“‘嗖’的一下飞得无影无踪”？

对于这个问题，我们可以借助工具书寻找答案。

在《现代汉语词典》第 7 版中，我们可以大量查阅拟声词。

欻：形容短促迅速的声音：欻的一下把信撕开了。

叭：形容枪声、物体断裂声等：枪声叭叭直响 | 叭的一声，把树枝折断了。

嘣：形容跳动或爆裂的声音：心里蹦蹦直跳|嘣的一声，气球爆了。

嚓：形容物体摩擦的声音：摩托车嚓的一声停住了。

在《辞海》第七版中，我们同样可以查阅到拟声词。

欻：拟声。如：欻的一声；仪仗队走起来欻欻的，非常整齐。

嘣：拟声。物体跳动或迸裂声。如：心嘣嘣直跳；嘣的一声弦断了。

咔：拟声。如：咔嚓；咔的一声。

通过对工具书中大量拟声词的查询，我们可以看出，拟声词之后使用的是“的”，而不是“地”。

因此书稿中的例句应改为：“嗖”的一下飞得无影无踪……

问题 123：“菜薹”“菜苔”“菜台”“菜心”哪种写法规范？

在生活美食类图书中，经常看到“菜薹”“菜苔”“菜台”“菜心”不同的写法。那么以上写法哪种是规范的写法呢？

我们可以通过工具书及术语在线网站展开对这一问题的研究。

工具书

《现代汉语词典》第 5、6、7 版：

【菜薹】càitái 名 ①某些蔬菜植物的花茎，如油菜薹、芥菜薹。②二年生草本植物，叶宽卵形或椭圆形，花柔嫩，是常见蔬菜。也叫菜心。

【菜心】càixīn 名 菜薹②。

《辞海》第七版：

【菜薹】亦称“菜心”“菜尖”。十字花科。一年生草本。不结球白菜的一个变种。……

【菜心】即“菜薹”。

《汉语大词典》:

【菜薹】某些十字花科蔬菜植物的花茎，如油菜薹、芥菜薹。

术语在线网站

全国科学技术委员会术语在线网站收录“菜薹”为农学学科规范用词，并注明中文俗称为菜心。

综合多种工具书和术语在线网站，我们可以确认“菜薹”为规范写法，“菜苔”和“菜台”为错误写法，没有被任何一本工具书收录。

在《现代汉语词典》中收录了“菜心”的写法，《辞海》第七版提及“菜心”是“菜薹”的“又称”，代表此“菜心”的写法是可用的。在术语在线网站中注明“菜心”是“菜薹”的“俗称”。笔者认为如果是面向普通读者的大众类图书，使用“菜心”的写法未尝不可，因为这个词更通俗且在生活中有广泛的使用基础，更能被读者接受。但是如果是针对专业读者的农学学科教材或学术专著，则应当使用规范的名词术语“菜薹”，避免使用“俗称”。

问题 124：如何区分“熔化”“融化”“溶化”？

在书稿的加工整理过程中，“熔化”“融化”“溶化”三个词语较难区分。

例如，在某烘焙书稿中讲解制作巧克力造型内容时，有这样一句话：

对于含可可脂的巧克力来说，融化温度非常重要。要想做出完美的巧克力产品，就要严格按照调温曲线进行融化和降温成型。要求：巧克力升温至 45 ～ 50℃融化，然后降温至 28℃，再升温至 30 ～ 32℃，操作过程持续搅拌。

这段话中的“融化”的用法对不对？有编辑提出改成“熔化”更妥。我们可以通过查询工具书、术语在线网站来研究、解决这个问题。

《现代汉语词典》第5、6、7版：

【熔化】rónghuà 动 固体加热到一定温度变为液体，如铁加热至1530℃以上就熔化成铁水。大多数物质熔化后体积膨胀。也叫熔解、熔融。

【融化】rónghuà 动（冰、雪等）变成水。也作溶化。

【溶化】rónghuà ① 动（固体）溶解：砂糖放在热水中就会～。② 同“融化”。

《辞海》第七版：

【熔化】物质从固相转变为液相的过程。晶体加热到一定温度（熔点）时开始熔化，在熔化过程中温度保持不变，但要吸收一定的热量（即“熔化热”），直到全部变成液体为止。非晶体（如玻璃、树脂、石蜡、塑料等）在熔化过程中随温度升高而逐渐软化，最后成为液体，故无熔点可言。②化解。《醒世恒言·蔡瑞虹忍辱报仇》：“瑞虹还在床上啼哭，虽则泪痕满面，愈觉千娇百媚。那贼徒看了，神荡魂迷，臂垂手软，把杀人肠子，顿时熔化。”

【融化】①亦作“溶化”。②冰、雪等变成水。如：冰雪渐渐融化。融合同化。

【溶化】①固体溶解。如：冰糖全部溶化。②同“融化①”。冰、雪等变成水。

通过对《现代汉语词典》和《辞海》两本工具书相关词汇的查询，我们可以看出词语“融化”多用于自然现象中冰、雪变成水的过程。而“溶化”一词，表示的是固体溶解的含义。有很多编辑对“熔化”一词存有误解。工具书中出现的“铁加热至1530℃以上就熔化成铁水”的例子，让不少编辑觉得词语“熔化”仅适用于金属在极高的温度下加热。这其实是工具书编写者为了让读者理解“熔化”一词的含义而举的一个例子，并不代表这个词语仅仅适用于金属熔化和1530℃这样极高的温度。结合工具中的释义，我们可以看出当固体加热到一定温度后，变成液体，从固相转变成液相，应该使用“熔化”一词。

同时，根据全国科学技术委员会术语在线网站，熔化温度为规范名词。因此原句应改为：

对于含可可脂的巧克力来说，熔化温度非常重要。要想做出完美的巧克力产品，就要严格按照调温曲线进行熔化和降温成型。要求：巧克力升温至45～50℃熔化，然后降温至28℃，再升温至30～32℃，操作过程持续搅拌。

问题125：“科学计数法”还是“科学记数法”？

关于“科学计数法”和“科学记数法”写法混乱是不少书稿中存在的问题，这两种写法哪种是规范的？我们可以通过查阅工具书、术语在线网站、编校参考书寻找答案。

工具书

《现代汉语词典》第7版：

【计数】jìshù 动 统计（数目）；计算：不可～ | 难以～。

《辞海》第七版：

【浮点型】程序设计语言中一种基本的数据类型。定义了可表示的实数范围、精度以及可执行的运算集合。……程序中的浮点型常量通常用十进制和科学计数法表示。

《中国大百科全书》第三版：

【浮点数】浮点数主要是为了解决定点数不利于同时表达特别大或特别小的数的问题。浮点数在计算机中用以近似表示任意某个实数。计算机中的浮点数采用类似科学计数法的方式来表达实数，……

在《现代汉语词典》中并没有收录【记数】词条，只有【计数】词条。“计”有“计算”“统计”的含义。

在工具书《辞海》【浮点型】和《中国大百科全书》的【浮点数】词条的释义中，均使用了“科学计数法”的写法。

在全国科技名词术语委员会术语在线网站

在术语在线网站中，并未收录“科学计数法”和“科学记数法”。但是却收录了和“计数法”“记数法”相关的规范名词。

和“记数法”相关的规范名词有：【八进制记数法】【二进制记数法】【十六进制记数法】。

和“计数法”相关的规范名词有：【循环计数法】【雨流计数法】【小盒计数法】【条纹计数法】【符合计数法】【4π 计数法】【加氏计数法】【内充气计数法】。

编校参考书

语文出版社《出版物上数字用法解读》第 50 页、第 51 页、第 56 页均写为“科学计数法”。

人民教育出版社《数学七年级上册》在第 45 页使用的是“科学记数法”，并给出了具体的定义为：“像上面这样，把一个大于 10 的数表示成 $a\times10^n$ 的形式（其中 a 大于或等于 1 且小于 10，n 是正整数）。”

通过对工具书、术语在线网站、编校参考书的查询，我们不难看出在现阶段，工具书、术语在线网站以及人民教育出版社的教材，并未对“科学计数法”“科学记数法”“计数法”“记数法”的写法达成共识。笔者建议如果面对的是中小学教辅书稿，与读者的考试、升学利益相关，建议广大编辑采用“科学记数法”和人民教育出版社保持一致。如果涉及科技专业书稿和学术专著，建议根据书稿类型和专业所选择名词术语。

问题126：“胚”和“坯”应如何区分?

在书稿中，“胚”和“坯”两个字误用的情况较多。例如，我们经常能在书稿中看到“毛坯”和“毛胚”，“坯料”和“胚料”，“制坯”和“制胚”写法混乱。出现“胚”和“坯”混淆错误，主要有两方面的原因：一是读音混淆，导致在使用拼音输入法时录入了错字；二是没有正确理解两个字的含义。

在某书稿中，出现这样一句话：

因为戚风蛋糕自身非常柔软，在拓展其应用时，要考虑承重问题，避免在蛋糕表面过多装饰水果等重物或使用密度小的奶油进行抹胚，以免造成蛋糕变形。

例句中“抹胚”的“胚”是否正确？通过查询“胚”和“坯”两个字的含义，我们就能解答这一问题。

《现代汉语词典》第6、7版：

坯（坏）pī 名 ① 砖瓦、陶瓷、景泰蓝等制造过程中，用原料做成器物的形状，还没有放在窑里或炉里烧的叫作坯：砖～。② 特指土坯：打～｜脱～。③（～儿）〈方〉指半成品：面～（已煮好而未加作料的面条儿）｜酱～儿｜钢～｜～布。

胚（肧）pēi 名 初期发育的生物体，由精子和卵子结合发展而成，也有由未受精的卵发育而成的。

通过对工具书的查询与研究，可以确定“坯”字读音为pī，“胚”字读音为pēi。很多人将“坯”字读成pēi，或者将“胚”字读成pī。错误的拼读，必然会导致在使用拼音输入法录入文字时出现错误。从含义上区分，“胚”和生物体有关系，而“坯”和工艺、生产制造相关，例如已经某形状的半成品。

综上，在制作蛋糕的过程中，进行的应该是“抹坯”，而不是“抹胚”。原句应改为：

因为戚风蛋糕自身非常柔软，在拓展其应用时，要考虑承重问题，避免在蛋糕表面过多装饰水果等重物或使用密度小的奶油进行抹坯，以免造成蛋糕变形。

同理，“毛坯”“坯料”“制坯”都是正确的写法。

问题 127：不能用“晾凉”，一定要用“凉凉”吗？

很多作者想表达“放置一段时间以把热的东西降温”时，通常会在书稿中使用“晾凉”这种写法。在编校环节中，我们经常会见到将“晾凉”改成“凉凉”的情况。很多编辑表示，“晾凉”看上去更贴近生活，也符合人们的认知，为什么一定要改成“凉凉”呢？

对于这一常见问题，我们可以通过查询工具书来确定是否要进行修改。

《现代汉语词典》第 7 版

凉 liàng 动 把热的东西放一会儿，使温度降低：粥太烫，～一～再喝。

凉 liáng ①形 温度低；冷（指天气时，比“冷”的程度浅）：阴～ | ～水 | 过了秋分天就～了。②形 形容灰心或失望：听到这消息，他心里就～了。③悲伤；愁苦：凄～ | 悲～。④冷落；不热闹：荒～ | 苍～。⑤（Liáng）名姓。

晾 liàng 动 ①把东西放在通风或阴凉的地方，使干燥：～干菜。②晒

（东西）：～衣服 | 海滩上～着渔网。③动撇在一遍不理睬；冷落：他俩说个没完，把我～在一遍。④同“凉（liàng）”。⑤（Liàng）名姓。

【晾晒】liàngshài 动把东西摊开让日光晒：～粮食 | 被褥要经常～。

通过查询《现代汉语词典》，我们可以发现并没有收录“凉凉”一词，也未收录“晾凉”一词，仅收录了“晾晒”一词。但我们可以通过查询“凉（liàng）”“凉（liáng）”“晾（liàng）”的含义来分析应该如何使用。

有些编辑认为“凉凉”是正确用法的，是因为“凉（liàng）”作动词时，特指把热的东西放一会儿，使温度降低；而“晾（liàng）”作动词时，是把东西放在通风或阴凉的地方，“晾晒”一词的含义是把东西摊开让日光晒。“晾（liàng）”未特指使热的东西降温。

但是，我们应该注意在“晾 liàng”的释义④同“凉（liàng）”。可见，晾也具有“把热的东西放一会儿，使温度降低”的含义。

《辞海》第七版：

【晾】liàng 放在太阳底下晒干或通风处吹干。

【凉凉】liángliáng ①自甘寂寞的样子。②微寒。

在《辞海》中，“晾（liàng）”的含义与《现代汉语词典》同字的含义基本相同。而在辞海中收录的“凉凉”读作“liángliáng”，其含义和使物体降温无关。

综上，笔者认为，对于放置一段时间把热的东西降温的这种操作称为“凉凉”和“晾凉”均可。考虑到部分读者可能不知道“凉凉”应读成“liàngliáng”，有可能读成“liángliáng”，理解成“自甘寂寞的样子”或“微寒”的含义，笔者认为以普通读者为对象的大众类图书，使用“晾凉”可能更好，更容易被理解和接受。

问题 128：“天然气”“天燃气”“燃气”哪种写法正确？

在不少书稿中经常出现“天燃气”“天然气”“燃气”混淆的情况。

某书稿中出现这样一个例句：

灶是面点厨房里常见的熟制设备。按使用气种分为：天燃气灶、人工煤气灶、液化石油气灶。

我们可以通过查询相关工具书了解正确的写法。

《现代汉语词典》第 7 版：

【天然气】tiānránqì 名 通常指产生于油田、煤田和沼泽地带的天然气体，主要成分是甲烷等，是埋藏在地下的古代生物经高温、高压等作用形成的。主要用作燃料和化工原料。

【燃气】ránqì 名 用作燃料用的气体，如煤气、天然气等。

《辞海》第七版：

【天然气】天然蕴藏于地层中的烃类和非烃类气体的混合物。在石油地质学中，通常指油田气和气田气。在常温常压条件下为气态，其组成以烃类为主，也可包含部分二氧化碳、硫化氢等非烃类气体。主要用作工业和民用燃料，以及制取相关化工产品等。

【燃气灶】用燃气作为燃料烧煮食物的炉灶。一般用铸铁或薄钢板制成。烧嘴有各种型式，带有能调节燃气量的开关，可随用随燃，使用方便，易于调节，效率高，清洁卫生。也可附装烘烤食物的烘箱。

通过对上述两本工具书的查询，我们不难看出“天然气”“燃气”“燃气灶”为规范写法。

原句应该修改为：

灶是面点厨房里常见的熟制设备。按使用气种分为：天然气灶、人工煤气灶、液化石油气灶。

问题129："档"和"挡"应如何区分?

在书稿的编辑加工过程中，很多编辑经常会遇到"档"和"挡"较难区分的情况。在汽车专业的书稿中，究竟是应该使用"手动挡、自动挡、空挡"还是"手动档、自动档、空档"？在摄影专业书稿中，应该写成"P档、A档、S档、M档、Auto档"，还是"P挡、A挡、S挡、M挡、Auto挡"？

首先我们可以通过查询工具书研究相关字和词语的解释。

《现代汉语词典》第5、6、7版：

挡（擋、*攩）dǎng ……④ 名 排挡的简称：二～丨空～丨挂～|倒～。⑤ 名 某些仪器和测量装置用来表明光、电、热等量的等级。

档（檔）dàng ……④（商品、产品的）等级：～次|低～货|高～

【档次】dàngcì 名 按一定标准分成的不同等级：商品种类多，～全|奖勤罚懒，拉开分配的不同～。

【档位】dàngwèi 名 ①〈方〉摊位。档次；②级别，工资～。

《辞海》第七版：

【档位】[dàngwèi] 摊位。档次；级别。如：高档位手表。

在《辞海》工具书中，并没有直接收录"挡位"条目，但却在"副变速器""变速器""自动变速器"条目的释义中，出现了"挡位"。

《汉语大词典》：

擋[1]［dǎng］“挡[1]”的繁体字。…… 6. 排挡（用于改变牵引力的装置）的简称。亦指某些仪器和测量装置用来表明光、电、热等量的等级。……

通过《现代汉语词典》《辞海》《汉语大词典》这三本工具书，我们可以明确地了解：“挡”字只有一个读音 dǎng，而“档”字同样只有一个读音 dàng。关于汽车的排挡应使用“挡”字。照相机上的通过旋钮实现 P 挡、A 挡、S 挡、M 挡、Auto 挡的切换，同样应当使用“挡”字。

而“档 dàng”和等级有关。《现代汉语词典》《辞海》两本工具书都收录了“档位”词条，档位应读成 dàngwèi，在方言中表示摊位的含义，同时还具有档次、级别的含义。

作者和编辑之所以会在处理书稿的过程中出现“档”“挡”混乱问题，除了不了解二字的含义外，读音错误也是重要的影响原因。

很多人，将“档”dàng 读成了 dǎng，将“档次”dàngcì 读成了 dǎngcì，将“档位”dàngwèi 读成了 dǎngwèi，这些都直接影响了对字义和词义的判断。请广大编辑牢记，“挡”只有一个读音 dǎng，“档”同样只有一个读音 dàng。同时人们经常将档案 dàng’àn 读成 dǎng’àn 也是错误的。

问题 130：“终身”和“终生”在用法上有和区别？

在书稿中，我们经常会遇到“终身”“终生”这两个词语。由于这两个词语都具有“一生”的含义，因此在辨析过程中存在一定难度。

有人总结了出这两个词语用法上的规律：终身 + 名词，名词 + 终身；终生 + 动词，动词 + 终生。那么这个规律是否严谨且能用于指导编辑工作呢？我们可以通过工具书加以判断。

《现代汉语词典》第6、7版：

【终身】zhōngshēn [名]①一生；一辈子（多就切身的事说）：～之计丨～受益。②特指婚姻：私定～。

【终生】zhōngshēng [名]一生：奋斗～丨～难忘。

《辞海》第七版：

【终身】①一生；一辈子。如：终身制。…… ②特指婚姻大事。如：私定终身。

【终生】一生。如：奋斗终生。《清史稿·梁国治传》："国治笃孝友，与兄孪生，兄蚤卒，终生不称寿。"

通过对《现代汉语词典》和《辞海》工具书的查询，在区分两个词语方面，我们能够总结出如下规律：

（1）对于婚姻大事，两本工具书都推荐使用"终身"，例如终身大事、私定终身。

（2）和切身利害相关的情况多用"终身"。例如，既可以是终身受益、终身制、终身聘用、终身学习、终身教育、终身伴侣等对切身有利的方面，又可以是终身残疾、终身受限等对切身有害的方面。

（3）"终生"，具有"有生之年，直到生命结束那一刻为止"的含义，多用于为事业和工作拼搏、奉献的语境，同时也表示某事在人的有生之年都产生了重大影响。使用"终生"的场合，可以用"直到生命结束那一刻为止"替代。例如为事业奋斗终生，相当于为事业奋斗直到生命结束那一刻为止。某事让人终生难忘，相当于某事（对人的影响）导致人直到生命结束那一刻都难忘。

根据上述结论，我们不难发现通过"终身+名词，名词+终身；终生+动词，动词+终生"来区分"终身"和"终生"的经验并不严谨。我们还是应当以工具书作为用法参考。

问题 131：“萨其马”和“沙琪玛”，“比萨”和“披萨”哪种是规范写法？

在书稿中，我们经常能见到“萨其马”和“沙琪玛”，“比萨”和“披萨”存在写法不统一的情况。很多作者和编辑表示，在食品包装和媒体中经常看到“沙琪玛”和“披萨”的写法。那么“沙琪玛”和“披萨”是不是规范写法呢？

我们可以通过工具书查询推荐的写法。

1.“萨其马”和“沙琪玛”

《现代汉语词典》第 5、6、7 版：

【萨其马】sàqímǎ 名 一种糕点，把油炸的短面条儿用糖等黏合起来，切成方块儿。［满］

《汉语大词典》：

【萨齐玛】糕点名。满语。今写作“萨其马”。

【萨其马】见“萨齐玛 ”。

通过对《现代汉语词典》和《汉语大词典》查询我们可以看到，萨其马是满语，为推荐用法。工具书中没有收录“沙琪玛”的写法。

2.“比萨”和“披萨”

《现代汉语词典》第 7 版：

【比萨】bǐsà 名 一种意大利式饼，饼上放番茄、奶酪、肉类等，用烤箱烘烤而成。也叫比萨饼。［比萨，英 pizza］。

【比萨饼】bǐsàbǐng 名 比萨。

通过对工具书的查询，我们可以明确，与“萨其马”不同，“比萨”是外来词。

在《现代汉语词典》中，仅收录了【比萨】【比萨饼】的词条，未收录【披萨】。且特别注明了比萨的英文名为 pizza。

《牛津英汉双解词典》第 10 版：

Pizza n. 比萨饼；意大利肉饼

通过对《牛津英汉双解词典》的查询，我们可以发现 Pizza 翻译为“比萨饼”，未见“披萨”写法。

综合对三本工具书的查询，我们可以看到“萨其马”为满语，为推荐写法。“比萨”是外来语，为规范写法。工具书中并未收录“沙琪玛”和“披萨”。在工作中，一些编辑经常混淆 Pizza 和 Pisa。通过查询商务印书馆《外国地名译名手册中型本》，可知 Pisa 为意大利城市，也写作“比萨”。无论是食物 Pizza 还是城市 Pisa，均应写为“比萨”。

问题 132：究竟是“一副药”“一幅药”，还是“一服药”？

在很多出版物中，经常出现“一副药”“一幅药”“一服药”的不同写法。很多编辑会产生疑问，关于药物的量词究竟应该选择哪个？

《现代汉语词典》第 7 版：

幅 fú ③（～儿）量 用于布帛、呢绒、图画等：一～画 | 用两～布做一个床单儿。

副[2] fù 量 a）用于成套的东西：一～对联 | 一～手套 | 一～象棋 | 全～武装。

服 fù 量 用于中药；剂：一～药。

剂（劑）jì ⑤ 量 用于若干味药配合起来的汤药：一～药。也说服（fù）。

帖 tiě ④〈方〉量 用于配合起来的若干味汤药：一～药。

丸 wán ③ 量 用于丸药：一～药 | 一次吃三～。

料[2] liào ③ 量 用于中医配制丸药，处方规定剂量的全份为一料：配一～药。

贴[1]（貼）tiē ⑤ 量 膏药一张叫一贴。

味 wèi ⑥ 量 用于中药：这个方子共有七～药。

通过对工具书相关字量词的查询与分析，我们不难看出，“幅”为“布帛、呢绒、图画”的量词，“副”作为量词时，只能用于成套的东西。“一服药”为正确写法。很多作者和编辑，不知道“服”为多音字，只知道有二声 fú 的读音，不知道有四声 fù 的读音。“服 fù”可作为中药的量词。我们还能归纳出“服”用于所有类型的中药，“剂”和“帖”可以作为汤药的量词，“丸”“料”用于丸药的量词，“贴”用于膏药的量词，“味”用于中药的组成成分的量词。

《汉语大词典》：

【一服】①一件衣服。②特指一袭章服。③古以王畿外每五百里谓之“一服”。④服一次药。⑤指中药的一剂或一帖。

《汉语大词典》收录了一服词条，在释义⑤中，明确一服指中药的一剂或一帖。

编校参考工具书：

在《图书编校质量差错案例》第 22 页以纠错形式明确了“一副药”为错误写法。

错例：他去中药房抓了一副药。应修改为他去中药房抓了一服药。

在书稿中出现“一服药”的量词被误写的情况较为常见。编辑可对常用的量词进行专项整理，举一反三，避免书稿中出现类似错误。

问题133："陈规陋习"还是"成规陋习"，"墨守陈规"还是"墨守成规"

很多编辑在处理书稿时经常会遇到"陈规""成规"难以区分的情况。例如是"陈规陋习"还是"成规陋习"？是"墨守陈规"还是"墨守成规"？

我们可以通过工具书查询"陈规"和"成规"的区别。

《现代汉语词典》第7版：

【陈规】chénguī 名 已经不适用的规章制度；陈旧的规矩：打破～|～陋习。

【成规】chéngguī 名 现成的或久已通行的规则、方法：打破～。

《辞海》第七版：

【陈规】已经不适用的规章制度。如：陈规陋矩；打破陈规，大胆创新。

【成规】前人制定的规章制度。《三国志·蜀志·蒋琬费祎传论》："咸承诸葛之成规，因循而不革。"亦谓老规矩、老方法。如：墨守成规。

《新华成语大词典》（商务印书馆，2013）：

【墨守成规】mò shǒu chéng guī 墨守：墨，指墨翟，战国初期思想家，墨家学派的创始人。墨翟善于守城，因称墨守为墨翟之守、墨守。成规：现成的规矩、制度。形容因循守旧，不思变革。……

《汉语大词典》：

【墨守成规】亦作"墨守成法"。战国时墨翟善于守城，世人谓之"墨守"。后以"墨守成规"指固执旧法，一成不变。……

通过对工具书的研究，我们可以了解"陈规"是指"已经不适用的规章制度”，而“成规”指的是“现成的或久已通行的规则、方法”。因此，“陈规陋习”的写法符合情理。另外，“墨守成规”，是指遵循现成的规矩、制度，如果写成“墨守陈规”，意思变成了遵循不适用的规章制度，是不合乎逻辑的。

问题134：“中止”和“终止”在用法上有何区别？

“中止”和“终止”因为都有“停止”的含义，有时候在一些场合较难区分。某书稿中有这样一句话：

诉讼时效终止是指在诉讼时效完成以前，因发生一定事由、使权利人不能行使权利，因而暂停计算诉讼时效期间，待终止事由消除后，继续计算诉讼时效期间。

句中的“终止”使用是否正确？我们可以通过查询工具书来掌握两个词语的正确用法。

《现代汉语词典》第7版：

【中止】zhōngzhǐ 动（做事）中途停止；使中途停止：刚做了一半就～了|～比赛。

【终止】zhōngzhǐ 动 结束；停止：～活动。

《辞海》第七版：

【终止】结束；停止。如：协议终止执行。《明史·刑法志二》：“京师自命下之日至六月终止。”

【中止】中途停止。如：中止谈判。

通过对两本工具书的查询，我们不难看出：

“终止”表示结束、完全停止，而“中止”表示事情没有完成而中途停止。“中止”还有继续的可能。

因此综合原句的具体语境，不难发现“终止”一词使用不当。原句应改为：

诉讼时效中止是指在诉讼时效完成以前，因发生一定事由，使权利人不能行使权利，因而暂停计算诉讼时效期间，待中止事由消除后，继续计算诉讼时效期间。

问题135：“阀值”“阈值”和“阈值”哪个写法正确？

在一些科技书稿中，我们经常看到“阀值”“阙值”“阈值”不同的写法。很多编辑会产生疑问，这三个词语都代表什么含义？哪个写法是正确的？

其实“阀值”和“阙值”没有具体含义，因为它们的写法是错误的。

在术语在线网站中，“阈值”是“化学工业”“遗传学名词”“神经病学”“运动医学名词”“行为医学”“机械工程”等多个学科的规范名词。

在“化学工业”学科中，“阈值”的定义是：“在生物特征识别中，阈值是指某个预先设定的相似度值。当样本与模板的相似度值达到或超过此值时为肯定匹配，低于此值时为否定匹配。”

在“神经病学”学科中，“阈值”的定义是：细胞膜电位从一个状态向另一个状态转化过程中存在的临界值。膜电位超过该临界值后即发生明确而突然的变化。”

在《中国大百科全书》第三版【阈值化】词条的释义中，出现了：“阈值又称临界值或门槛值。阈值是令对象发生某种变化所需的某种条件的值，根据条件本身可以有不同的单位，是学术研究中的常用语。阈值被广泛运用于建筑学、生物学、航天、化学、电信、电子和心理学等各个领域，并作为词根派生出大量的相关词汇。”

在《辞海》第七版中，收录了【阈值处理】【灰度阈值】【阈值电压】【土壤污染阈值】等多个词条。

在多种工具书中，未见“阀值”“阙值”的写法。

综上所述，“阈值”具有“临界值”的含义，是正确的写法。书稿中大量出现“阀值”“阙值”错误写法的原因有两个：一是部分作者不认识“阈”，错误地输入成“阀”“阙”；二是个别作者存在学术不端的情况，以扫描他人作品再转换成文字的方式进行抄袭，在文字识别过程中，正确的“阈”字被识别成了形似的“阀”和“阙”。另外，笔者还遇到将“阈值”写成“域值”的情况，也是不对的。

问题 136：“法拉弟”和“法拉第”哪个写法更规范？

在科技书稿中，广大编辑经常能看到“法拉弟”和“法拉第”写法混用的情况。例如某书稿中有这样一句话：

根据法拉弟定律，在电解过程中，在电极上起反应的物质的量与通过电解池的电量成正比，这是库伦分析的定量基础。

有编辑对文中“法拉弟”的写法是否规范提出质疑。我们可以通过查询工具书以及术语在线网站核实“法拉弟”写法的规范性。

工具书

《现代汉语词典》第 7 版：

【法拉】fǎlā［量］电容单位，符号 F。这个单位名称是为纪念英国物理学家法拉第（Michael Faraday）而定的。简称法。

《辞海》第七版：

【法拉第（Michael Faraday，1791—1867）】英国物理学家、化学家。……

【法拉第电解定律】1833 年英国物理学家、化学家法拉第所提出的两条电解定律。

《中国大百科全书》第三版：

【法拉第（Michael Faraday，1791-09-22 ～ 1867-08-25）】英国物理学家、化学家。……

【法拉第定律】关联电极反应生成或消耗的物质的量与通过电化学池的电量之间定量关系的基本规律。1834 年由英国科学家 M. 法拉第［注］在大量电解实验结果的基础上总结归纳而得。又称电解定律。

《英语姓名译名手册》：

Faraday“法拉第”。

《世界人名翻译大辞典》：

Faraday 法拉第［英］。

术语在线网站

全国科学技术名词审定委员会术语在线网站收录“法拉第定律”为电力、电化学、信息科学技术专业规范名词。

综上，所有的工具书均就“法拉第”“法拉第定律”的写法达成一致，术语在线网站收录“法拉第定律”为规范名词。我们可以确定“法拉第”“法拉第定律”为规范写法。而“法拉弟”“法拉弟定律”的写法未被工具书和术语在线收录，不应使用。

书稿例句应改为：

根据法拉第定律，在电解过程中，在电极上起反应的物质的量与通过电解池的电量成正比，这是库伦分析的定量基础。

问题137：“邻近色”还是“临近色”？

艺术设计类书稿在讲解色彩构成的知识时，会出现“临近色”“邻近色”写法混乱的情况。很多编辑会提出疑问，“邻近色”和“临近色”哪种写法是规范写法呢？

我们可以通过查询工具书及术语在线网站找到答案。

《现代汉语词典》第7版：

【临近】línjìn 动（时间、地区）靠近；接近：春节～了 | 他住在～太湖的一所疗养院里。

【邻近】línjìn ① 动 位置接近：～边界 | 我国东部跟朝鲜接壤，跟日本～。② 名 附近：学校～有文化馆 | ～的一家姓赵的搬走了。

在《现代汉语词典》中，并无【邻近色】和【临近色】词条，从【临近】和【邻近】词条的释义，无法推断“邻近色”和“临近色”哪种写法是正确的。需要进一步结合其他工具书。

《辞海》第七版：

【邻近色】：色相性质近似的颜色。如红与橙、橙与黄、黄与绿、绿与青、青与紫、紫与红等。

《中国大百科全书》第三版，虽未收录【邻近色】词条，但是却在纺织科学与工程专业的【绣料】【服装配色类型】【色彩对比】【窗帘布】条目中使用了“邻近色”的写法。

术语在线网站：

在建筑学学科中收录“邻近色”为规范名词，定义为“在色相环上两个靠近的色。如红与橙，黄与绿，蓝与紫等。一般有两个范围，绿蓝紫的邻近色大多数都是在冷色范围里，红黄橙在暖色范围里”。

通过对工具书及术语在线网站的查询，可以确定“邻近色”为规范写法。术语在线对名词的定义为“在色相环上两个靠近的色”，“色相环上的靠近”符合《现代汉语词典》【邻近】条目释义①“位置接近”，也证明了“邻近色”用法的合理性。

下篇：反思篇

反思1：编辑不应成为编校道路上的“逆行者”

有一次在手机App上浏览短视频时，我看到了一个关于高速公路上机动车逆行的视频。视频中有位驾驶员朋友驾车在高速公路上行驶，发现迎面驶来了大量逆行的车辆，情况十分危险。视频中的人不禁惊叹：“怎么所有人都在逆行！”

那么究竟是谁逆行了？判断的逆行标准又是什么呢。地面的交通标线和道路两侧的指示牌、指示灯已经能够表明，视频中抱怨别人逆行的人才是真正的逆行者。

这个视频对我们广大编辑来说颇具现实指导意义。仔细想想，我们在工作中也经常和视频中的驾驶员一样，总认为自己是对的，别人是错的。自己行驶在正确的道路上，而别人一直在逆行。

我们这种盲目的自信从何而来？很多编辑认为作者不是出版专业人士，不懂出版。自己是出版专业人才，拥有编辑证，自己有权力修改作者的稿件。对于作者书稿中的内容，只要是和自己想法不一致的，表述和自己的理解有偏差时，很多编辑就主观判断作者的稿件是不规范甚至错的，就要拿起手中的红笔按照自己的想法和思路改成使自己满意的内容或表述。

在一些编辑眼中，自己永远行驶在正确的道路上，不合自己意的人永远都在逆行。可以说，手机App中车辆逆行的视频，也在一定程度上讽刺了部分编辑盲目自大的工作作风。

我们可以通过交通标线、指示灯、指示牌判断车辆是否行驶在正确的方向上。同样，编辑也应该通过国家法律，国家行政法规及规范性文件，行业规程规范和重要工具书来判断作者书稿的内容究竟是正确的还是错误的。修改作者的书稿，一定要有确切的依据，不能凭借主观想象。

为了避免成为编校之路上的“逆行者”，广大编辑应该从如下方面改进工作作风。

1. 改必有据

改必有据是指对书稿的修改必须有权威的依据作为支持，而不是个人的想法和判断。遗憾的是在实际工作中，很多编辑对书稿的修改完全是个人的想法和判断。当作者的表述不合编辑心意，书稿的内容让编辑看了心里打鼓时，编辑就要将书稿的表述修改成符合自己心意，自己看得顺眼、显得稳妥的表述。我们需要注意的是，不合编辑心意的表述不代表作者是错的，有可能是作者对问题的研究更有深度，观察世界的角度更加多元化。让编辑看了心里打鼓的写法，也未必是错的，有可能是编辑自身才疏学浅，短见薄识，未达到作者之境界。编辑永远不要将自己的认知作为评判书稿内容正确与否的标准，而要用权威的依据作为修改的标准。

具体的依据包括国家法律，国家行政法规及规范性文件，规程规范和重要工具书。编辑个人的想法和判断，永远不能作为修改作者稿件的依据。

2. 没错不改

没错不改是指作者书稿内容没有错误的就不要改。而在实际工作中，发生了很多没错也要改的情况。编辑非要用自己的语言替代作者的语言，非要将自己的想法凌驾于作者的想法之上，非要用大量的修改来展示自己的才华和水平比作者高，将本来没错的内容修改成新的东西。但是请广大编辑牢记，修改后的内容未必能比原文更好，原本无错的内容经过编辑一番修改，可能因为考虑不周或者笔误产生了错误。编辑不是创作者，一旦担任了创作者的角色，编辑在出版流程中相应的把关职责就丧失了。同时，对没有错误的内容进行修改还会为整个编校流程中相关人员，例如复审、终审、校对、排版人员带来额外的工作负担。把关人员的职责本应当是对作者的书稿内容进行把关，不是对编辑的二次创作进行把关。

在编校过程中，广大编辑一定要做到“改必有据，无错不改”。不要以自己的主观想法代替标准、工具书、政策法规，更不要去投入大量的精力修改没有错误的内容。不要把自己的语言风格强加于作者。不分青红皂白，对作者稿件妄加修改的情况必须得到遏制。

反思 2：“先了解作者，后修改稿件”的原则要坚持

我们经常听说，在人际交往过程中，要先了解对方是怎样的一个人。只有充分了解了对方是怎样的一个人，才能更好地和他交往。这个道理同样适用于修改作者的稿件。我们应先了解作者的基本情况，才能更好地完善他的作品。

遗憾的是，我们很多编辑在接到书稿后，就匆忙开始了稿件的编辑工作，并没有对作者的基本情况加以了解。在不加了解作者基本情况下直接修改稿件，有可能将稿件修改得成面目全非，改变了作品的定位和风格，甚至还会和作者产生矛盾以致影响今后的合作。

我们应该从哪些方面了解作者？笔者认为应该从文化水平、写作经验和写作时参考的标准三个方面。

1. 了解作者的文化水平

并不是所有书稿的作者都拥有较高的文化水平和语言表达能力。有一些非物质文化遗产传承人，他们接受的教育程度不深，写书完全是出于传承非物质文化遗产的考虑。此类作者限于文化水平，很难独立撰稿，其提交给出版社的作品很有可能是口述后由别人代为整理的作品。这类作品难免会在语言风格方面呈现出口语化严重的情况，同时思路凌乱、叙事不严谨、前后重

复的情况也较为普遍。我们不能用审读学术专著类稿件的要求对待这部分作者的稿件。我们应该在保证质量这一大前提下采取包容的态度，允许作者有自己的叙述风格。

同样，如果书稿为知识水平很高的作者编写的学术专著，我们则应该在稿件修改的过程中注重学术语言表述的严谨性、逻辑的缜密性，关注科技名词术语的规范使用，避免书稿出现重大疏漏的情况为作者和出版社带来负面影响。

2. 要了解作者的写作经验

有的作者是第一次撰写书稿，缺乏写作经验。为了保证自己的书能顺利出版，这部分作者通常对出版社编辑的修改意见言听计从。即使书稿的内容是正确的，编辑的理解有偏差，对稿件的修改存在欠妥之处，这部分作者也会碍于情面不敢表达不同的意见。这就造成了书稿存在误改的情况。

而有的作者写作经验丰富，具有丰富的论文发表和专业图书出版经验，同时也是某一学科领域的权威专家。这样的作者中虽有谦虚、严谨的学者，也不乏自视甚高、固持己见，不愿意接受出版社方面意见的人。不少作者经常以“之前就是这么写的”“在其他出版单位就是这么出的，人家都没提任何意见”为理由拒绝修改稿件。书稿的一些明显不规范、不科学的内容在部分作者那里较难得到纠正。

编辑在稿件修改过程中，经常会遇到上述两个极端的情况：没有经验的作者一味地迎合，有相关经验的作者固执己见，较难沟通。为了避免在工作中出现被动，编辑应该事先了解作者的写作经验，并制定和作者的交流方法和策略。只有提前做好功课，才能实现与作者的良好沟通，将书稿内容修改好。

3. 要了解作者写作参考的标准和工具书

在上篇内容中，笔者讲解了可用于指导编辑工作的国家法律，国家行政法规及规范性文件，规程规范和重要工具书。《现代汉语词典》虽然是诸多出版社普遍采用的编校工作重要参考工具书，但它有一定局限性。从篇幅上看，它是中型工具书，从内容侧重方面看它更适合解决社科、文艺、大众类书稿中的语文类问题。而对于科技专业知识、科技名词术语的收录情况不如《辞海》《中国大百科全书》等大型综合工具书全面。

很多专业教材、学术专著的作者本身就是专家、教授，有的还是院士级别的人物。他们有着严谨的工作作风，在写作过程中非常重视标准和规范，同时具有丰富的图书出版和论文发表经验。由于各个教育、学术、出版单位对论文发表和图书出版的要求不同，不排除作者在写作过程中参考的工具书与广大编辑采用的《现代汉语词典》是不同的。广大编辑在处理作者书稿前，一定要事先了解作者在写作过程中参考了哪些标准和工具书，不能仅凭自己手中的一种工具书和有限的知识作为评判稿件内容正误的标准。编辑应充分了解作者写作时参考的具体依据，并有针对性地进行准备，才能避免书稿误改情况的发生。

做到“先了解作者，后修改稿件”，不仅能让我们将作者的书稿修改得更加妥当，也会在和作者的交往过程中展现谦虚谨慎、严谨务实的工作作风，为自己加分，为出版社添彩。对出版物而言，最基本的要求是编校质量合格，更高的要求是作者、出版社双方都满意。只有出版社方面满意了，作者方面并不满意，说明这部作品是单方迎合出版社意愿的产物，够不上成功的作品。只有了解了作者，用心体会作者的写作意图，才会站在作者的角度思考问题，才会修改出让作者满意的作品，进而和作者成为朋友，让作者和出版社的合作关系更加牢固。

反思 3：伪编校经验应该彻底杜绝

在本书上篇中，提及了在编校工作中流行着一些片面的编校经验总结。例如在处理“等”和“等等”在并列成分之后的用法问题时，有人总结出：“凡是并列成分之间用顿号的，末尾就用‘等’字接排最后一个并列成分；凡是并列成分之间用逗号，末尾就用‘等等’，‘等等’与最后一个并列成分之间要用逗号。”再如，在辨析方括号和六角括号的用法，部分编辑总结出了“凡是国籍就用方括号［］，凡是朝代就用六角括号〔〕”的结论。

在出版工作中，不严谨的编校总结远不止本书列举的这些，仔细深究起来还有很多。作为出版专业技术人员，我们应当反思，为什么在编校过程中会存在较多以偏概全、漏洞百出的编校经验和方法总结呢？笔者认为有如下几点原因：

首先，无论是编辑的成长，还是在工作中遇到问题，都需要严谨的编校经验和正确的方法加以辅助。这是编辑工作的客观要求决定的。但是这种编校经验和方法总结应该是正确、严谨的。只有在正确、严谨的编校经验和方法指导下，才能使得编校工作事半功倍，否则只能使编校工作出现重大疏漏。很多编辑由于自身对编校知识的学习力度不够、知识积累程度不深，很难区分哪些编校经验总结是正确、严谨的，哪些编校总结是错误或片面的，导致大量以“凡是……就……”为代表的伪经验在出版工作中流传，不仅使得编校工作被误导，而且导致了较多误改情况的发生。

其次，部分编辑存在走捷径的心理。要系统地掌握编校知识，需要广泛而深入地学习工具书、行业标准和法律法规，必须投入大量的时间和精力，更需要持之以恒的精神。有时候对一个知识点的学习和理解，就需要投入几十分钟甚至数小时的时间。在这种情况下，一些编校人员，认为循规蹈矩地学习，时间耗不起，最好能找到一条捷径，能绕开学习、理解、思考过程，直接获得结论。于是在这样的思想指导下，编校过程中各类编校经验总结就应运而生。可以说，编校经验总结的出现迎合了广大编辑不愿意投入时间，只想获得结论的心理。

最后，对工作存在应付心理，导致对编校知识不求甚解。很多编辑在处理稿件的过程中，不关注为什么修改，依据什么修改，仅关注怎么改；不重视修改得对不对，只看重改得快不快。不想深入学习编校知识，只想快速解决手头问题。因此，当他们遇到各类编校经验总结时，通常有如获至宝的感觉，不加甄别地运用于工作中。

随着不严谨的编校总结在工作中越来越普及，我们已经发现了编辑工作随之出现了变化：

一些编辑不再逐字逐句地学习工具书、行业规范和编校相关知识。学习、归纳、整理的工作因为耗费时间精力，都不愿意亲力亲为。都在寻求捷径，去找现成的结论或模版应付手头的工作。例如，按照姓氏笔画排序，很多编辑都不愿意花时间学习排序规则和方法，而是通过网络中的各种文库下载他人整理好的排序规则作为参考应对编校问题。

大量的“凡是……就……”的不严谨结论，在一些出版社内部广为相传，不仅导致了对书稿的误改，更对出版社的质量管理工作带来了负面影响。新入职的编辑从自己的师父或资深编辑那里学到的是错误的编校知识和总结，没有迈好职场第一步。大量的错误编校知识和经验通过编辑反馈给了作者，或者以论文形式传播到学术界，久而久之会对出版社的声誉及社会形象造成危害。

伪编校经验横行的局面，必须得到控制。要杜绝不严谨的编校总结，我们需要从如下方面努力：

一、真正热爱编辑工作。

不愿意投入时间精力学习编校知识，在业务上想走捷径，本质上都是不热爱编校工作的表现。

既然我们选择了编辑工作，就要将编辑工作视为毕生的事业，而不是临时性、应付差事的谋生手段。只有我们真正热爱编辑工作，才会积极主动地学习编校知识，才会钻研编校方法，才会心甘情愿地投入大量时间和精力，才能总结出科学严谨的编校经验。

二、尊重学习规律

学习的道路上没有捷径。事实证明绕开了逐字逐句的学习过程，仅凭一两个示例，是无法总结出正确的编校经验的。对于编校知识和国家标准的学习，必须做到逐字逐句。先仔细阅读编校知识内容、标准原文，再辅以示例，最终达到理解和掌握的程度，这才是尊重学习规律的具体表现。只有尊重了学习规律，总结出的编校经验才会是科学、严谨、经得起推敲的。

三、加强核实

对于来自出版社内部的编校经验，参加编辑继续教育从授课老师那里获得编校经验，自媒体平台发布的编校经验，广大编辑一定要加强核实，找到出处，切忌照搬与盲目采信。

反思 4：不能以“坚持特色”为借口拒绝根治“顽疾”

编辑对每本书稿的加工整理，都应严格遵循国家标准。只有这样才能保证出版物的规范性，编辑的编校水平和业务能力才会在工作中不断提高。然而在现实工作中，不少编辑总是以各种理由，为自己不执行国家标准寻找借口。在诸多理由中，强调“要坚持我们自己的特色”较为常见。

根据《现代汉语词典》第7版的释义，“特色”是指“事物所表现的独特的色彩、风格等”。但是我们必须正视一个事实，独特的未必是正确的。独特的色彩未必是好看的色彩，独特的风格未必是主流、积极的风格。因此坚持特色要分具体情况，只有正确的特色才应该坚持，错误的特色应当及时纠正，纠正不了的则应当果断放弃。

但在一些出版社的编辑室中，某些不规范的编校方法和行为由于种种原因一直没有被引起足够的重视，随着时间的推移，不规范的编校方法逐渐成为内部约定俗成的做法，成为了心照不宣的“规矩”。渐渐地，“浊流”反而成为了“主流”。一些新入职的编辑因为接受了错误的熏陶，被不规范的方法和行为带偏。

例如一些编辑对书稿插图问题的处理，长期存在不规范的行为。主要体现在图注和图题的位置未按照《学术出版规范 插图》（CY/T 171—2019）要求设计。再如，一些编辑一直不按照《科技文献的章节编号方法》（CY/T 35—2001）对科技出版物章节和附录编号。

我们应该明确，坚持错误的编校方法，不愿意按照国家标准采用正确的方法，对国家标准存抵触情绪，不叫坚持特色。当一本书汇集了诸多不规范的内容时，就很难成为一本合格的出版物。

出版工作是一项讲求规范的工作，对于不规范的编校方法和行为，应当在第一时间纠正，而不应任其进一步蔓延，逐渐成为一种“顽疾”。

误将“顽疾”作为特色，无论对出版社层面，还是对编辑个人层面，危害巨大。

首先，一本书稿如果存在大量不符合规范的情况，在成书后很难受到社会认可，终究会体现在销量上。特别针对院校开发的教材类书稿，如果在形式和内容方面不合乎标准规范，成书后参评各级各类规划教材时，必然难以入围。这将对院校使用出版社教材产生负面影响。出版社的教材一旦不被学校认可，就会没有用量，必然会对社会效益和经济效益产生重大影响。同时大量不合乎规范的出版物一旦在质量检查中被认定为不合格，还会造成出版社的声誉受损。

其次，长期不按照标准和规范修改稿件，会使得编辑越来越难以接受批评和不同的意见。当编辑长期按照不规范的行为修改书稿时，见到了规范的做法就会感到明显的不适，甚至认为如果按照标准和规范的要求修改稿件会显得别扭。当面对他人提出的善意、中肯的意见时，一部分编辑还会产生明显的抵触情绪，导致愿意提出意见、帮助编辑的人越来越少。长此以往，编辑会对标准和规范越来越疏远，个人编校能力很难得到提升。

我们应该充分意识到，在出版过程中所谓“坚持自己的特色”，其实是个借口。它反映了部分编辑不愿意学习和执行国家标准、出版行业规范，不愿意纠正自己的错误，不愿意听取别人的意见。本质上是编辑工作作风和态度的写照。错误的东西，应当在发现的时候就要改正，而不是一拖再拖，让其成为一种不良风气或顽疾。

作为出版工作者，我们应以国家标准、行业规范作为修改作者稿件的依据，要正视自己所在出版单位编校工作中存在的不足，同时要珍视别人对自己的批评。当得知编校不符合规范的时候，应该以规范为准，迅速纠正不规范的行为。坚决不能以自己的意愿凌驾于国家标准之上，更不能因为不规范的编校行为已经长期存在，就采取习以为常、拒绝纠正的态度，更不能以“编辑部特色”“出版社特色”作为不执行国家标准的借口。

反思 5：究竟是标准不严谨，还是我们解读能力差

在编校过程中，经常会出现编辑对标准出现错误解读的情况。例如在上篇的内容中提到，一些编辑将“浪纹线”的含义解读为“之间、之内”，

将很多正确的句子改成成分残缺的病句。再如，很多编辑混淆“一字线”和“浪纹线”在用法上的差异，怪罪于标准不严谨，导致编辑理解不同。

经过对标准原文的研读，我们不难发现标准在内容阐述方面做到了清晰、明确，并没有带来歧义。反倒是作为编辑的我们，对标准内容产生了错误的解读。错误的解读必然造成编校过程中误改情况的发生。

如果我们认真学习《标点符号用法》（GB/T 15834—2011）、《出版专业基础：初级》《物理科学和技术中使用的数学符号》（GB/T 3102.11—1993）就不会在“浪纹线”的用法上出现具有“之内”“之间”含义的错误解读，导致修改后的句子出现明显的成分残缺。

如果我们认真区分《标点符号用法》（GB/T 15834—2011）、《出版专业基础：初级》中关于“一字线”“浪纹线”用法的讲解，就不会觉得“浪纹线”和“一字线”在应用方面会有较大的争议。

因此提高对标准的解读能力，是广大编辑在工作中应该重点关注的事项。

关于如何提高标准的解读能力，笔者有如下建议：

一、端正学习态度。对于标准的学习，我们应该做到逐字逐句，而不是囫囵吞枣、走马观花。之所以会出现对标准频繁出现错误解读，很大程度上是部分编辑对标准的学习不够细致。模棱两可的印象，似是而非的理解，必然会带来错误的解读。错误的解读直接导致编校过程中误改行为的发生。因此，一定要将端正学习态度放在首位。对标准的学习不仅要逐字逐句，对细节问题更要做到抠字眼，这样才能准确掌握标准内容，避免错误解读的发生。

二、建立标准和工作的联系。之所以出现对标准的错误解读，是因为很多编辑认为标准是标准，工作是工作，将二者孤立，未建立联系。学习标准的目的是指导编辑工作，如果消极、无目的地学习，必然会使学习成为无动力、不用心的活动。我们应该看到，无论是《标点符号用法》（GB/T

15834—2011），还是《科技文献的章节编号方法》（CY/T 35—2001）都和我们的日常工作密切相关。我们只有建立了标准和工作的联系，带着工作中遇到的问题去学习标准，才会让学习变得有动力，学习的过程更加用心，学习的效果得到提升，对标准的解读能力也会得到提到。可见，建立标准和工作的联系非常重要。

三、加强思考与讨论。很多编辑对标准的学习，仅停留在文字阅读层面，没有进一步深入。要想让学习进一步深入，必须引入思考和讨论环节。只有不断思考，才会发现停留在文字表面的认识是浅薄的，发现既有思维层面的不足。同时要注意我们每个人都有认识上的局限性，看问题的角度会受限。因此要广泛地和身边的同事就标准的理解与应用问题展开讨论，通过讨论来拓展思维，多角度理解标准涵盖的内容，避免了认识上的局限，做到加深印象。

反思 6：杜绝无效讨论
——没有“我依据”，就不要发表“我认为”

当编辑在修改书稿的过程中遇到为难的问题，开展内部讨论是值得提倡的做法。通过讨论不仅能发表自己的看法，而且能倾听他人意见，拓展思路，促进多角度看待问题，有利于问题的解决。更重要的是，讨论的过程也是向他人学习的重要途径。

但是，我们要开展的讨论应当是有效的导论。无效的讨论不仅无法解决问题，还会浪费时间，甚至对问题的解决带来误导。

如何才是有效的讨论，怎样讨论问题才能有结果和收获？部分编辑在工作中大量无效的讨论值得我们反思。

很多编辑在讨论编校问题时，一张口就是“我认为……”。还有的编辑为了体现自己的谦虚，或者想表达又怕说得不对，需要留有余地，有时还会刻意强调“我个人认为……”。

对编校问题的讨论不能以个人的主观看法为准，无论是“我认为”，还是“我个人认为”，都应该有基本前提，这个前提是“我依据”。

那么什么是“我依据”，依据的应该是什么？

“我依据”，就是凭什么发表自己的看法，发表看法的底气在哪里。作为出版专业技术人员，对编校问题的讨论，绝对不能没有依据，更不能凭借自己的主观揣测和想象发表意见。可作为依据的是应该是出版法律法规、国家标准、行业规范、权威工具书、出版专业职业资格考试教科书等。

先有“我依据”这个基本前提，再谈“我认为”，编校问题的讨论才会有价值，发表的看法才会有说服力。没有“我依据”这个基本前提，发表的“我认为”“我个人认为”有可能都是谬误。在没有依据的情况，发表的“我认为”越多，越可能露怯。

例如，在书稿中究竟应该使用“硫磺”还是“硫黄”，是编辑工作中经常会讨论的话题。很多编辑在不查询工具书和术语在线网站的情况下，直接凭借“上学时的印象”作为自己的观点。这就是典型的无效讨论。这种讨论只会浪费时间和精力。而有效的讨论应该是先谈自己查询或掌握了哪些规范文本，例如《通用规范汉字表》（2013）、《现代汉语词典》、《辞海》等工具书，查询了术语在线网站的相关名词，然后再发表自己的观点。这样每个人发表的意见和看法都是有依据的，都是基于规范和标准的。这样的讨论才是有价值、有意义的讨论。

然而我们的工作中，充斥着较多的无效讨论。无效讨论不仅没有意义，还占用了大量的时间，并有可能会导致对稿件的错误修改。之所以充斥着较多的无效讨论，究其原因还是因为部分编辑对法律法规、国家标准、行业规范、工具书的学习力度不够，“肚子里没货”，谈不出依据，只能在讨论编校问题时空谈主观感想。

所以广大编辑务必牢记，只有不断学习，对法律法规、国家标准、行业规范、工具书了然于心，在参与编校问题的讨论时，才能在谈出“我依据”的前提下，客观地表达“我认为”，展示出自己的专业性。资深编辑一定要在讨论过程中给新入行的编辑树立榜样。同时，如果我们对遇到的编校问题并不熟悉，千万不要碍于面子乱分析，宁可事实求实地表明自己不清楚、不了解，也不要发表没有依据的看法。

反思7：《现代汉语词典》真能作为编校工作唯一标准吗？

在和编辑的工作接触中，我经常听到这样一种说法：“《现代汉语词典》是唯一标准，一切以现汉为准。”甚至有的编辑在私下交流过程中，宣称其部门领导对《现代汉语词典》的态度是“故若神明”，要求按照《现代汉语词典》处理编校问题。有人将这一现象称为“唯现汉论”。不仅在一些出版社内部存在“唯现汉论”，在某学会举办的编辑继续教育面授培训课程上，个别老师也曾说道：“一切按照现汉来改，是绝对不会出错的。”

那么为什么在出版实践中的相当范围内出现了“唯现汉论”的现象？具体原因可从如下角度阐释：

（1）年轻编辑入职后，其师父或资深编辑没有就编校常用工具书的知识及合理使用问题进行客观讲解。很多年轻编辑并不知道可用于编校参考和质检依据的工具书除了《现代汉语词典》还有很多。

（2）充当师父角色的编辑自身对编校工具书的使用也存在认识上的误区，向新入职的编辑传授了片面、错误的观点。

（3）因为一些出版单位倾向使用《现代汉语词典》，或者因为客观条件仅能为每名编辑配备一册《现代汉语词典》作为案头工具书，导致部分编辑对工具书的使用产生了错误的认识。

在“唯现汉论”的影响下，一些编辑的工作作风发生了变化：

（1）一部分编辑在编校过程中不全面参考其他工具书，认为一本《现代汉语词典》足以应对所有问题。凡是《现代汉语词典》收录的，就认为可用，凡是《现代汉语词典》没有收录的，就认为是错的、不可使用的。

（2）在处理作者书稿的过程中，凡是遇到和《现代汉语词典》不一致的地方，一些编辑不加研判，一律认定作者是错的。在不征得作者同意的情况下，擅自对重要的科技名词术语进行修改。

（3）部分编辑产生了盲目自大的工作作风。认为自己参考了《现代汉语词典》，所以自己是对的。拒绝听取他人不同的看法，不接受其他工具书的意见。

不可否认，《现代汉语词典》是一部非常有价值的工具书，为我们的编校工作提供了重要的指导，发挥了重要参考作用。但是现汉能否被称为“唯一标准”，编校工作中能否“一切以现汉为准”值得商榷。

1.《现代汉语词典》存在局限性

任何工具书都有自身的局限性，不可能有一本工具书能做到完美无误。《现代汉语词典》有许多明显值得商榷的地方，也有较为明显的错误。例如仅在《现代汉语词典》第 7 版第 1764 页当中，就有连续两处是值得商榷的，第一个是 pH 值究竟要不要加“值”这个字；第二个是 PM2.5 究竟是平排还是下角标，这两处是明显值得商榷的。

同样，《现代汉语词典》第 7 版中明显的错误也不少，例如第 512 页【函数】条目中有“这种关系一般用 y=f（x）来表示”字样，其中自变量 x 及因变量 y 均正确使用了斜体，但是表示函数关系的 f 却没有使用斜体。再如，第 660 页【阶乘】条目中的两处被排成了正体的 n，应该为斜体 n。同类问题不少，就不一一列举了。

可见，由于《现代汉语词典》第7版本身具有较为明显的局限性，不具备成为“唯一标准”“一切以现汉为准的”的条件。

2. 用于编校及质检参考的工具书远不止现汉一本

多人认为《现代汉语词典》是中国社会科学院语言研究所词典编辑室编写的，因此具有最高的权威性，是唯一标准。笔者认为此观点欠妥。《辞海》第七版获得了中国政府出版奖，其权威性也是不容置疑的。在全国出版专业职业资格考试《出版专业实务·初级（2020版）》年版第11页，列出了可用于编校工作的工具书，具体包括《新华字典》《汉语大字典》《现代汉语词典》《辞海》《辞源》《汉语大词典》。在教材中没有宣称《现代汉语词典》是最高权威、唯一标准。

在中央宣传部出版产品质量监督检测中心组编的由商务印书馆出版的《图书编校质量差错案例》一书的附录部分，明确地列出了可以作为编校质检参考的工具书，其中除了《现代汉语词典》外，《新华字典》《辞海》《辞源》《汉语大词典》《汉语大字典》《中国大百科全书》《新华成语大词典》《英汉大词典》《牛津高阶英汉双解词典》《外国地名译名手册》《英语姓名译名手册》《中国地图集》《世界地图集》《中华人民共和国行政区划简册》等都是重要的工具书。中央宣传部出版产品质量监督检测中心同样没有强调《现代汉语词典》是唯一标准，更没有说《现代汉语词典》的权威性最高，一切要以现汉为准。可见，在编校工作中要广泛参考工具书，而不能局限于一本。

3. 每种工具书的侧重点不同，复杂的问题，需要综合多种工具书才能解决

在本书上篇中列举的很多问题，都并不能仅凭《现代汉语词典》这一本工具书找到妥当的解决办法。编校工作中的很多疑难问题需要借助多本工具书，综合多方意见才能找到相对满意的解决方案。除了现汉，其他工具书在内容编排和专业方面各有侧重点。《辞海》第七版的条目涵盖了交通运输、能源、材料、环境科学、经济学、管理学、法学、航天航空、信息科学、生

命科学等重要学科，它收录的条目更多，涉及的学科更广。《汉语大词典》收录词语375000余条，约5000万字，插图2253幅。该书古今兼收，源流并重，集古今汉语语词之大成。正文字头按照200部首顺序排列；复词按首字随列于相应单字条之后，按笔画数编排。收录古今汉语的一般语词及已进入一般语词范围内的常见百科词汇。释文注重历史性、全面性，具有义项齐全、释义准确、例证丰富和资料翔实的特点。《汉语大字典》是当今世界上规模最大、形音义最完备的大型汉语字典。该书古今兼收，源流并重，集古今汉语研究之大成。《汉语大字典》第2版共9卷，收录单字60370个，囊括了《康熙字典》的全部字头，是当今世界上规模最大、形音义最完备的大型汉语字典。《汉语大字典》，收字多、释文详尽、例证丰富，比较适合专业研究人员使用。这些工具书各有所长，编辑应针对稿件类型和遇到的问题，选择能恰当解决问题的工具书，绝对不要“一本现汉闯天下”。

为了避免在出版工作中“唯现汉论”进一步蔓延，编辑以一本工具书作为编校标准，忽视其他工具书的重要作用，我们必须正确理解和使用编校工具书。

（1）图书市场中的工具书很多，但并非所有的工具书都可作为编校参考和质检标准。只有经出版专业职业资格考试教材和中央宣传部出版产品质量监督检测中心认可的工具书才可以作为编校工作的参考。不在认可范围内的工具书，说明其价值尚未得到主管部门和学术界的广泛认可，在质检申辩过程中同样不能作为申辩依据。因此，广大编辑在选择工具书的过程中，应特别注意选择认可范围之内的工具书。

（2）每本工具书都有自身特点和局限，没有一本工具书是完美的。编辑在工作中应广泛查阅工具书，不能通过一本工具书来一锤定音、盖棺定论地解决复杂的编校问题。如果遇到相对复杂的科技名词术语问题，在参考多种工具书的同时，我们还要结合全国科学技术名词审定委员会术语在线网站等网站，才能让修改更加有说服力。

（3）要理解所在出版单位为员工配备某种工具书的原因。编校工作中可参考的工具书很多。每种工具书都有其自身的特点和适用的读者对象。但为每名编辑配齐所有工具书是不现实的，只能在诸多工具书中选择合适本单位情况且能够做到人手一册的。例如《新华字典》突出简明扼要，以收录字为主，但其收录的词语条目不多，无法解决编辑日常工作中要查询大量词语的问题，因此更适合学生群体使用。《现代汉语词典》是中型词典，收录的是现代汉语的常用语文词汇，能够解决编辑工作中遇到的一般性问题，但对科技专业的名词术语的收录可能有限。《辞海》是以字带词，兼有字典、语文词典和百科词典功能的大型综合性辞典，总字数约 2400 万字，总条目 13 万余条，收录交通运输、能源、材料、环境科学、经济学、管理学、法学、航天航空、信息科学、生命科学等重要学科的词汇，能够解决编辑工作中遇到的专业性问题。从内容上分析，《辞海》非常适合作为编辑的工具书。但《辞海》第七版全套定价高达 1998 元，在出版单位中很难做到人手一册、案头必备。综合多方面原因，很多出版单位选择了《现代汉语词典》作为编辑工具书。这一选择兼顾解决常见问题和做到编校人员人手一册。编辑要理解所在单位选择某种工具书的原因，不能片面地认为《现代汉语词典》是编校工作的唯一标准。

综上，我们只能说《现代汉语词典》是我们编校工作中的重要工具书之一，为编辑解决编校问题提供了重要线索。对于复杂的编校问题，我们需要结合书稿类型选择多种工具书，并结合国家标准、术语在线网站等，在综合判断的基础上找出合理的解决方案。

反思 8：和《现代汉语词典》不一致未必是错的

很多编辑在审读书稿的过程中，只要发现作者使用的一些词语和《现代汉语词典》收录的词语并不一致，就认定为错误，并以《现代汉语词典》为标准，对作者书稿进行修改。

例如，在很多书稿中作者使用的是“西兰花”“砂土”，编辑以《现代汉语词典》为依据改成了“西蓝花”“沙土”。

但是编辑应该充分意识一个问题，除了《现代汉语词典》之外，还有大量的工具书也是可以作为编校参考和质检依据的。我们可以这样认为：和《现代汉语词典》不一致的，只能说有可能错，但未必一定是错的。我们需要综合其他工具书才能找到稳妥的解决方式。

在之前讲解常用工具书时，我们提到了《现代汉语词典》是中型语文词典，收录的是现代汉语中常用的语文词汇，更适合解决文学、社科类书稿中遇到的问题。《辞海》是大型综合性辞典，收录交通运输、能源、材料、环境科学、经济学、管理学、法学、航天航空、信息科学、生命科学等重要学科的词汇，更适合解决编辑工作中遇到的专业性问题。

“西兰花”“西蓝花”“砂土”“沙土”的写法在不同的工具书中存在不同的写法，这一事实必须承认。虽然在《现代汉语词典》中推荐的是“西蓝花”，但是在《辞海》第 7 版青花菜词条中使用的是“西兰花”。在《中国大百科全书》第三版中，“西兰花”“西蓝花”处于混用状态。大量的国家标准中同样使用了“西兰花”。在《现代汉语词典》中收入的是“沙土”，而《辞海》收录是“砂土”，全国科学技术名词审定委员会术语在线网站同样收录的是“砂土”为规范名词。

由此看来，仅凭一本《现代汉语词典》就认定作者书稿中的“西兰花”和“砂土”为错误写法是极为不妥的。作者在写作过程中使用的《辞海》、《中国大百科全书》、国家标准、全国科学技术名词审定委员会术语在线网站，同样可以作为编校和质检工作的重要参考。我们只能说与《现代汉语词典》不一致的，有可能是错的，但未必一定是错的。

反思 9：编校意见和质检意见为何难被认可

在编校和质检工作中，普遍存在一种现象，就是有的编校意见和质检意见难以被编辑认可。编辑向作者提出的稿件修改意见，作者不认可；质检人员对书稿提出的质检意见，编辑同样也不认可。

出现这一现象的原因是什么？笔者认为本质原因是提供的依据过于单薄，在对方看来没有分量、缺乏说服力。如果编辑对书稿的修改，仅参考一种工具书，质检人员对错误的认定仅依据一本工具书，难免会造成不被认可的事实。因为可供参考且被认可的工具书众多，仅使用一种恐难有说服力，对方可能参考了更多、更广泛的工具书。

对于工具书的使用，我们应当掌握一个原则：只要是出版专业职业资格考试教材和中央宣传部出版产品质量监督检测中心认可的工具书，都可以作为编校和质检工作的重要参考。任何一本工具书在编校工作中发挥的都是参考作用。在处理相对复杂的编校问题时，编辑和质检人员绝不能仅参考手头一本工具书，就轻易给出修改或质检意见，而要综合多种工具书、国家标准、术语在线网站的意见进行综合研究与判断。在综合研究与判断基础上给的意见才能让人信服、认可。

在使用多种工具书研究编校问题时，通常会遇到三种情况。第一种情况是所有工具书意见一致，达成共识。当所有工具书都指向一个共同的结论时，我们可以盖棺定论地认为结论应采信。第二种情况是工具书之间存在不同意见，有不同观点。这种情况下，编辑结合书稿的读者对象、学科特点分析哪种观点更适合书稿的实际情况，哪种观点更有道理，在综合分析的基础上做出取舍。第三种情况是学术界存在分歧，很难得出孰对孰错的意见，这时应坦诚告知读者实际情况，让读者全面了解存在分歧的事实。

1. 所有工具书的意见统一

本书上篇中出现的“杧果”“榴梿”“钱锺书”“法拉第”的写法等，都属于多种工具书达成共识、没有异议的情况。这时，我们应坚决地执行工具书的意见。

2. 工具书中之间有不同意见

例如，本书上篇中出现的“傅里叶”和“傅立叶”写法问题，工具书、术语在线网站、出版考试教材之间持不同意见。在这种情况下，编辑要分析，如果是针对出版考试的人群，不妨依据考试教材中“傅里叶”的写法。如果面对的是科技书稿，应根据所述学科选择相应的术语。

再如，上篇中出现的“魏徵”和“魏征”，“文徵明”和“文征明”的写法问题，工具书之间虽然有不同意见，但是依据《通用规范汉字表》是可以得出应采用“魏征”和“文征明”写法结论。

工具书之间意见不统一是普遍现象，反映了学术界百家争鸣的现状。我们应选择合理的、效力更高、适合书稿情况的意见加以采纳。

3. 学术界存争议

书稿中难免出现学术界存在争议的问题。例如上篇中出现的关于南宋的灭亡时间有1276年和1279年两种观点。争议的焦点在于端宗、帝昺成立的流亡政权，是否应当视为南宋王朝延续。再如，年代划分是起自0年，讫于9年，还是起自1年，讫于10年的也是有不同看法的。对于学术界尚无定论的问题，编辑不能仅凭个人分析，对哪种学术观点是正确的加以判断。这种情况下，编辑要公正、客观地向读者介绍学术观点存分歧的客观实际与原因，这样才能让稿件内容更客观。

可见，要想让编校意见和质检意见更具说服力，必须改正仅凭一本工具书下结论的工作方法。

反思 10：“删”并不是解决问题的最好的方法

编辑在工作中，经常会遇到一些处理起来可能会相对烦琐的问题。例如，在一些书稿中作者所表达的观点在编辑既有认知范围内较难把握，如果要进行核实、修改需要花费较多的时间和精力。还有一些书稿中的地图需要按照《地图审核管理规定》进行送审，履行送审流程可能要花费不少时间。上述这些问题其实都是在编辑工作中经常会遇到的问题，是通过努力可以妥善解决的。然而部分编辑在遇到类似问题时，却不愿意努力寻找问题的解决途径，而是选择了删除的方式。

关于删除的理由，很多编辑说“作者的表述和观点，我拿不准，不好把握，为了稳妥起见，还是删了吧”“地图送审太麻烦了，我等不起，干脆删了吧”。从上述理由中，我们不难看出，编辑是以自己为中心考虑问题的，并没有从作品和作者利益角度考虑问题。

删除表面上看是在快速解决问题，但仔细思索后，会发现删除在本质上并没有解决问题，反而是在逃避问题。“删”暴露了部分编辑面对未知领域和新事物时不愿深入思考、不愿意学习、不愿意尝试的工作作风。

遇到书稿中作者观点难以把握时，编辑应分析是什么原因造成的无法把握，根据不同的情况制定策略。第一种情况作者的表述有可能存在意识形态问题，例如出现违反《出版管理条例》的情况。如果遇到此类情形，编辑采取果断删除的做法是正确且值得提倡的。如果此类共性问题较多，还应当做退稿处理。第二种情况是限于个人编辑学识原因无法把握。编辑不能因为自己看不懂、不明白，就擅自将作者的观点删除，而应当通过查询政策法规、工具书，向资深编辑请教等途径证实作者观点的正确性，或将作者不完善的观点修改妥当。编辑这样做虽然多花费了一些时间，但是完善了作者的观点，提升了书稿质量，更使得个人能力得到了锻炼。

对于地图送审问题，广大编辑应从作者利益和图书销量角度出发，应送尽送。首先，地图送审已成为编辑工作必须直面的问题。熟悉地图送审的流程已经成为编辑的基本要求。之所以有些编辑宁可删除书稿中的地图，也不愿意履行送审手续，多是因为这部分编辑对自己未知的领域存在惧怕心理，而且不愿意向他人虚心请教流程方面的知识。一部分编辑主观地认为，地图送审一定会浪费很长时间，甚至会被审核机关批评和责难。这些都是对送审工作的误解。广大编辑不要把地图送审想象得很复杂。只有积极履行送审手续，才会尽早消除误解，掌握地图送审流程。其次，地图是诸多图书中都会出现的内容，一张特色鲜明、贴近主题的地图能为书稿增色不少，甚至会对图书销量产生重大影响。作者既然在书稿中使用了地图，代表地图在书稿内容中发挥着必不可少的作用。编辑因为个人怕麻烦，不愿意履行地图送审流程，将书稿中的地图作删除处理，有可能会对图书销量产生负面影响，是对作者和作品不负责的表现。

事实证明，一些编辑以自我为中心，从个人利益考虑问题，采用“删除”的策略，带来很多弊端。例如，一些作者在专著中表达了自己独到的学术观点。这些观点有可能是编辑在既有知识背景下无法把握的，但未必是错误的。很多编辑只是在觉得难以把握，或者存在表述不当嫌疑的情况下，就将作者独到的观点进行删除，降低了书稿的学术价值。盲目删除书稿中的地图，可能使一本非常有特色，本应当大卖的图书成为平庸，甚至滞销的作品。当一名编辑已经将删除作为习惯的时候，他可能就无法编辑出高质量的书稿。当一家出版社有很多习惯性删除的编辑，出版社就较难出版精品、畅销图书，将导致市场份额下降，产品竞争力丧失。当作者和这样的编辑合作过，通常难以继续合作。同时出版社难以留下优秀的作者。

编辑工作是求道德的工作。对作者稿件的态度和处理方式，在一定程度上能够反映编辑的道德水平。全心全意为作者服务，不应是一句口号，要落实到对作者和作品的尊重上来。编辑为了自己省事，就采用简单粗暴的删除方式，甚至吓唬作者说不删就难以出版，都是不尊重作品和作者的表现，也体现出编辑职业道德的缺失。

“删”并不是解决编校问题最好的方法，有时候可能是下下策。编辑应在内容不违反政策法律的前提下，尽量保持作品的原貌，慎用、善用手中的权力，时刻牢记自己的一言一行不仅代表了自己，更代表了出版社的形象。

反思11：与其埋怨师父不传承，不如自己着手知识积累

很多从学校一毕业就步入出版行业的新编辑，对职场充满了期待。他们进入出版社后，都满怀希望能从自己的师父那里获得一本可以直接用来指导编校工作的秘籍。

但事与愿违，很多师父拿出的却是一本作者新交的书稿，让年轻编辑直接看稿、做加工，说这是“边学边干”“从干中学”，并鼓励说“先看稿子，有什么疑问随时问”。

很多新编辑认为，师父应该将他工作中整理的笔记或讲义传承给自己，让自己快速成长。不应该对自己藏着掖着，一上来就干活，实属不应该。于是，很多新编辑心里产生了不满甚至怨言。

这一职场现象，在各个出版社都普遍存在。我们应该从如下方面理解：

首先，新编辑要理解师父有“教会徒弟，饿死师父”的顾虑。这是人之常情。给了秘籍那是情分，不给秘籍，那是本分。

其次，不排除师父那里真没有徒弟所期待的工作笔记、讲义等“秘籍”。因为很多编辑确实是在没有任何总结、积累的情况下，一直从事编辑岗位工作的。用部分编辑的话说：“总结和经验，存在于脑海中，并没有形成任何文字上的东西。”

再次，无文字经验传承的现象，已经是出版界的普遍现象。有文字经验传承，反而成为了理想状况。师父的师父，当初也是如此带徒弟的。所以从干中学，并不是个案，已经成为了一些出版社培养新编辑的方法。

如果新入职编辑发现在师父那里确实得不到编校经验和知识的文字传承，不应抱怨。抱怨，只会让人沉浸在消极的情绪中。与其整天私下埋怨师父不教，不传承，不如以积极的心态和行动适应现状。年轻编辑要从入职后逐步开始自己的编校知识积累。

这里，笔者对年轻编辑应如何开展编校知识积累提些建议：

（1）从入职的第一天开始，从自己接触的第一本书稿开始，从自己填写的第一份稿历开始，将自己学到的知识、犯过的编校差错全部记录下来。

（2）向编校流程各环节的老师借阅他们的审检记录存档。在这些记录中，包含了大量编校知识和差错案例。这些都是提升编辑能力的宝贵资料。

（3）对于互联网自媒体、微信公众号中刊载的编校知识，先进行“收藏”操作，定期进行专项学习，转化成自己的知识并加以记录。

（4）认真学习全国出版专业职业资格考试教材和中央宣传部出版产品质量监督检测中心组编商务印书馆出版的《图书编校质量差错案例》。有很多具有高学历的编辑因为具备直接报考中级职业资格考试的条件，因此仅学习了中级考试教材，未学习初级考试教材。很多编校基础知识是在初级考试教材中讲解的。建议广大编辑认真学习全国出版专业职业资格考试初级教材。同时，《图书编校质量差错案例》涵盖了编辑工作中常见的差错，能够促进编校水平得到有效提升。

五、形式应满足便于检索、方便复习的要求。对编校知识的积累，既可以使用纸质形式，又可以采用电子形式。纸质记录的好处是在书写过程中能够形成较为深刻的印象，不足之处是不便于修改和检索。电子记录相对纸质记录具有便于检索，方便修改的特点。广大编辑可选择适合自己的方式和形式。

新入职的年轻编辑在师父那里得不到文字方面的传承，是目前出版工作中较为客观存在的现状。年轻编辑在工作中遇到上述情况，不应当钻牛角尖，让自己陷入负面情绪，而应当正视这种现状，自己开始着手积累。

人都是在不断成长的，今天是职场新编辑，明天就有可能成为师父，要带自己的徒弟。我们不能因为自己没有从师父那里获得传承，就不给自己的徒弟传承，这是大错特错的。

反思 12：资深编辑更应杜绝双重标准问题

双重标准，经常被简称为“双标”。双重标准具体体现为：对别人要求高，对自己要求低；要求别人做到的事情，自己却做不到；对不同事物发生在别人身上的态度，和发生在自己身上的态度截然不同；对别人做某件事情的解释和自己做同件事情的解释迥然不同。总的来说，双重标准就是对待同一件事发生在别人身上和自己身上的态度不一样。

在编校工作中，我们经常会遇到双重标准问题。这种情况在新入职编辑身上发生的不多，反倒是更多地发生在复审、终审等资深编辑身上。

“双标”的情况在图书编校流程中较为普遍。例如，很多新入职编辑在修改稿件时，对问题的查证不以工具书、国家标准为参考，而选择以百度等搜索引擎为依据。资深编辑在批评新编辑时通常会经常说，“你不能查百度，百度的内容都是不准的，它不是标准，任何人都可以在网络中发表自己的看法”。可是当这些资深编辑遇到自己拿不准的问题时，也是先通过百度等搜索引擎找结果，自己也未做到通过工具书和国家标准寻找问题解决的途径。再如，资深编辑批评新编辑不执行国家标准时义正词严，当自己不执行国家标准的时候，却以标准是推荐性的或标准太老了为借口……

编校流程中大量“双标”情况的出现，带来了不良后果：

（1）资深编辑的个人威望的降低。资深编辑对自己的要求和对新编辑的要求截然不同，对自己要求低，对新编辑要求高，要求新编辑做到的事情，自己却做不到。长此以往，资深编辑的个人威望只会降低。

（2）新编辑对出版社质量管理工作出现失望情绪。出版工作对“三审制”和“三校一读”制度都有明确的要求。出版流程中各审级的参与者和把关者不仅要严格执行各项要求和标准，更要以自己的行动为新编辑树立榜样，让新编辑看到资深编辑是怎样以身作则、严格要求自己的。如果资深编辑在工作中采用双重标准，为自己不执行规范标准找借口，只会让新编辑产生各项管理制度仅针对他一个人，但约束不了资深编辑的不公平的感觉，久而久之会对出版社的整个质量管理体系产生失望的情绪，不利于质量工作的真正落实。

双重标准的本质是标准在他人那里要严格执行，在自己这里可视情况而改变。在采用双重标准人的眼中，底线是可以根据自己的情况不断降低的，红线也可以因为自己的特殊情况适当逾越。长期采用双重标准会使一个人逐渐变得没有原则。

在工作中，我们应当提倡的是严于律己，宽以待人，而双重标准正好相反，是宽于律己，严以待人。在出版社中，资深编辑一定要杜绝双重标准问题，要在各个方面为新编辑做出表率。

反思 13：“天下武功，唯快不破”不能用于编校流程

我们都听说过“天下武功，唯快不破”这句话。那么这句话究竟要表达什么意思呢？这句话强调的是速度的重要性，认为只要招数动作足够快，就能够有效攻击并防御，从而在武术对抗中占据优势。即使拥有高超的武艺，面对敌人速度极快的进攻时，也可能无法及时想出应对招数，因此速度成为了决定胜负的关键因素。

“天下武功，唯快不破”表明武功高强不是取胜原因。“快”导致了对手没有时间思考，无法想出对策才是取胜原因。但如果慢下来，给敌人以足够的时间，那么敌人是有可能想出应对之策的。

“天下武功，唯快不破”的策略应用于敌人和对手。遗憾的是不少编辑却将“天下武功，唯快不破”运用到了出版流程中各个把关环节的老师身上。

不少编辑不仅自己对书稿的加工速度快，还要求复审要快、终审要快、校对要快、质检要快。有些书稿甚至要求复审、终审老师一天完成，恨不得能立等可取。一切环节都要求快，唯独不提质量二字。

在出版工作中，编校速度和质量是不能兼得的。快会导致无法逐字逐句地对书稿进行加工、审读，快会导致无法对问题展开深入思考，快还会导致深层次的逻辑性、知识性错误很难被发现，快更会导致对关键问题的核实工作被简化。当在各个环节都要求快时，必然会导致牺牲书稿的质量。各个环节的把关老师是帮广大编辑发现书稿中各类问题的自己人，不能当作敌人用“快”来对付。

很多编辑认为压缩三审、校对时间是加快出版节奏的有效措施。只有

加快出版节奏，才有助于完成年度出书任务，自己才能有更好的效益。这个观点是错误的。加快出版节奏的有效措施应是提升作者的交稿质量。提升作者书稿交稿质量的有效途径是在作者写作阶段就积极介入，定期检查作者写作样张，发现问题及时提请作者修改，将重大问题扼杀在萌芽状态，这个就是我们常说的“田间管理”。作者交稿质量高，出版节奏自然会加快。遗憾的是，很多编辑不知道什么是“田间管理”，在作者写作阶段不介入、不过问、放任自流，待作者交稿后才发现书稿质量堪忧，改起来很麻烦，又面临着急迫的出书进度，只好压缩三审时间。不从作者写作阶段积极介入，当木已成舟后从把关环节抢时间，是极不明智的做法。

请广大编辑务必牢记，“天下武功，唯快不破”是用来对付敌人的。而出版流程中，为我们进行质量把关的复审、终审、校对、质检老师，都不是敌人，是我们的战友和伙伴。让他们快，让他们压缩时间必然无法发挥应有的把关作用。

虽然责任编辑是书稿质量的第一责任人，但是毕竟一本书的出版工作中，还有复审、终审、校对、质检等环节多人参与。违背出版规律，只求速度，不要质量，一旦造成质量事故，不仅会使个人形象受损，还会牵连很多人，影响出版社的声誉，更有可能引发舆情。在编校流程中，我们应坚决杜绝只求速度，牺牲质量的行为。

反思 14：疏远标准和规范，阻碍了我们的进步

日本有部电影叫《万能鉴定师 Q：蒙娜丽莎之瞳》。女主角凛田莉子拥有高超的鉴定能力，能够轻而易举地鉴定出假冒的世界名画，因而引起了假画制售集团的不满。为了破坏她的这种能力，假画制售集团通过虚假招聘，

对女主角进行了错误的训练，不断用假画刺激女主角的神经突触，导致了其名画鉴定能力丧失。

电影中讲述的故事为编校工作带来了启示。作为出版专业技术人员，广大编辑只有时刻用标准和规范来指导对书稿的修改工作，处处以标准和规范约束编校行为，才能形成标准和规范意识，知道什么是符合标准和规范的修改方法，并将标准和规范运用得更加熟练，书稿质量才会得到有效提升。如果一直在使用错误的或者不合乎规范的方法修改稿件，不仅会让书稿质量难以保障，而且会对标准和规范越来越陌生，甚至产生不适感。

遗憾的是我们很多编辑在修改书稿过程中，并没有依照标准和规范，完全是按照自己的主观想法。有的编辑甚至自嘲说自己用“野路子”改稿。如果长期疏远标准和规范，就会对标准、规范感到越来越陌生，逐渐丧失对编校标准和规范的感知和判断能力。例如，我们经常会看到当某些编辑得知其对书稿的修改不符合规范和国家标准，而正确的规范和国家标准与其想象相距甚远时，就会表现出了不解、惊讶甚至惶恐的表情。这都是长期疏远规范带来的恶果。

俗话说：“没有规矩，不成方圆。”图书编辑的“规矩”就是法律法规、国家标准、行业标准、出版规范及工具书。我们只有按照出版行业规矩从事编辑工作，树立标准和规范意识，不断用标准和规范约束自己的编校行为，在遇到不符合标准和规范的情况才能自觉抵制。我们不仅要养成以标准和规范作为修改稿件依据这一职业习惯，更要让标准和规范意识深入我们的骨髓。这有这样，我们对标准、规范的理解和掌握程度才会越来越深，并逐渐成为编校领域的专家。出版高质量的精品图书，遵守国家有关标准和规范应成为全体编辑自觉的行动。

反思 15：不要成为编校业务中的孤家寡人

新编辑的进步与成长，个人努力固然重要，得到出版社各个审级、校次资深老师的帮助也很重要。有时候来自别人的帮助和经验传授，能使新编辑少走很多弯路，成长与进步的速度会更快。但是有一些编辑因为一些问题处理得不好，导致别人不愿意在编校业务上予以帮助和指点，逐渐成为编校业务中的孤家寡人。

在出版过程中，一些年轻编辑对如下问题处理得不好：

1. 懒汉作风，需要人伺候

在编校工作中，一些编辑对于标准和知识的学习就像懒汉一样需要别人伺候，用“饭来张口，衣来伸手”形容丝毫不过分。

在工作中，我们经常能够看到一些编辑对来自他人的编校建议反应像炸了毛似的，用“我并不认可”“你有什么依据吗”“你拿出依据来”“我怎么找不到”“你找到依据给我看看”等责令、蛮横的语气和别人交流。这是极为不妥的。

当我们得知自己某方面存在知识欠缺或者对稿件的修改存在未执行国家标准的情况，应反思别人为什么知道相关标准，自己为什么不知道。这只能表明自己的学习力度不够，应当花时间去补课，加强对编校知识、标准和规范的学习。然而很多编辑既不相信别人中肯的意见，又不愿意自己补课，还要让指出自己不当的人为自己找标准、找依据，并呈到自己面前自己才服气。用这种方式和人交往，久而久之，愿意帮助你、指出你问题的人就会越来越少，最终只能使自己变成孤家寡人。

广大编辑需要明确，对编校知识的学习以及对标准规范的掌握，是自己分内的事情。如果连最基本的查标准、找依据的事情都懒得做，索性不要从事编辑工作。

2. 不为把关老师创造良好的审校环境

创造良好的审校环境，有助于流程中各个环节的老师进行质量把关。然而很多编辑不为他人考虑，为编校流程各把关环节创造了不利甚至恶劣的审稿环境。例如，很多编辑一心求快，对作者交稿的电子文件不做任何内容整理和版式上的调整，就匆忙打印后进入编校流程。打印后才发现书稿中有诸多不利于审稿的因素。有的作者写稿时采用了特殊的字体，而编辑的计算机中缺少这种特殊字体，导致书稿打印出来后字体异常，汉字基本笔画与常见的宋体、楷体有较大差别，审稿老师很难区分是错别字还是特殊字体，为审稿工作带来了巨大困难。有的作者在写作过程中，使用了过小的字号，编辑不做任何调整使用小 5 甚至 6 号字体打印，导致年龄较大的复审、终审的老师看不清书稿内容，无法进行质量把关。有的作者在写作时采用了彩色字体，但是编辑按照黑白模式打印书稿内容，导致彩色文字看不清。有的书稿序、前言不完整，图片、表格不清晰或缺失，编辑明知未达到齐、清、定要求还要坚持进入审校流程，使得把关老师无法正确行使职责。

如果一名编辑长期不为他人创造良好的审稿环境，在编辑流程中个人印象分就会变得很差。每当提起这位编辑，流程中的各位老师都会联想到他的书稿质量一贯较差，那么谁又会喜欢书稿质量很差的编辑呢？

编辑应牢记，流程中的各个把关环节的老师，是帮助自己提升书稿质量的，只有为他们创建良好的审稿环境，才有可能发现更多的问题。当你创造的审稿环境很差时，把关老师的审稿将会变得非常痛苦，甚至无法发现重大问题。编辑应当认真整理作者的电子稿，将字号、颜色、字体调整至适宜审读，同时务必做到齐、清、定。

3. 不尊重他人的劳动

从作者交稿，到顺利出版，一本图书经多人次、多环节共同把关，凝聚了很多人辛勤的汗水。为了提升书稿质量，帮助编辑成长，复审、终审老师通常会事无巨细地在审读记录单上书写发现的问题，质检老师也会在质检报告上详细指明不妥之处。对于这些老师的劳动，部分编辑并未尊重。他们对复审、终审、质检人员的提出的意见不核实、不修改，对问题不重视、不处理。这都是不尊重他人劳动的表现。当把关老师发现自己辛辛苦苦撰写的审检意见并未被编辑重视，带着诸多问题继续走流程，必然会对编辑产生不好的印象。因此，编辑一定要尊重他人的劳动。

4. 没有海纳百川的胸怀

在编校环节，当编辑收到来自终审、复审或其他有经验的老师提出的修改意见时，应珍惜学习的机会并虚心接受意见。要积极乐观地看待别人愿意在编校业务上指点自己的这个好现象。然而很多编辑对待他人善意提出的问题，不但不感谢，反而以不恰当、不礼貌的方式回击。

目前很多出版社为了提升书稿质量，都设立了印前质检环节。这是书稿印刷之前最后一道把关程序。然而一些编辑并没有意识到质检是在帮助自己提升书稿质量，反而觉得是在为难自己，面对质检人员提出的问题并没有展现应有的态度和胸怀。一些编辑对质检人员阴阳怪气、怒目而视，甚至出现肢体冲突。

编辑的成长，自己的努力固然重要，来自别人的帮助更是必不可少。编辑不要成为懒汉，对编校知识和标准规范的学习要积极主动，要为把关环节的老师创造良好的审稿环境，要尊重他人的劳动，要虚心接受他人的意见，有海纳百川的胸怀。只有帮助自己的人越多，成长才会更快。千万不要让自己成为编校业务中的孤家寡人。

反思 16：重复犯同样的错误源于没有积累与总结

随着工作年限的增加，一些编辑的编校水平并没有得到明显提高，很多犯过的编校错误还会重复出现，编校知识中的短板也迟迟没有弥补。造成上述现象的原因是一些编辑从未进行过编校知识的积累与总结。

很多编辑虽然在主观上能够认识到编校知识积累的重要性，但是却不知道如何进行编校知识的积累。笔者结合工作经验对开展编校知识积累提出一些建议：

1. 认真对待稿历和编加记录

在工作中，笔者因为参与复审、终审环节的工作，经常接触编辑填写的稿历。很多编辑对稿历的填写就像应付差事一样，不仅字迹潦草，而且能少写就少些，能不写就不写。很多编辑的编加记录单中“提出问题”“修改情况”“作者反馈意见”三项内容均为空白，还有的仅写三个字“见原稿”。在部分编辑看来，认真填写稿历和编加记录单是浪费时间的，会影响送审、发稿，甚至对完成年度出书计划起到延缓作用，最终将影响自己的收入。殊不知，这种短视行为使编辑丧失了总结和提高的机会。

当书稿交付印刷后，编校流程中的原稿、校样全都会存档，编辑手中留不下任何关于编校内容的记录性文字。没有任何文字记录留存，何谈编校知识的积累与提高。这一切都是消极填写稿历、匆忙赶进度造成的。

我刚开始做复审工作时，和很多复审老师一样都是手写复审报告和记录单的。但是在实践中，我发现了问题：手写的复审记录，会随着稿历一起归入档案，导致个人没有存档。而我在复审过程中发现的问题和差错，很多是颇具价值的，应该定期总结与回顾。复审记录对我来说是非常重要的知识积累途径。

为了从复审工作中受益和得到提高，我决定制作电子版的复审报告和复审意见单。我使用 Word 软件制作了电子版的复审报告和意见单。每次复审后，打印一份发给编辑，自己留档一份，用于定期的回顾与提高。

很多人认为电脑打字的速度比手写速度快，在电脑上制作复审报告、填写复审单可以节约时间，但事实并非如此，电子版的耗时要远远长于手写的报告。手写的复审报告，难以控制字号和间距，在书写过程中很容易出现字大行疏的情况。因此能记录的内容会限制在有限的空间。如果采用手工填写的方式，一本书稿的复审意见和复审记录单基本上在一小时之内就可以完成。而电子版的报告和记录单，可在固定的字号和间距条件下输入文字，还可以根据需要增加篇幅，能突破纸质版报告的篇幅限制，大大增加了记录内容。一份电子版的复审报告和意见，通常要让我用两三个小时。

电子版的报告和记录单不可避免地存在一个劣势，就是在输入过程中，有可能会因使用拼音输入法导致录入同音的别字。输入的越多，出现别字的概率就越大。我经常会出现录入同音字的情况，因此其他审级的老师会劝告我不要写电子版的记录，万一自己写错字了，编辑看了不好。但凡事有利有弊，我们不能仅看到弊端，却看不到优点。当你发现一件事情的优点远远大于弊端的时候，就可以坚持去做。我制作电子版的目的就是能事无巨细地记录我在书稿中发现的各种问题。这样做有两方面好处：一方面能帮助编辑提升书稿质量；另一方面便于我定期的回顾、反思和提高。通过认真做复审记录，我积累了大量的编校案例，当我在授课和写论文时，就有了丰富的素材。随着在工作中的不断成长，我根据出版社的工作安排，又担任了行业标准、团体标准的终审工作，还承担了部分书稿及成品书的质检工作。我经手的每一本书稿、标准和成品书，都留下了详细的电子版审检记录。我将这些记录分类存放在计算机的“复审”“终审”“质检”文件夹内，定期将这些记录打印出来，装订成册，认真回顾。在回顾的过程中，我不仅复习了相关编校知识，而且也发现了之前审检工作中知识的不足、认识的欠缺，进而明确了下一步学习和提高的方向。如果我没有任何文字积累，就不会有定期的回顾与总结，就谈不上个人编校能力的提高。在文字录入过程中，的确会产生笔误，但是比起巨大的收获，又算得了什么呢？笔误是可以通过事后的检查与修订纠正的。

通过我的例子，我想告诉广大年轻编辑，编校知识积累在个人成长中至关重要。年轻编辑一定要重视自己经手的每本书稿的稿历和编加记录。通过认真填写和整理获得的编校知识是你工作中最宝贵的财富。如果条件允许，也可以像我一样，制作电子版的记录单，这样可以在电脑中存档，便于定期回顾。不要怕花费时间，这个时间花费是值得的。

2. 认真处理复审、终审意见

很多编辑出于着急发稿、出书的目的，处理复审和终审意见时并不认真。他们并没有认识到认真处理复审和终审意见，本身就是一次编校知识积累的过程。复审和终审老师提出的意见可能并不完全正确，但是绝大多数是有借鉴价值的。有很多编辑并不知道如何处理复审、终审意见，应有的仅是大致浏览，有的甚至连看都不看。正确处理审读意见的方法应采用逐条确认的方法。每核实一条意见如果同意、认可就打√，如果经过核实认为意见是错的，可打×，表明自己不认可并注明自己的意见。处理复审、终审意见的核心环节是“核实”，可以通过工具书、国家标准核实，核实的过程就是学习的过程，也是能力提高的过程。

同时，我建议广大编辑对复审、终审、质检意见都采用拍照的方式留底，定期将其中的知识点整理汇总，便于日后的复习。

3. 编制错题本

人不能总在同一个地方跌倒。编校工作中不能总犯相同的错误。对于编校工作中经常混淆、出错的知识点，编辑应编制“错题本”定期回顾，避免重复性犯错。

以上就是我提出的编校知识积累方法，希望能对编辑有所借鉴。

反思 17：变通使用工具书的能力应加强

工具书是编辑工作的必备参考。当编辑在工作中遇到疑难问题时，例如不熟悉一些字和词语的用法，可通过查询书工具书寻找解答。

然而在有些时候，编辑会发现在某本工具书中无法查到想查找的内容。查不到情况具体可以分成两种：

（1）由于工具书的局限性，确实没有收录要查找的内容。不可否认，没有完美的工具书。每种工具书都有自身的局限，没有一种工具书能够完整收录我们想要查询的全部内容。

（2）思路和方法问题。工具书收录了要查找的内容，但由于工具书编纂者的思路和我们查询时的思路并不一致，加之一些编辑对工具书的应用比较死板，不会灵活变通，对于能够查到的内容也查不到。

对于第一种情况，我们需要去查找更多的工具书才能查到想要的内容。对于第二种情况，我们要学会变通处理，转换思路，多角度思考问题，或许就能找到想要的结果。

这里笔者举两个在编校工作中经常遇到的例子：

很多编辑在书稿的加工整理过程中，会遇到不知道使用哪个量词修饰股票的情况。例如是“一只股票”还是“一支股票”。通常情况下，很多编辑的直观想法是去查询工具书的【股票】词条，然而在该词条中并没有相关举例。之后编辑又会想到查询【一只】和【一支】词条，遗憾的是在这两个词条中也没有相关的用法可供参考。很多编辑认为工具书没有具体的用法可以借鉴，于是转向了互联网试图从网络中找到答案。

如果编辑加以变通，可以去查询与“股票”相关的词汇。

《现代汉语词典》第 7 版：

【个股】gègǔ 名 指某一只股票：～行情。

当查询“股票”“一只”“一支”都找不到想要的答案时，我们可通过查询“个股”找到了修饰股票的量词。可见，只要我们学会变通，换个角度思考问题，是有可能从与目标词汇相关的其他词汇中找到答案的。同理，我们还应当学会用类推的方法解决相似的问题。在当我们掌握了量词“只”可用于修饰股票时，可以类推出基金也应该使用量词“只”修饰。

再如，很多设计和艺术类书稿中都会出现“亚克力”和“压克力”混用的问题。如果直接查询这两个词汇，我们会发现无论是在《现代汉语词典》《辞海》还是术语在线都没有收录。但如果编辑知道“亚克力”和“压克力”都是根据英语词汇 acrylic 音译的，而这个词作名词时，是丙烯酸颜料、丙烯酸纤维的含义。我们可以大胆设想工具书的编写者有可能在和丙烯相关的词条中收录我们想要查找的内容。

《辞海》第七版：

【丙烯画】亦称“亚克力（英语 acrylic 的音译）画”。一种以聚丙烯酸酯乳胶为主要成分的颜料为介质的绘画。……

根据丙烯画词条，我们不难看出“亚克力”的写法，得到了工具书的认可。

通过以上两个例子，我们可以看出工具书对词条的收录，未必是按照我们的思维方式编排的。当我们经过初步查询找不到想要的结果时，不要轻言放弃，而要学会变通，去查找和目标相关的其他词汇或相似的词汇，这样有可能找到想要的结果。

不会变通的主要原因有两点：第一，思路原因，我们需要转换思路；第二，总是遇到问题时才想起翻工具书，因此对工具书比较生疏。如果我们能养成平时主动性翻阅工具书的习惯，就会提升对工具书的熟悉程度，在遇到问题时就会多角度进行查阅。

反思18：不懂就问不代表事事依赖他人

当我们在编校过程中遇到暂时拿不准的问题时怎么办？向别人请教固然是一种很好的解决问题的方式。但是很多编辑却将向别人请教作为解决问题的唯一方式，放弃了自己对问题的研究和探索。

在工作中我们经常能看到，很多编辑一遇到编校问题，就会直接捧着稿子兴冲冲地去别人办公室请教问题。很多编辑认为这样做能体现出自己勤学好问的品质，还能给其他部门的老师留下很好的印象。但是事与愿违，经常这样做的编辑，难以给他人留下好印象。

首先，出版社几乎不会设置单独的编校答疑岗位。出版社内设立的每个岗位都有自己的岗位职责。贸然跑到他人办公室，让别人放下手中的工作来解答自己的问题，本身就是对他人正常工作的干扰。特别是有的出版社采用大办公室办公，有的办公室同时容纳十多人。编辑同其中一个人讨论问题，办公室内的其他人都会同时受影响。编辑这种有问题就直接串部门讨论的做法，是缺乏职场礼仪的表现。

其次，过于低级的编校问题，只会给提问者减分。请教问题是把双刃剑，问题问得好，具有一定难度和代表性，能够给提问者加分。而问题问得过于基础甚至低级，只会暴露出提问者水平不高，甚至让人感觉与编辑的身份不符，不仅没有达到加分的目的，反而还会减分或被打上不好的标签。我们不反对就编校问题及时向资深编辑请教，向他人请教这一行为是值得提倡的，但应考虑如何请教才能有好的效果。

对于工作中遇到问题，需要向他人请教的情况，笔者有如下意见：

（1）先自己尝试解决。当广大编辑遇到编校问题时，不要先想如何依靠他人，而应自己尝试解决问题。首先分析问题是何种类型的，例如是政治性问题、知识性问题、术语问题、翻译问题还是纯语言文字问题？然后根据问题的具体类型制定解决方案，例如查询政策法规、工具书、术语在线网站、出版专业职业资格考试教材等。根据方案尝试自行解决问题。事实证明，只要方法得当，一些问题是完全可以在不依靠他人的情况下自行解决的。通过自行解决问题，不仅提高了编校水平，更使得研究问题、分析问题的能力同步得到了提升。如果经过思考和多方努力，仍无法解决问题，这时可考虑向他人请教。

（2）如果需要向出版社其他部门的老师请教问题，应当按照职场礼仪先咨询对方的工作和时间安排。待对方有时间的时候，且不影响对方工作的情况下再咨询。如果明知他人手头有工作，还非要打断别人的工作，这就是自私自利的表现。在出版工作中必须杜绝遇到问题就直接捧着稿子去他人办公室，让别人放下手中的工作立刻解决自己问题的这种不礼貌行为。

（3）充分利用出版社提供的各类在线工具交流。面对面地咨询，必然会影响到对方办公室其他老师的正常工作。这时不妨利用微信或企业内部的在线交流工具交流。这些工具的使用不仅可以降低面对面交流对他人的影响，更能给对方回复问题留下一定的准备时间，避免了尴尬情况的发生。如果问题复杂，一定要面对面交流，交流双方可以去其他没人的办公场所，例如会议室等地方。

在出版工作中遇到暂时拿不准的编校问题时，我们应先尝试自行解决，避免养成依赖他人的坏习惯。对于实在解决不了的问题，需要向他人咨询时，务必要注意方式和方法，做到不影响他人工作，遵守职场基本礼仪。

反思19：《著译者手册》不应当作废品处理

几乎每个出版社都有内部的《著译者手册》。有不少编辑认为，顾名思义《著译者手册》，是给作者方面看的，用于指导作者规范地进行书稿内容创作，作为编辑，自己不需要看。同时，由于很多出版社的《著译者手册》基本上都是32开的小册子，很多编辑从内心里看不上这本小册子，认为没有工具书、国家标准权威。在一些编辑手上，《著译者手册》基本上是崭新的，几乎没有被翻阅，更别说认真学习过。还有一些编辑将《著译者手册》视为累赘，随手乱扔，甚至在搬家时卖了废品。《著译者手册》这种不受重视、没有地位的状况值得反思。

作者固然需要阅读《著译者手册》，但是《著译者手册》更适合编辑群体逐字阅读和学习。实事求是地说，想让作者认真学习《著译者手册》以规范地进行内容创作，可能仅是我们美好的愿望。作者并不是出版专业技术人员，手册中一些内容对他们来说是枯燥乏味、颇具难度的，因此他们很难读完、读懂。《著译者手册》对作者的帮助可能是极为有限甚至微乎其微的。《著译者手册》的最重要读者对象应当是广大编辑。

《著译者手册》对编辑工作具有非常重大的指导作用。特别是新入职和缺乏工作经验的编辑，都应该将所在出版社的《著译者手册》作为加入出版行业第一本教材。

1. 实用性强

全国出版专业职业资格考试教材虽然讲解了出版社编校业务流程方面的知识，但实用性远不如编辑所在出版社的《著译者手册》。前者突出的是普遍性，后者强调的是个性和特殊性。本出版社的业务流程具有哪些特点，只有看了《著译者手册》才能明白。考试教材解决的是如何获得职业资格问题，《著译者手册》解决的是工作中遇到的实际问题，可以帮助新加入出版行业的编辑快速入门，全面了解出版社的组织机构、质量管理体系、编校流程。

2. 针对性强

《著译者手册》都是出版社老一辈编辑们数十年编校经验的总结，其内容凝聚了无数人的汗水，不仅是精华，更具有高度的专业性。

《著译者手册》提炼出来的都是编辑在处理本社书稿时会用到的知识。其中不仅包括语言文字知识，而且包括专业技术知识。虽然在篇幅上可能不如工具书，但是在编校工作中的针对性上和实用性方面是强于工具书的。工具书中收录的知识，编辑在工作中未必能遇到，但是《著译者手册》中收录的内容，编辑在工作中多数情况会遇到。《著译者手册》总结的科技名词术语一定是本出版社专业书稿中经常出现错误的术语，所列出的编校常见差错，一定是本社专业领域书稿中的常见错误。也可以这样说，能列入《著译者手册》的内容，一定是编辑工作中最需要引起重视的部分。

专业类出版社的《著译者手册》必然会包含这家出版社能在专业图书领域立足的“独门秘籍”。一些成功的专业出版社为什么能在特定领域的图书市场中占据优势，其他出版社即使跟风、效仿也很难撼动其市场地位？在诸多原因中有一点不可忽视，就是编校优势使得这家出版社的图书在广大读者眼里更专业。跟风、效仿者即使能学到形，但是学不到神——编校方面的专业性。因此对于专业类出版社的《著译者手册》，广大编辑一定要认真学习。

综上，无论是新入职的编辑，还是有一定工作经验的编辑，都应该加强对《著译者手册》的学习。可能刚开始学习时会觉得枯燥、无味甚至看不下去，但是随着学习的深入，会发现自己的编校能力在潜移默化中逐渐提高。

广大编辑在学习本社的《著译者手册》的同时，还应延伸到对其他出版社甚至竞争对手出版社《著译者手册》的学习。应牢记每个出版社的《著译者手册》都是知识和经验的精华。广大编辑可以充分利用业内同行交流的机会，借阅、交换其他出版社的《著译者手册》。同时，有一些出版社还编写了类似《作者编辑手册》的工具书，广大编辑同样可以学习、借鉴。

随着广大编辑的成长与进步，编校能力和水平会逐渐提升。在未来的某一天，广大年轻编辑也有可能成为出版社新版《著译者手册》的编写者。

反思20：质量管理工作既要站得高、看得远，又要坐得低，看得清

人除了要站得高、看得远外，还要有另外一种境界——坐得低、看得清。特别是编校质量管理工作，更需要坐得低，只有坐得低，才能看得清当下编校质量管理工作的现状，发现容易被忽视的影响编校的质量的细节因素。

很多出版社都建立了图书质量保证体系。有的管理者就乐观地认为，有了质量保障体系，有了三审三校流程，编辑就应该做到每本书稿的编校质量都达到合格要求，终审、质检部门就应该在关键问题上能把得住关。

但是除了质量保障体系、三审三校、三校一度制度外，更应该关注工作中的一些细节问题。细节是影响图书质量的关键因素。针对这些细节我们需要“坐得低、看得清”。

在影响编校质量的诸多细节中，办公环境是最重要的。谈起办公环境，很多管理者觉得为员工提供了工位、电脑、工具书、办公用品，就是创造了办公环境。但是真正的办公环境应当是能让广大编辑安心审稿不受打扰或尽量少受打扰的安静环境。事实证明为员工提供安静的办公环境是很多出版社

都做不到的甚至未意识到的。

一些出版社采用大办公室或超大办公室办公，有的甚至效仿互联网企业采用开放式办公环境。管理者看到一个办公室里有很多员工，自己能管理那么多人，心里很有成就感。每当走进办公室时，会有很多员工同时起立高喊“领导好”，谁听了不高兴呢。殊不知大办公室或者超大办公室对出版社的质量管理工作并有任何好处，甚至会产生灾难性的后果。大办公室最大的问题是相互干扰非常严重，既有来自办公室内部人员的互相干扰，又有来自其他部门的干扰。如果编辑部一间办公室的人数达到十人以上，每天仅内部人员的进出，如去卫生间、打水、接打电话、外出就餐、去其他部门办理业务等，能达到上百次。这样高频度的人员流动，会对部门内每一位的审稿工作带来严重影响。特别是办公室中位于过道、门口工位的编校员，基本上很难正常工作。每天八小时的工作时间，几分钟就要被打扰一次的情况在很多出版社的编辑部都较为常见。如果出版社向编辑提供了如此恶劣的办公环境，是不能向编辑要求高质量书稿的。安静的环境，比高性能的电脑、崭新的工具书更重要。大办公室不仅危害了编辑部门，同样危害了质量管理部门。有的出版社将不同岗位职责的质量管理人员放到一个办公室办公，里面既有复审，又有终审，还有质检。不同岗位的职责不同，对工作细节的要求也是不同的，例如对复审的要求是审读，对终审的要求是通读，对质检要求是连续10万字，多岗位放在一起办公，必然存在互相干扰的情况。担任把关工作的质量管理部门更需要安静，但客观情况是每天大量编辑人员送稿、取稿、送质检、取质检，讨论问题，本应该最安静的质量把关部门反而成为全社最热闹的“菜市场”。在这种情况下，编辑部里的编辑因为办公环境看不好稿，质量管理部门同样因为办公环境无法进行质量把关，书稿质量非常容易出现问题。这些都是管理者应敏锐发现但是迟迟未发现的问题。

对于质量管理工作，需要站得高、看得远，制定质量保障体系和管理流程，同时更需要坐得低，看得清。只有坐得低，才能敏锐地发现影响当下编校质量的细节问题。

关于如何坐得低，看得清，笔者有如下建议：

管理者一定要走出自己的办公室，多到基层部门的办公室实地查看员工的办公状况，这样才能坐得低，看得清。永远坐在自己的办公室里，不深入基层是发现不了问题的，是体会不到基层员工的痛点的。管理者要在发现问题的同时，做到第一时间纠正问题。出版行业是传统行业，安静是第一要务。互联网企业采用的开放式办公环境是不符合出版企业生产要求的。在条件允许的条件下，应采用小办公室办公，同时要将不同岗位职责的人分开，将不同工作态度的人分开，将不同性格的人分开，将内部干扰、部门间互相干扰的情况降低到最低。只有为员工创造安静的办公环境，才能从本质上解决审不好稿、把不好关的问题。同时，部分管理者必须纠正只看结果、不看过程的思维和言论。我们经常听到管理者说“我不看过程，就看结果，不听解释”。编辑在嘈杂的办公环境中审稿，就是过程，导致了图书编校质量不合格就是结果。只看结果，不看过程显然是不对的。正是因为管理者不看过程，不注重细节才会导致出现严重的质量问题。

影响编校质量的细节并不止办公环境这一项，但办公环境的确是最重要的。俗话说细节决定成败，只有将影响编校质量的每处细节都落实到位，图书质量保障体系和相关编校流程管理工作才会运转顺畅。

反思 21：兴趣有时比专业更重要

有很多出版社在招聘编辑时，会重点考察应聘者所学的专业是否与出版社出版领域相匹配。这充分表明出版社希望编辑能在发现书稿中语言文字差错的同时，还能够发现书稿中的科学性、知识性差错。这就是在很多科技类出版社里中文专业的编辑较少，理工科专业编辑很多的原因。

出版社招聘的初衷是美好的，但是在实际工作中出现的一种现象却值得我们深思。有些编辑并不能胜任与其所学专业相符的书稿的审读工作，具体表现为很多专业知识错误发现不了。很多人因此会产生质疑：编辑不是学这个专业的吗？为什么书稿中与所学专业相关的错误看不出来？

上述现象反映了出版社在用人方面忽视了重要问题：当一个人不热爱自己的专业，对自己的专业没有兴趣时，是不可能深入学习专业知识、思考专业问题的。在和一些编辑的交流过程中，编辑也表示：“我所学的专业被誉为‘天坑专业’，很难找到好的工作。当初高考报志愿不知道专业学的具体内容，也不知道毕业从事什么工作。上了大学才发现自己不喜欢所学专业，兴趣也不大，毕业后找工作也不是很顺利，本以为来到出版社从事文字工作轻松点，却没想到看的又是丝毫不感兴趣的专业书稿。”这种现象可能在不少出版社中都一定范围内存在。不热爱自己所学专业甚至存抵触情绪，是一些编辑看不好本专业书稿的原因之一。

上述现象值得我们深思，对人员的招聘和使用是否过于关注专业和知识背景，而忽视了对“热爱和兴趣”因素的考察。大量的编校案例表明，当编辑对他所学专业不热爱、没兴趣的时候，是看不出书稿中知识性、专业性问题的，这一情况势必影响到出版物的质量。在编校工作中，我们必须充分重视“热爱和兴趣”所发挥的重要性作用。

当一个人对某个专业或事业充满热爱，并拥有浓厚的兴趣时，通常就能成为专家。在新闻媒体中曾经报道过这样一个新闻：

西藏自治区拉萨市的一位家长带领 9 岁的孩子去参观天文体验馆。孩子发现馆内演示视频上的科普知识存在错误：明明演示的是“长征三号”运载火箭，但是天文体验馆标注的却是“长征五号”运载火箭；“长征五号”为捆绑四个助推器的两级半构型火箭，却被天文馆当作了两级火箭。

9 岁的孩子连小学都没有毕业，但凭借着对航天事业的强烈热爱与浓厚兴趣，能够自学航天知识，发现很多成年人或专业人士发现不了的问题，这说明“热爱和兴趣”在有时候比专业更重要。

出版社在人员招聘及岗位安排的过程中，除了要关注专业和知识背景，更要加强对应聘人员是否热爱自己专业的考察。我们必须正视很多人高考填报志愿时，并不知道所选专业学哪些知识，毕业后从事何种工作这一普遍现象，更要理解很多人不喜欢所学专业的心情。让不热爱自己专业的人员从事和专业直接或间接相关的工作，是无法取得好的效果的。当我们发现编辑审不好他所学专业的书稿时，应持宽容的态度，不要轻易定性其存在态度或能力问题，有可能是他的兴趣和关注点在其他专业，或许其他类型的书稿更适合他。管理者应该重视编辑的专业和兴趣不一致的情况，在安排工作时，多听取员工意愿，让员工在其兴趣领域深耕细作。

反思 22：全才与专才，出版社更需要的是专才

出版社的人才培养目标究竟是什么？是把人培养成为全才，还是专才？很多领导其实是想把员工培养成全才：能策划，能写稿，能编辑加工，能推广教材，有才艺，能直播带货……

但是仔细想想，编辑成为全才的可能性微乎其微。首先，人的精力是有限的，不能在各个方面都投入巨大时间和精力参与各项人才培养活动。他毕竟有岗位职责规定的本职工作要做，只能付出工作以外有限的时间，不能事事参与。其次，每位员工都已经有了自己的定位，有了自己的职场发展规划，想做什么，想学什么，想在哪个领域深耕细作是有具体规划的。第三，人们更愿意在符合自己性格、意愿和特长的领域发展，对于不符合自己性格、意愿，并不擅长的领域是没有很大的兴趣的。

因此，类似网络直播带货这样的活动，可能更适合性格外向、形象好、自信的员工参与，让内向、不自信，自认为自己形象不好的员工参与，并不是锻炼他们，而是在强烈的对比和反差中伤害他们。举办教材推广大赛，让性格内向，不善言谈的编辑去给陌生的老师打电话，每一分钟都是煎熬，而且很难取得成效。

可见让员工事事参与、全面发展成为全才只能是一种美好的希冀，在实践过程中较难取得预期的效果，对成年人来说很多事情可能已经定型，难以改变。

相比全面发展，术业有专攻更符合出版社的人才培养的逻辑，因为出版社真正需要的是能在各个具体领域为企业独当一面的人才。什么样的人能独当一面？必须是专才。要按照术业有专攻的基本思想对员工进行培养，让员工某一方面的专长更加突出，这样才能更好地为企业服务。

目前很多出版社围绕人才培养开展的活动和比赛，都是从管理者层面提出的，以通知的形式动员员工积极参加的。有的活动通知在层层传达过程中变了味，由自愿参加变成了必须参加。很多员工是对不符合自身定位和成长预期的培养活动存在抵触情绪的，但敢怒不敢言，只能被迫参与。违背员工意愿的活动较难达到发现、培养人才的目的。

出版社启动人才培养计划，首先应先向全体员工明确在未来的发展战略中，亟需哪些类型的人才。例如，编校人才、质量管理人才、教材推广人才、信息管理人才、网络安全人才、网络营销人才、财务管理人才等。员工在了解了企业具体的人才需求时，可以按照自身定位和发展方向，向出版社表明愿意接受哪个领域的人才培养计划，将来愿意在哪个领域为企业独当一面。在双方互相尊重的情况下，制订和执行的培养计划才有效果。例如，有的编辑就是喜欢案头文字的修改工作，对出版社的终审岗位充满敬意，想在未来成为终审老师的接班人，想让出版社把质量把关工作放心地交给他负责，那么出版社可以在编校方面着重对其培养，让这部分编辑把基本功磨炼到位，将来能顺利进入目标岗位。同样，对于想在策划领域深耕，想多为出版社策划优秀选题的编辑，就参加出版社围绕策划能力、人际沟通能力、调研能力实施的培养计划，在将来可以为出版社创造更多的利润。一些形象好气质佳，镜头感好的编辑，想在网络直播领域为出版社多贡献码洋，可专门接受出版社网络营销、直播带货人才的培养计划。

只有在尊重员工意愿的情况下，按照术业有专攻的原则实施人才培养计划，员工才会积极参与，并有可能在具体的专业领域成为能为企业独当一面的专才。当企业在各领域都拥有大量专才时，企业的综合竞争力才会提升。相反，违背员工意愿，没有针对性的人才培养计划，较难取得成效。这样的活动越多，员工的不满情绪就会越多，但迫于雇佣关系，又不敢提出，最终形成了负能量。

反思 23：只有高质量的比赛和考试才能筛选出人才

每家出版社都十分注重人才的筛选工作。组织各类技能大赛和考试，是筛选人才的重要途径之一。高质量的比赛、考试不仅能使有能力、有实力的人才崭露头角，还能为出版社进一步选人用人提供重要的依据。

但是实际情况是一些出版社组织了一系列比赛和考试，却没有达到筛选人才的目的，或者说人才筛选的情况不如预期。之所以会出现上述局面，是因为组织的各种比赛、考试活动整体质量不高，有两处关键细节没有处理好：第一是时间；第二是难度。

出版社在经营管理过程中难免会遇到突发的、急迫性的问题。这时迫切需要有人能在第一时间挺身而出为出版社排忧解难、解决问题。这样的人的必须已经具有解决问题的实力，而不是还要花相当长的时间去做准备才能具有解决问题的能力。

出版社迫切需要做的是通过日常的比赛与考试将已经具有较强实力、能在第一时间应对突发事件和问题的人筛选出来。因此出版社应该通过不事先通知、突然举办的比赛和考试，让这部分有实力的人脱颖而出。然而目前很多出版社举办的比赛和考试，从下达通知到正式考试、比赛，给参赛人员的准备时间过长。这样无法从结果和成绩判断出一个人的实力是经过精心准备出来的，还是早已具备的。例如，出版社要筛选出哪些编辑的编校能力强，可临时通知、突然举办编校技能大赛。所有编辑在不需要准备的情况下，直接参加考试。这样的比赛结果能反映出谁已经具有了较强的编校能力。如果一次考试不能客观反映编辑的水平，可以连续举办五次、十次甚至更多的考试，通过综合成绩评判编校能力。

其次，只有高难度的考试和比赛，才能筛选出高水平的人才。很多出版社组织的考试和比赛定位飘忽不定，既想筛选人才，又担心有人成绩太差不好看。如果出版社将基调定在“广泛调动积极性”“以鼓励为主”，会导致低难度、无意义的考试和比赛浪费了大量的时间和精力。不仅没有发现人才，甚至还让参与者产生了看不起组织方的情况。一些出版社举办的编校技能大赛，事先公布了要考的题目和答案，给了相当长的准备时间，导致所有编辑都考出了几乎相同的成绩。这种考试，虽然以编辑皆大欢喜收场，但是对出版社来说，因为没有筛选出人才而变得没有实际意义。要想筛选出高水平的编校人员，需要的是临时通知、不给准备时间的高难度的考试。

长时间的准备+低难度的考试和比赛，不仅不能为出版社筛选出能独当一面的人才，反而容易让出版社误将“有心人”或“工作量不饱满的员工”当作人才。越是有心人，越会钻研如何在低难度的考试中胜出。越是工作量不饱满的人，越是有时间准备低难度的考试。

可见，出版社要想筛选出真正有水平、有能力，在关键时刻能为企业挺身而出的人才，必须优化考试和比赛形式。一方面，要多举办临时性、不给准备时间的考试和比赛，因为真正有实力的人是不需要准备的。另一方面，要增加考试难度，这样才能让高水平的人才脱颖而出。

反思 24：出版企业和编辑个人都要有“独门秘籍”

总编辑曾经对从事质量管理工作的我们强调：“在工作中，一定要把编校知识及时、广泛地分享给广大编辑，千万不要仅自己知道，不告诉别人，不能搞自己的‘独门秘籍’。”正是从那时起，我对“独门秘籍”这个词有了思考。我十分认同总编辑的看法，在一个出版社里，大家都是朝着出好书的目标努力，只有所有编辑的编校知识和能力得到提高，出版社的整体编校质量才能得到有效提高。在出版社内部搞编校知识“垄断”是不可取的。我们不仅要将编校知识及时分享给自己的同事，更要在发现别人有可能出错的时候，第一时间纠正。

随着工作经验的不断增长，笔者对“独门秘籍”有了更多的思考，并产生了更加深入的认识。笔者认为应当辩证地看待“独门秘籍”。在出版社内部，“独门秘籍”确实没有存在的必要。但如果是涉及外部竞争、发展问题，从战略角度分析，“独门秘籍”在一定范围内还是有存在价值和必要的。在关乎企业与编辑个人生存问题的前提下，一个出版社要有自己的“独门秘籍”，一名编辑也要有自己的“独门秘籍”。

我们可以看到，在激烈的市场竞争中，但凡经营情况良好，效益佳，活得较为滋润的出版社，要么在一些领域具有垄断性，要么在某些专业领域占据不可动摇的市场份额。关于垄断的问题，不在本书讨论范畴之内。很多专业类出版社能在某些领域占据难以撼动的市场份额，竞争对手无论如何跟风、效仿都无法超越，就是因为这些出版社具有自己的“独门秘籍”。例如，在食品科技图书领域，很多作者和老师只认可中国轻工业出版社的图书。他们认可的原因，就是这个出版社出版的图书十分专业。这里的专业不仅包括图书作者创作的内容专业，也包括编辑对技术内容的把握专业。内容专业+编辑专业，就是出版社的“独门秘籍”。无论其他出版社如何跟风效仿，在食品科技图书出版领域，中国轻工业出版社的市场地位都很难动摇。那么中国轻工业出版社有必要将自己编校方面的独门秘籍传授给其他出版社吗？很显然，没有必要。它关系企业的竞争优势。

同样，一名编辑要想立足于出版行业，必须打造自己的优势和强项，除了要有过人的选题策划能力、编校能力，同时还应想方设法使自己具有不可替代性。因此，编辑个人立足职场的“独门秘籍”同样是必不可少的。只有拥有“独门秘籍”的编辑，才会在职场竞争中占据优势地位。

我们应当辩证看待“独门秘籍”问题。对于出版社内部的编校知识分享，我们应当知无不言，言无不尽，不能搞知识垄断。但从出版社的生存和发展角度分析，每个出版社都应该打造自己的“独门秘籍”以在某一专业领域占据市场优势。如果一个出版企业没有在专业领域的“独门秘籍”，在市场中不仅很容易被竞争对手打垮，还会面临严重的生存问题。如果一名编辑没有自己的“独门秘籍”，在选题策划、编校基本功方面能力平平，又不注重知识积累，只会使得自己毫无优势可言，迟早会面临被淘汰的命运。

思考25：“取长补短”和“取长补长”，哪个更重要?

成语“取长补短”，出自《吕氏春秋·用众》。意思是说，“要吸取别人的长处，来弥补自己的不足”。

作为编辑，我们在工作中要积极地发现他人的长处和闪光点，正确认识自己的不足。但关于是否要将“取长补短”作为头等大事，笔者建议要分情况考虑。有些“短”必须补，而且要尽快补，而有些“短”虽然可以补，但是要花大量的时间和精力，且未必能达到良好的效果。

在编辑工作中有哪些短板是必须补的？和职业资格、持证上岗挂钩的短板必须补。在一些出版社中，部分编辑入职已经很多年了，但是迟迟未通过出版专业职业资格考试，未做到持证上岗。无职业资格证书从事出版行业这一短板必须补。有此类短板的编辑应当积极吸取他人顺利通过考试的复习经验，借鉴别人成熟的复习方法，来弥补自己复习工作的不足。这种取长补短是应当提倡的。

但是有些短板，虽然可以去补，但是要花费大量的时间精力，效果也未必好。比较具有代表性的是专业知识上的短板。例如，出版社某一阶段将出版重心转向化工类书稿时，化工专业的编辑自然就会变得非常吃香，导致很多非化工专业的编辑想在业余时间投入大量时间、精力自学化学知识。这种取长补短的精神可嘉，但是实际效果可能远远不如预期甚至效果很差，而且意义不大。广大编辑必须明白一个道理，如果是在近乎零基础的背景下自学自己不熟悉的其他专业的知识，会花费大量的时间，且在学习效果上一定比不过以全日制方式学习这个专业的人。在不是我们特长和专业的领域去取长补短，最好的效果无非是让我们成为不擅长领域中平庸的人。

笔者建议应转换思路，放弃在自己不擅长的领域投入过多时间，将目光聚焦于我们擅长的强项和优势领域。与其在自己不擅长的弱势领域花费大量时间精力补课，不如把时间和精力用于强化自己的优势，来让我们在优势领域进一步拉大和他人的距离，让他人在相当长的时间内无法追赶、超越，使得自己成为某个领域不可替代的人才。这才是我们广大编辑应该考虑的问题。

在出版工作中，我建议广大编辑要重点关注“取长补长”，去研究别人在某一领域强的原因，以及能保持竞争优势的原因。去把别人强的原因找到并加以借鉴，用于强化自己的优势和长板。

例如，别人的强项体现在化学专业，而你的强项是食品专业，你不要去补习化学专业的知识，而要研究别人化学专业什么强，找到别人一直强的原因，用于强化你在食品专业领域的优势。再如，别人能把关书稿中的知识性错误，你要做到能把关意识形态错误，让领导将意识形态问题的把关工作放心地交给你，这样才能体现出你的价值和优势。

称赞人的时候，永远夸奖的是强项和长板。当出版社领导和同事称赞你的能力时，一定是因为你在某个领域有自己的强项和长板，而其他人在这个领域远不及你。人们从不会用“平庸”二字来称赞一个人，如果取长补短的结果带来的是平庸，那么这种取长补短没有必要，取长补长让自己更强才是重要的。同时，如果你想在某具体领域为出版企业独当一面，成为不可或缺的人才，凭借的也是领导对你强项和长板的认可与充分信任。因此，我们一定要取长补长，通过学习他人的长处来强化自己的长处，把自己的特长和优势，发挥到极致，让强项更强，长板更突出。

反思 26：盲目统一等于放弃了对知识和真理的探索

统一是编辑处理稿件的基本要求之一。在出版专业职业资格考试教材《出版专业实务·中级（2020 版）》中明确提出进行稿件加工整理时要对稿件进行规范统一，“统一是要求同一部稿件中的人名、地名、书名、事物名、相关的材料和数据、格式等前后一致”。

术语前后不统一是书稿中普遍存在的问题。对于术语不统一的情况的处理，很多编辑采取了一种策略，叫“统一就好”。关于什么是“统一就好”，部分编辑的做法是在诸多不统一的术语中任选一个，其他术语的按照任选的术语进行统一。这种“统一就好”带有明显的偶然性和随意性。

对于书稿中不一致的情况真的能用“统一就好”的办法加以解决吗？坚决不行！“统一就好”其实是基于主观上的选择，没有标准和依据的统一。这种对问题的处理方式，不仅会带来错误的结果，还会让广大编辑放弃对知识和真题的探索与研究。

在出版工作中，“统一”应当是有前提的。只有不同的表述均为正确的情况下，或不同的术语都规范的情况下，才能进行统一。《学术出版规范 科学技术名词》（CY/T 119—2015）明确规定，全国科技名词委审定公布的科技名词中，“又称”是可以使用的。如果书稿中出现的不同术语是又称关系，是可以选择其一统一的。例如在生物学的书稿中，如果出现了“甘油三酯”和“三酰甘油”两个术语，根据“甘油三酯”是“三酰甘油”的又称，所以将“三酰甘油”统一为“甘油三酯”，或将“甘油三酯”统一为“三酰甘油”。这种统一是可行的。

但是在出版工作中，多数情况下是不能简单统一的。例如是曾称、俗称，或者不当称呼，都是不能用的。编辑不能按照主观想法从不规范的称呼中选择一个进行全书统一。例如，“老年前期痴呆”“早老性痴呆”“老年性痴呆”“老年痴呆”都是俗称，按照规定不能使用，更不能选择其一进行统一。要使用规范术语“阿尔茨海默病”，要将不规范的术语按照规范术语进行统一。

盲目统一，放弃了对知识和标准的学习与研究。这和编辑要养成严谨、勤核查的职业习惯是背道而驰的。

当我们遇到书稿中出现术语不统一的情况时，可以参考全国科技名词术语委员会术语在线网站收录的规范名词按照书稿所属学科进行规范统一。不能为了简单省事，随便选择一种术语进行统一。

反思 27：对基础的编校问题做不到脱口而出真令人惭愧

作为出版专业技术人员，编辑的专业性应体现在对一些基础、常见的编校问题做到不假思索、脱口而出。

但是在实际工作中，我们却发现了一个现象，有很多编辑工作多年甚至到了退休的年龄，仍然对非常基础的编校问题拿不准。例如，笔画和笔划，亚光和哑光，下划线和下画线，哪个才是规范的写法？再如，表格的名字加不加书名号，会议主题的名字加不加书名号，附录要不要编号和标题，只有一个表格、图要不要编号？对于这些非常基础的编校问题，很多编辑不但不能脱口而出，而且犹豫再三之后有可能给出错误的答案。这充分反映了很多编辑业务不熟练。

那么为什么工作了很多年，本应当对基础的编校知识和规范烂熟于心、对答如流的编辑，却一直停留在门外汉的状态，一直原地踏步没有进步呢？我认为有如下原因：

第一，脱离标准和工具书，始终以自己的主观想法修改书稿。很多编辑对书稿的修改，是基于自己的想法而不是根据标准和规范的。对同一问题或相似问题会因想法飘忽不定，在不同的稿件上采取不同的修改方法。长期随意性地修改稿件将导致编辑对一些编校问题的态度始终是模棱两可的。

第二，缺乏主动学习的精神。要对出版工作常用标准和规范了然于心，编辑的主动学习必须贯穿于日常工作中。然而一些编辑降低了对自己的要求，变主动性学习为“用时候再查”“到时候再学”。但实践证明，“用的时候再查”和“到时候再学”多数情况下其实是不会查和不去学。很多编辑之所以编校知识掌握得不牢固、编校基本功差，就是因为缺乏主动性学习的精神。

第三，缺乏必要的总结。广大编辑在工作中遇到的很多编校问题，其实是反复出现的。为什么同一编校问题明明之前讨论过、解决过，但过了一段时间再次出现时编辑又会感到迷茫、不知所措？不少编辑对问题的解决是在应付差事，只求把当下的书稿修改完，而不想彻底掌握知识并牢记在心里。很多编辑在工作中从未养成总结和记录编校知识的习惯。

为了避免随着工作年限和年龄的增长，编校知识和技能提升缓慢的情况，我建议广大编辑从如下三方面加以改进：

第一，对书稿的修改，一定要有确切的依据，例如依据标准、规范、工具书等。坚决杜绝凭个人想法随意改稿。只有在工作中严格贯彻标准和规范意识，对编校问题的修改才能做到统一、合规，并逐渐形成牢固的印象。

第二，主动学习。主动学习编辑工作中常用的标准和规范，不断提升编校能力。编辑能力的提高靠的就是主动学习。

第三，及时总结与复习。对工作中遇到的编校知识点和常见差错，应该以纸质或电子形式加以记录和整理，定期复习。温故知新才能杜绝同类问题的重复出现。

思考 28：对待继续教育的态度应端正

参加继续教育培训是编辑提升政治思想水平、知识水平和业务能力的重要途径。在编辑继续教育培训中，有很多针对性很强的课程，如果认真学习，会对编辑工作产生巨大帮助。但是在实际工作中，我们发现很多在继续教育课程中反复讲过的知识点，编辑并没有掌握，甚至连一点印象都没有。

上述情况充分说明很多编辑并没有认真学习继续教育课程。究竟是哪些原因导致编辑对继续教育课程不重视、不认真呢？

（1）接受教育的目的本末倒置。编辑继续教育的目的究竟是什么？很多编辑认为是拿到继续教育学时，保证责编证书及时续展，从而能够在岗位上继续工作。正是在这种错误认识的影响下，快速完成学时成为第一要务，能否通过继续教育提升自己变得不那么重要了。具体表现为很多编辑都采用了以快速获得学时为目的应付式学习。例如对于线下面授课程，一些编辑为了快速获得学时，哪个培训班先开班就赶紧报名，而不考虑授课内容是否适合自己。应付式学习必然无法产生好的效果。

（2）思想的巨人，行动的矮子。客观地说，凡是具有一定工作经验的编辑，是能够了解到自己的知识盲区和编校技能短板的。在思想层面，很多编辑都愿意通过继续教育中的网络课程和面授课程的学习来弥补短板、拾遗补缺。但是落实到每次参与继续教育培训的行动中，很多编辑又会因为弥补知识盲区的课程过难，提升编校技能的课程需要投入很多的时间和精力，转而选择学习一些内容相对简单、考核难度较低、有把握能快速获得学时的课程。例如在网络继续教育课程的选课环节，一些编辑明知在量和单位领域存在知识盲区，在正斜体的应用方面是编校弱项，却选择和岗位职责、工作性质关系不大的网络营销类课程。这些都是“思想的巨人，行动的矮子”的具体表现。

对一些编辑而言，每年的继续教育就是应付差事，出版社投入了资金，编辑个人投入了时间和精力，但是编校水平的提升却十分有限。一些编辑始终在学习和本职工作毫无关系，对编校技能提升帮助不大的课程。

要想提升继续教育效果，笔者建议从如下方面努力：

（1）树立正确的学习观。编辑应端正态度，彻底改变唯学时论、唯续展论的学习目的，杜绝应付差事走过场。树立正确的学习目的，即通过继续教育提升编辑人员的政治思想水平、知识水平和业务能力。

（2）要有迎难而上、敢于面对困难的勇气和精神。无论是网络授课，还是线下面授，都要选择能弥补自己知识盲区并提升编校技能的高难度课程。在学习中不断磨炼自己的意志品质，彻底告别“思想的巨人，行动的矮子”。

（3）积极和出版企业、继续教育组织者沟通，表达自己真实的学习需求，让培训者了解参训者的想法。要参加适合自己情况的继续教育培训。

反思 29：校对软件的弊端必须引起重视

目前，校对软件对出版流程的介入程度越来越深，一些出版社的二校工作采用了校对软件完成。校对软件的确能够帮助广大编校人员发现工作过程中的疏漏，在一定程度上起到了提升书稿质量的作用。但是不可否认，校对软件有其明显的局限性，不能根据语境和上下文进行逻辑分析与思考，对编校问题的判断完全依靠软件内置的词汇样本库。例如《现代汉语词典》没有收录“沙姜”只有“砂姜”，那么以这本工具书中的词语作为样本库开发的校对软件在检测作者电子稿文件时，就会认为作者写的“沙姜”是错的，从样本库中找到一个相似的“砂姜”作为修改意见，而不会判断“沙姜”是做饭用的，改成“砂姜”是错的。再如作者因为笔误将“岩溶”写颠倒，错为“溶岩”，校对软件不会根据上下文分析词语出现颠倒错误，只会根据内置样本库中没有“溶岩”就提出使用“熔岩”的修改意见。这些误改都证明了现阶段校对软件在一些情景应用中存在重大不足，必须引起人们的高度重视。有时候，来自校对软件的错改会导致十分严重的质量事故。

笔者认为，在当前的图书编校流程中，很多编校人员并未意识到校对软件的危害，反而养成了过度依赖校对软件的情况。过度依赖校对软件，给当前的出版工作带来了弊端。

1. 过度依赖校对软件，导致编校能力难以提升

在校对软件没有普及之前，编辑是需要主动学习语言文字规范的，例如《第一批异形词整理表》中的词语是必须掌握的。而校对软件的出现，使得不少编校人员逐步丧失了学习的主动性，认为校对软件会帮忙解决异形词、错别字等问题，自己大致看看知识性、政治性问题即可。校对软件已经成为部分编辑扔不掉的拐杖。

在没有校对软件之前，编辑逐字逐句加工书稿，虽然会出现漏改和错改，但是随着编辑经验的积累，编校技能是逐步提升的。有了校对软件之后，很多编辑先让校对软件帮忙修改一遍电子文件，然后将校对软件提出的意见修改、誊写到稿件上，自己才开始加工书稿。很多问题其实是校对软件发现的，表面上看编辑人员的工作轻松了，但编校能力却没有得到提升。

2. 造成部分岗位把关责任缺失的情况

在图书出版流程中，不仅校对肩负着把关的责任，作为第一责任者的编辑，责任更加重大。校对软件的广泛使用，使得不少校对人员完全依照校对软件给出的修改意见，不加核实地誊写到校样和校对意见上，没有结合自身的知识加以思考、判断。校对人员应牢记自己肩负着校异同和校是非双重职责。校对人员在校是非时，应该凭借自身丰富的知识储备和其他权威资料判断作者书稿中的对错，而不能因为有了校对软件自己就如释重负，一切听软件的。

很多编辑看到校对人员用蓝笔在校样上提出的修改意见，潜意识里会认为校对软件是按照权威工具书开发的，校对软件错不了，校对誊写了校对软件的意见代表校对同意校对软件的认可，于是也对修改意见不加核实直接接受。

校对软件造成了校对、编辑同时出现把关责任缺失的情况。这一现象应该坚决予以杜绝。

质疑是对编校人员的基本要求。校对人员应质疑校对软件提出的意见，

编辑也应当质疑校对软件和校对人员提出的意见，并做到在质疑的基础上利用权威资料核实。

3. 校对软件成为编辑工作的主角，编校人员成为了配角

在编校过程中，起到主导作用必须是人。校对软件在编校工作中只能起查漏补遗、锦上添花的辅助作用，不能替代编辑和校对人员的工作。过多地依赖校对软件，将导致软件成为编校工作中的主角，而编辑和校对成为了配角。

为了避免校对软件带来的弊端进一步蔓延，我提出以下建议：

1. 充分重视校对软件的弊端

目前很多出版社对校对软件优点的宣传过多，导致编校人员，特别是经验不足的编校人员没有认识到校对软件的缺点。出版社质量管理部门，应加强对校对软件使用的引导，通过质量检查中出现的误改、错改案例，向全社编校人员普及校对软件的弊端。

2. 减少校对软件的安装数量

一些出版社的校对软件装机数量过多。有些出版社还同时使用了两种校对软件。通常情况下，校对软件用于出版社校对工作中的二校，但很多出版社的新入职编辑也安装了校对软件。新入职的编辑，本应当通过逐字加工书稿提升编校能力，却频繁使用校对软件来帮助自己发现书稿的问题，导致很多应知应会的编校知识没有掌握，编校能力没有得到提升。部分编辑在工作中展示的是使用校对软件“作弊”后的能力，而不是自己真实的编校能力。有的管理者不知道编辑的稿件是校对软件修改的，还误认为编辑成长很快。笔者认为，出版社应该严格限制校对软件装机数量，一些岗位应禁止安装校对软件。

3. 提高把关意识和责任意识

目前书稿中的一些误改情况的发生反映出了编校人员盲目采纳校对软件意见的问题。究其原因还是编校人员自身缺乏把关和责任意识。如果校对和

编辑人员将把关职责落实到位，就不会让软件成为主角，对软件言听计从。提升把关意识和责任意识对每名编校人员尤为重要。

4. 坚定人为主角，校对软件是配角

无论将来校对软件的技术发展和应用情况如何，在功能上如何完善与提高，它仅能起到辅助性的作用。广大编辑务必要牢记自己才是编校工作中的主体，自己才是图书质量的第一责任人。编校质量同编辑、校对人员的知识储备、工作作风密切相关，和出版流程中使用了哪款校对软件关系并不大。

反思 30：核实审读意见的过程就是学习的过程

在本书的上篇，我们提到了一些科普图书在讲解星座知识的时候，经常将“室女座”写成“处女座”的问题。

上述问题我在审读、质检工作中也经常遇到。每次遇到这个问题，我都会在相应的审读记录或质检报告中写道：“处女座应改为室女座，详见《现代汉语词典》第 7 版【黄道十二宫】词条，《辞海》第七版【室女座（Virgo，简写 Vir）】词条。”

我这样写的目的有两个：第一，表明我提出的修改意见是有依据的；第二，希望编辑能通过认真学习工具书中的具体词条及释义来掌握完整的知识点。因为只有完整地学习词条的全部释义，才会掌握“白羊、金牛、双子、巨蟹、狮子、室女、天秤、天蝎、人马、摩羯、宝瓶、双鱼”十二星座的标准写法。不仅要了解“室女座”这一个常错知识点，更要将十二星座正确写法的知识点完全掌握，避免今后书稿中出现将“天秤座”写成“天平座”，“人马座”写成“射手座”，“摩羯座”写成“山羊座”，“宝瓶座”写成“水瓶座”同类问题的出现。

但是很多编辑却不知道审读人员的良苦用心。对审读人员提出的修改意见并不认真核对修改。认真处理、核实审读意见是编辑工作的基本要求。正确处理审读意见的方法应该是：编辑要逐条核对审读报告中的意见，要核实审读、质检人员所列依据是否合理、正确。核实后认可的要打上√，不认可的要打上×，最后要签字确认。因此，审读人员提出的见某工具书、国家标准，编辑人员一定要真去核实、学习。但是在实际工作中，很多编辑为了求快，在未逐一核实审读人员提出的意见的情况下全部打√。有的编辑认为，既然审读人员都给出了“见……”的具体依据，就代表审读人员已经核实了，自己打√签字就行，不用再核实了。这是一种消极甚至自欺欺人的处理审读意见的方式。

消极地处理审读报告，是很多编辑在编校水平上没有提升的重要原因之一。审读报告列出的很多问题，是值得编辑深入学习和总结的。对审读报告中修改意见的核实，可以使编校知识得以延伸，从书稿知识逐渐扩展到对工具书、标准规范的学习。不认真对待处理审读报告中的意见，相当于放弃了学习的机会。

在很多出版社中，书稿付印之后，复审、终审意见都要和稿历一起归档。一旦归档后，编辑再想找出来学习是较为困难的。因此编辑应当珍视每次核实审读意见的机会。

编辑要格外重视审读意见，把每次处理审读意见的过程当作难得的学习机会。对于特别有价值的意见，编辑还可以采用复印或拍摄的方式存档，把审读人员的意见变成自己的知识库。这才是处理审读意见时应有的态度。同理，有很多出版社都设立了质检部门，对于质检老师提出的意见，编辑也应当采取相同的处理方式。

反思 31：“对改对”的情况应纠正

所谓“对改对”，就是原稿内容或表述明明是正确的，却要被编辑改成另外一种形式。发生“对改对”的情况，通常是作者所写内容或表述方式在编辑看来没见过，不放心，不合心意，感觉不妥。在实际工作中，不少编辑就是按照自己的想法对书稿本是正确的内容进行修改的，要改成自己见过、放心、合意、稳妥的写法。

在出版实践中，出现了较多的“对改对”的情况。例如，在本书上篇中出现的“1970 年代”“1980 年代”“1990 年代”的表述，在《学术出版规范 中文译著》（CY/T 123—2015）中明确可用，但是因为很多编校人员不了解这一规范，导致在编校流程中正确的表述就会被修改。“对改对”的情况不仅会发生在编辑纠正作者这一个层面，也会发生在编校流程中的其他环节。有时各个审级的把关老师也存在“对改对”互相纠正的情况。

“对改对”的本质是作为出版专业技术人员的我们对专业知识学习力度不够，导致知识面过窄，成为井底之蛙。一个人知识面越窄，未涉足的领域就会越多，就会对自己未知但有可能是正确的事物产生恐惧。例如，在书稿的加工整理过程中遇到没有见过的表述，知识面窄的编辑第一反应就是看着不顺眼，心里打鼓，感觉不放心，害怕出错……于是很多编辑会打着“出于安全起见”“千万别出错”的旗号将本是正确的内容以自己“顺眼、放心、合意”为标准进行修改。

“对改对”的危害巨大。首先，稍有不慎，“对改对”有可能变成“对改错”，因为编辑按照自己的想法重写内容，难免会出错。其次，“对改对”会影响出版社和编辑的声誉。在图书的出版过程中，有不少作者为了确保自己的书稿能够顺利成书，对编辑的修改意见一味地迎合，即使发现了编辑对书稿的修改存在欠妥之处，将原本正确的内容进行了不当修改，通常也不会当面指出，但是在心里有可能会降低对出版社和编辑的评价。

为了杜绝“对改对”情况的发生，一方面我们应当充分认识编辑职业对学习尤其是主动性学习的要求极高。只有主动性学习，才会广泛地掌握行业标准、出版规范，才会积累大量的编校和学科知识。只有我们掌握的标准和规范越来越多，知识积累才会更丰富，眼界才会更加宽广，“对改对”的情况才会越来越少。另一方面，当我们遇到不合乎自己心意，或者认为不放心的表述时，千万不要主观地判断其为错误，更不应按照自己的想法修改。我们可以虚心地向作者咨询，了解作者的想法，或者向出版社里经验丰富的同事学习。对于重要的修改务必征得作者同意。

参考文献

［1］中国社会科学院语言研究所词典编辑室 . 现代汉语词典：5 版 [M]. 北京：商务印书馆，2005.

［2］中国社会科学院语言研究所词典编辑室 . 现代汉语词典：6 版 [M]. 北京：商务印书馆，2012.

［3］中国社会科学院语言研究所词典编辑室 . 现代汉语词典：7 版 [M]. 北京：商务印书馆，2021.

［4］中国社会科学院语言研究所 . 新华字典：12 版 [M]. 北京：商务印书馆，2020.

［5］李学军 . 英语姓名译名手册：5 版 [M]. 北京：商务印书馆，2022.

［6］中国地名委员会 . 外国地名译名手册：中型本 [M]. 北京：商务印书馆，2019.

［7］新华通讯社译名室 . 世界人名翻译大辞典：修订版 [M]. 北京：中国对外翻译出版公司，2007.

［8］陈至立 . 辞海：7 版 [M]. 上海：上海辞书出版社，2021.

［9］中国大百科全书第三版总编辑委员会 . 中国大百科全书：3 版 [M]. 北京：中国大百科全书出版社，2021.

［10］商务印书馆辞书研究中心 . 新华成语大词典 [M]. 北京：商务印书馆，2013.

［11］汉语大词典编纂处 . 汉语大辞典 [M]. 上海：上海辞书出版社，2011.

［12］汉语大字典编委会 . 汉语大字典：2 版 [M]. 成都：四川辞书出版社，2010.

［13］A.S. 霍恩比 . 牛津高级英汉双解词典：10 版 [M]. 于海江等，译 . 北京：商务印书馆，2023.

［14］中央宣传部出版产品质量监督检测中心 . 图书编校质量差错案例 [M]. 北京：商务印书馆，2019.

［15］国家新闻出版署出版专业资格考试办公室 . 出版专业基础 • 初级 [M]. 武汉：崇文书局，2020.

［16］通用规范汉字表研制专家工作组 . 通用规范汉字表问题解答 [N]. 中国教育报，2009(3).

［17］GB/T 15834—2011，标点符号用法 [S].

［18］GB/T 15835—2011，出版物上数字用法 [S].

［19］GB/T 7714—2015，信息与文献参考文献著录规则 [S].

［20］GF1001—2001，第一批异形词整理表 [S].

［21］CY/T 154—2017，中文出版物夹用英文的编辑规范 [S].

［22］CY/T 35—2001，科技文献的章节编号方法 [S].

［23］GB/T 7408—2002，数据元和交换格式信息交换日期和时间表示法 [S].

［24］CY/T 119—2015，学术出版规范科学技术名词 [S].